クローザー

The Closer

マリアノ・リベラ自伝

金原瑞人・樋渡正人［訳］

作品社

わが主であり救い主イエス・キリスト、主が授けてくださった家族、美しい妻クララ、
三人のすばらしい息子マリアノ・ジュニア、ハフェ、ハジエルに捧げる。

プロローグ

山刀《マチェーテ》を振りまわすな。子どもの頃、そう教わった。カットボールという球種をきいたこともない、もちろん投げたこともない数十年前の話だ。バットや箒《ほうき》のように、マチェーテを振りまわすな。正しい扱い方をしっかりおぼえたら、むだな力を使わず、シンプルに操れる。私は人生のあらゆる場面で、これを心がけてきた。

シンプルに。

マチェーテの扱い方は、すべて祖父マヌエル・ヒロンに教わった。サトウキビ畑にいくと、祖父がマチェーテの握り方から教えてくれた。切りたい場所に真横からマチェーテを打ちこめるように膝を曲げ、腰を落とせば、でたらめに叩きつけるより、はるかに正確に切れる。コツをつかんだ私は、庭の芝生をマチェーテで刈った。大して広くはない。スタジアムの外野グラウンドどころか、せいぜいピッチャーズマウンド程度の広さだ。その芝生を隅々までマチェーテで刈った。一、二時間はかかる。腰をすえて、決して急がない。一人で芝生を刈り終えると、気持ちがよかった。

一九九〇年三月下旬、私はマチェーテを持たずに外に出た。朝日が差し、魚のにおいがかすかにする早朝のことだ。マチェーテはもう必要ない。私は二十歳で、ニューヨーク・ヤンキースと契約を結んだばかりだった。ただ、それがどういうことなのか、まったくわかっていなかった。何一つ。

その数週間前、ハーブ・レイバーンというヤンキースのスカウトが、二部屋しかない粗末なコンクリート造りのわが家のキッチンに座っていた。トタン屋根のわが家は、プエルト・カイミトの丘の上にあって、裏庭で鶏を二羽飼っていた。プエルト・カイミトは、私が生まれ育ったパナマのさびれた小さな漁村だ。粗末な家で、両親が一つの部屋で寝て、四人の子どもがもう一つの部屋で寝ていた。

ハーブがたずねてくる前、私は父に少しだけ伝えておいた。

「白人がきて、ぼくがプロ野球選手になる話をしたいんだって。だけど、くわしいことはよくわからないんだ」

「じゃあ、その男にきくとしよう」父はいった。

見た目は白人だが、ハーブはパナマ人で、スペイン語を話した。テーブルに書類をならべ、私を見てから、父に目をやった。

「ニューヨーク・ヤンキースが契約したいといっている。契約金は二千ドルだ」ハーブが切りだした。「球団は、きみを才能のある有望な若者だと評価している」

契約すれば、球団がグラブとスパイクも支給するとハーブはいいたした。当時、父の漁船で働いていた私の給料が週五十ドル。交渉も何もない。ニューヨーク・ヤンキース側が条件を提示するだけだ。こちらは、具体的な数字のことなどまったくわからないのだから。

「きみは二十歳だから、ドミニカ共和国にはいかなくていい。十代の選手とはちがうからな」ハーブがいった。「すぐにタンパにいって、春季キャンプからチームに合流してもらう」

うれしい知らせなのだろうと私は思った。ハーブはまったく気づいていなかったが、彼の目の前で契約に応じた男は、何もわかっていなかったのだ。タンパという地名も初耳だった。ドミニカ共和国といわれても、ほとんど知らない。私の世界は、とにかく小さかった。ビー玉くらいちっぽけなものだ。コスタリカとの国境地帯まで六時間かけて車を走らせたのが、一番の長旅だ。

当時の私は、本気でこう思っていた。ヤンキースと契約しても、パナマで野球を続けられるだろう。ひょっとしたら、パナマ市に引っ越すことになって、少し上等なユニフォームを着て、まともなグラブとスパイク——ヤンキースのトライアウトに参加したとき、私は親指のところに穴のあいた靴をはいていた——を支給してもらえるかもしれない。しばらく野球を続けて小銭を稼いだら、修理工の学校に通おう。そう考えていたのだ。

物を修理するのが得意で、好きだったから、そのうち修理工にでもなるつもりだった。

メジャーリーグ——ラス・グランデス・レガス——のことなんか、ほとんど知らなかった。パナマ出身の偉大な選手ロッド・カルーが、かつてプレーしていたのを知っていたくらいだ。アメリカンリーグとナショナルリーグの二つのリーグがあり、シーズンの終わりにワールドシリーズがあるというのも知っていた。それ以外、何も知らない。メジャーリーガーになったとき、誰かがハンク・アーロンの話をしているのをふと耳にした。

「誰だ、ハンク・アーロンって？」私はたずねた。

「冗談だろう？」

「いや、本当に知らない。ハンク・アーロンって誰だ？」

「史上最高のホームランバッターだ。通算七百五十五本のホームランを打って、ベーブ・ルースの記録を抜いたんだ」

「ベーブ・ルース？」私はたずねた。

男はぼやきながら、こちらに背を向けた。ホーナス・ワグナーが誰か、私にきいてもむだだとわかったらしい。

そんな調子だったから、ハーブは綿棒のように痩せこけた若造に、何もかもくわしく説明しなければならなかった。「いや、きみはパナマを出ることになる。メジャー球団と契約を結んだら、アメリカに移住しなければならない。シャツと下着と安いスーツケースを買って、就労ビザを取ってきなさい。事務手続きをするときは、不安を押し隠して堂々と振る舞うんだぞ。緊張するし、不安にもなるし、つらい思いもするだろう。知らない国で、一人でやっていけるかどうか見当もつかないだろう。英語を話せないと伝えるだけでも精一杯のきみにはな」

怖じ気づくどころじゃない。背筋が凍りついた。だが、黙っていた。昔から私は、感情を隠すのがうまいんだ。

数週間後、タンパ行きの航空券が届き、すべてがいよいよ現実味を帯びてきた。

そして、出発の日。

「ピリ、いくよ」母がいった。ピリというのは、私が赤ん坊のとき、姉のデリアがつけたニックネームだ。どうしてそんなニックネームにしたのか、誰も知らない。家族はずっと私をピリと呼んでいた。父が日産の白い軽トラックのエンジンをかけた。家族で〝ターボ〟と呼んでいたトラックだ。十年は乗っていたから錆《さび》がひどく、かなりガタがきていて、誰の目にもレーシングカーには見えなかったが、私たちはターボと呼んでいた。長い付き合いの恋人クララ・ディアス・チャコンの両わきに、父マリアノ・シニアと母デリア（姉と同じ名前）が座る。私は新しいスーツケースをトラックの荷台に放りこんで、自分も荷台に乗りこんだ。いとこのアルベルトも乗っている。父がターボをバックさせて私道を抜け、プエルト・カイミト通りに出た。村に出入りできる一本道だ。この通りだけが舗装されていて、ほかの道はどれも土を踏みかためたような細い道だった。とても車で走れる道じゃない。村から八キロほど離れた大きな町チョレラを抜け、轍《わだち》のある曲がりくねった道を走る。ヤギやバナナの木、熱帯雨林が視界を流れていく。車が激しく揺れ、アルベルトと私はヤシの実のように荷台で転げまわったが、側板に取りつけられた頼りない手すりのおかげでなんとか荷台から転げ落ちずにすんだ。

車が向かう先はわかっている。パナマ市にあるトクメン国際空港だ。ただ、自分がそこからどこへいこうとしているのか、よくわからなかった。

私はペドロ・パブロ・サンチェス高校を一年生のとき退学した。チョレラの中心街にある校舎は三階建てのU字形で、中央に校庭があり、野良犬がそこらじゅうの日陰で昼寝をしていた。学校を辞めるのは賢い選択ではなかったが、ある日、あまりにうんざりして教室を飛びだし、しっかりアイロンをあてた青いズボンと、ぱりっとした白のYシャツ姿で（制服は自分でアイロンがけしていた。私はきれい好きなんだ）、野良犬たちの前を通りすぎた。学校を辞めたらどうなるのか、考えもしなかった。かといって、賢いが、きちんとした教育を受けていない労働者階級の両親から、何かアドバイスがあったわけでもない。

最後の授業——我慢できなくなったのは、テハダという女の先生の数学の授業だった。たしか、そんな名前だったと思うが、正直、よくおぼえていない。先生のことをあまり思いだそうとしたことがない。先生は私を嫌っていて、しかもそれを隠そうともせず、頭痛の種だといわんばかりにきつい目つきで私をにらんでいた。私がよくつるんでいたのは、不良というほどじゃないが、まちがいなくいたずら好きの連中だった。先生に目をつけられていたのは、付き合っていた友人たちのせいだろう。ある日、私たちは教室の後ろでふざけ合っていた。ピタゴラスの定理はそっちのけで、ある生徒をからかって遊んでいたのだ。友人の一人が紙を丸めて、その生徒の頭に投げつけた。

「おい、やめろよ」その生徒がいった。

私が紙を投げつけたわけじゃないが、声をあげて笑ったのはたしかだ。

テハダ先生はすぐに気づいた。

「リベラ！」先生はいつも私のことをラストネームで呼んだ。

「どうして紙を投げたりするの？」

「投げてません」

「あなたが投げたのはわかってるのよ。こっちにきなさい」

私は何も悪いことはしていない。椅子から立ちあがるつもりはなかった。

「リベラ、こっちにきなさい！」

それでも、じっとしていた。先生はもうかんかんだ。私はもはや、ただ紙を投げつけた生徒じゃない。教師に反抗する不良だ。先生は私の机の前に立った。

「今すぐ教室から出ていきなさい」先生はいって、私を廊下に連れだした。私は数学の残りの時間を廊下で過ごした。もちろん、その授業はまったく受けていない。

その日から三日間の停学処分を受け、それきりペドロ・パブロ・サンチェス高校にはもどらなかった。テハダ先生にもしばらく会わなかったが、プロ野球選手になった数年後、食料品店で先生にばったり出くわした。

「あら、マリアノ」先生が声をかけてきた。「プロ野球選手になれてよかったわね。あなたの活躍をいつも見てるわ」

私をこわい顔でにらんだりしない。叱りつけたりもしない。見たことのないやさしい顔で挨拶してきた。

本当にテハダ先生か？　気立てのいい、先生のそっくりさんじゃないのか？

弱々しく微笑《ほほえ》むのが精一杯だった。相手が社会的に成功している人間かどうか、有名人かどうかで態度を変える人間が、私は大嫌いだ。授業を受けていた頃、先生は私を不良か何かのように冷たくあしらっていた。アルベルト・アインシュタインがかすむほど数学が得意だったわけじゃないが、私は決して先生が思っているような生徒じゃなかった。

私のことを気にかけたり、私に興味があるようなふりはやめてくれ。学生だったとき、私を気づかったり、興味を持ってくれたりしなかったくせに。

「ありがとう」そう答えて、先生の前を通りすぎ、果物売り場に向かった。

しかし、私が高校を中退した最大の理由は、テハダ先生じゃない。けんかが絶えなかったからだ。勉強はそれなりに楽しかったし、学校生活もそれなりにうまくいっていたが、とにかくけんかが多かった。廊下、校庭、帰り道――どこでもけんかが始まった。原因はいつもだいたい決まっていた。魚くさいとからかわれたからだ。

「あいかわらず、魚くせえな」

「鼻をつまめ。魚がくるぞ」

「ここは学校だろ？　漁船かよ？」

たしかに、私は魚くさかった。プエルト・カイミトの子どもはたいてい魚くさい。海辺の漁村で、イワシから魚粉を作る加工工場が近くにある。アレーナ・デ・ペスカド、地元では魚粉をそう呼んでいた。父は漁船の船長で、毎日、十二時間以上働いて、網にかかったイワシを必死にたぐりよせていた。プエルト・カイミトのいたるところに、魚のにおいがしみついている。一時間シャワーを浴びてコロンをたっぷり振りかけても、魚粉の加工工場の排水が一、二滴でも服につけば、一晩じゅう悪臭を放つことになる。だが、魚のおかげで、地元経済は沈没を免れていたのだ。私を馬鹿にする連中のほとんどの親が仕事にありつけていたのも、魚のおかげだ。無視すればよかったし、そうすべきだったが、私はじっとしていられなかった。

私はまんまと餌に食いつき、リールで引きよせられた。けんか自慢をしたいわけじゃない。まったく、本当に愚かだった。祖母を亡くしたばかりで、精神的に少し参っていた私は、破滅的な衝動に襲われていたのだ。せめて学年末までは、学校に残るべきだった。聖書の教えのとおり、屈辱を甘んじて受け入れるべきだった。当時の私は、聖書をろくに読んでいなかった。神のことになど、まったく興味がなかった。若く、強情で、わが道をゆくことで頭がいっぱいだった。神のご意志？　聖書の力？

当時の私には、さっぱりだ。

車は空港へ向かっていた。高速道路に入り、軽トラックの荷台に乗っていた私の顔に、生ぬるい風が吹きつける。次第に気分が沈んできた。キャッサバ畑やパイナップル畑の前を通り過ぎ、ときおり道路わきの牛が目の端を流れていく。私の少年時代までが過ぎ去っていくようだった。砂浜でやった野球が頭に浮かぶ。牛乳パックで作ったグラブ、木の枝のバット、漁網をきつく丸めたボール。最後に野球をしたのは、エル・タマリンド球場だっただろうか。私がプレーした、もう一つの土の野球場だ。球場の名前は、ホームベース近くに生えているタマリンドの木にちなんでいる。サッカーを続けていたら、どうなっていただろう。最初に夢中になったスポーツは、サッカーだ。足元からボールを離さず（靴をはいているときも、はいていないときも）ディフェンダーを抜き去り、パナマのペレになりきっていた。そうやって夢を追いかけていたとき、ゲーム中にボールが目に当たり、一時的に見えなくなった。そのままプレーを続けて二十分後、ヘディングを競って相手選手とぶつかり、救急治療室に担ぎこまれた。医者が切り傷をふさいでから、私にいった。目の具合がかなり悪いから、専門医に診てもらいなさい。

私のサッカー歴は、そこで幕が下りた。

あと三十分で空港だ。ターボの車内をのぞきこんだ。クララが両親のあいだに座っている。いつもそばにいてくれて、物に動じない強い女だ。世のなかには、こういう人がいるもので、そばにいてもらえると、とにかく頼もしく、そのやさしさを実感できる。クララがそうだった。プエルト・カイミトで生まれ育った私たちの家は二、三軒しか離れていなくて、クララは幼稚園からの知り合いだ。ある夜、クラブのダンスフロアで、幼なじみが恋人に変わった。私が高校を辞めたあと、クララは私にひとことも声をかけてくれなかった。私が近づいてくるのに気づくと、きた道を引き返していってしまうことさえあった。思うに――いや、まちがいなく――クララは、私があんなふうに学校を辞めたことにがっかりしていたのだ。期待はずれの男だと思ったのだろう。そんな冷戦状態が続いていたとき、若い男女がクラブに集まり、私とクララはいっしょに踊ることになった。ダンスフロアは薄暗く、激しいビートが鳴り響いていた。ダンスが終わり、フロアから出ていこうとしたとき、私たちの目が合った。クララが私の手を握った。あのとき、何が起こったのか自分でもよくわからない。その夜、私たちはもういっしょに踊らなかった。クララの家まで二人で歩いたわけでもない。風にそよぐヤシの木の下や、静まり返った真夜中のエル・タマリンド球場で、初めてのキスを交わしたわけでもない。

　だが、何かが起こった。強烈な何かが。神が私たちを引き合わせてくれたのだ。はっきりとそう思った。あのとき、私たちがいっしょになったのも、今、夫婦として二人でいるのも、神のご意志だ。そうじゃなければ、クララが私に声をかけてくれたはずがない。そうじゃなければ、あの夜、クララがあのクラブにいたはずがない。クララは滅多にクラブにこなかったし、あの手の場所をあまりよく思っていなかった。だが、私たちはクラブで顔を合わせ、踊った。お互いにそうとは知らずに、結びつけられたのだ。偶然だ、予測のできない運命のルーレットのようなものだ、という人がいてもかまわない。だが、私はかたく信じた。これは、私たちのための神の思《おぼ》し召《め》しだ。これから、それが始まるのだ。

　高校を辞めてから、父の漁船で海に出ないときは、チョレラにあるいくつかのクラブによく顔を出した。少し酒を飲むと、ひたすら踊った。ダンスが好きで〝メレンゲ・マリアノ〟と呼ばれていた。メレンゲとは、中南米で人気のある踊りのことだ。ダンスフロアに立ち、閉店まで踊りつづけた。だが、酒がまわり、テストステロンの分泌が盛んになるような場所では、けんかがつきものだ。警官が常連のように出入りし、男連中はアイスピックやナイフを持ちこんでいる。ある夜、私は大勢の仲間とクラブにいた。十五人、いや、もっと大人数だったかもしれない。仲間の一人が、別のグループの少年と口論になった。きっかけはわからない。目が合ったか、連れの女の悪口をいわれたのだろう。よくあることだ。口論が激しくなり、殴り合いになりかけたとき、私は止めに入った。

「二人とも、楽しくやろうぜ。ここはダンスを楽しむ場所だ。けんかをするところじゃない。怪《け》我人《がにん》が出るような馬鹿なことはやめよう」

二人はけんか腰で意気がって、罵声を浴びせ合っていたが、口論はすぐにおさまった。ところが、相手のグループの一人が、仲間の連中をかき分けて前に出てきた。マチェーテを手にしている。顔つきを見るかぎり、マチェーテを使う気満々だ。もちろん、草刈りじゃない。どうやらけんかを続けさせたくて、私が止めに入ったのが気に入らなかったらしい。

「あの痩せこけたガキはどこいった？　けんかを止めたやつだ」男がマチェーテを振りまわしながら怒鳴った。

私はすでに人だかりのなかにもどっていたが、男に気づいたし、怒鳴り声もきこえた。私には武器はないが、分別があり、足に自信があった。逃げだすと、男が追ってきた。私は猛スピードで逃げ、近くの民家に飛びこんで隠れた。マチェーテを手にした男は、私を見つけられなかった。

こんなことは珍しくない。私は不良じゃなかったし、刑務所に放りこまれたことはなかったが、そんなことも起こり得ただろうか。

もちろん、刑務所送りになっていてもおかしくなかった。つるんでいた仲間のなかには、数時間や一晩じゃなく、かなりの期間、刑務所にお世話になったやつもいる。マチェーテを持った男に追いかけられたことで、私は目がさめた。クララと頻繁に会うようになり、何もかもが変わった。静かな店に出かけて食事をしたり、私の実家のそばで、漁網で作ったハンモックに寝そべったりして、二人でよく話をした。クララと話していると、不思議なくらい気持ちが和《なご》んだ。二人で過ごす時間を大事にするようになって、ようやくわかってきたことがある。

夜な夜なクラブで踊り明かしていても、何もいいことはない。

クララがいなかったら、私は絶対にニューヨーク・ヤンキースに入団できなかっただろう。

父の運転するターボが、空港の駐車場についた。アルベルトと私は荷台から下り、五人で空港ターミナルのほうへ歩きだした。これからのことに、そのときになってやっと実感がわいてきた。

故郷を離れようとしている。パナマをあとにしようとしている。

クララを残して出ていこうとしている。

この瞬間から、私はプロ野球選手になる。身長百八十二センチ、体重六十八キロの私が。いつまでもつかわからない。そのときになって、不安を押し隠せなくなった。野球は何よりも好きだが、ほかの選手と渡り合っていけるのか、まったく自信がない。生まれつき心配性というわけじゃない。私は現実主義者《リアリスト》だ。こんな転身はとても信じられない。パナマの漁船からニューヨーク・ヤンキースへ？

「漁師になるためにプエルト・カイミトにやってきた」父が私にいった。「漁船の掃除をしたり、ごみを片づけたり、下っ端の仕事から始めて、賃金はかなり安かったが、夢中で働いているうちに、少しずつ偉くなって、やっと船を一艘まかせられた。ピリ、おまえも同じだ。決して楽じゃないだろうが、頂点を目指して必死にがんばれ」

母を抱きしめ、父と握手した。

クララには五か月会えない。五か月が五年に思えた。

どんなに愛しているか、会えなくなるのがどんなにつらいか、クララに伝えた。

「手紙を書くし、すぐに帰ってくる」私はいって、クララを抱きよせ、お別れのキスをした。泣かないようにしようと思ったが、涙がこぼれた。

クララも泣いていた。

「ピリ、愛してる。無事に帰ってくるのをここで待ってるわ」

チケットカウンターにいって、セキュリティゲートをくぐり、エスカレーターを上がる。

「息子がいってしまう。これからどうなってしまうの」母がいっていたが、声はほとんどききとれなかった。

離陸する飛行機を見送るため、四人が展望デッキに向かう。私は背を向け、まったくなじみのない通路を通って飛行機に乗りこんだ。ほどなく、私は飛びたった。人生初の空の旅だ。涙はほとんど乾いていた。もう過去を振り返ったりはしなかった。

第1章 魚と威厳

パナマは、中央アメリカの南端に位置する曲がりくねった細長い国で、地図で見ると靴ひものようだ。人口は約三百六十万人で、全長約八十キロメートルもある有名な運河が、大西洋と太平洋を結ぶ近道になっている。そのおかげで世界中の船が、約一万三千キロメートルにおよぶ海路を進まずにすむ。北はコスタリカ、南はコロンビアに接している。パナマは二つの海を結んでいるだけじゃない。二つの大陸、南北アメリカ大陸がぶつかる場所でもある。国土はサウスカロライナ州より少し小さいくらいなのに、何かとせわしい国だ。

プエルト・カイミトはパナマ運河から約四十キロメートル、エルバジェという火山から約八十キロメートルの、太平洋に面した漁業が盛んな村だ。プエルト・カイミトに住んでいれば、漁師じゃなくても、船の修理工場や魚の加工工場で働いているか、水揚げされた魚を市場に運ぶ仕事をしている。村のほぼ全住民が魚に縁のある仕事につき、毎日のように魚を食べる。

「毎日魚を食べていたから、丈夫な体になったんだ」父がいった。父の父は九十六歳まで生きた。父がいうには、自分はもっと長生きするらしい。父のいうことにまちがいはないだろう。

父の実家は農業を営んでいて、何かと苦労が多かった。十五人きょうだいの一人として、父はコロンビアとの国境に近いパナマ東部のダリエン県で生まれ育った。小学校を卒業すると、週六日、一日十一時間、小さな農場で働いた。米、トウモロコシ、バナナ、いろんな穀物や野菜を作っていたが、すべての作業をトラクターのような機械をいっさい使わずにやっていた。ショベル、鍬《くわ》、熊手は高価な農具で、裕福な農家しか使えない。父の一家はマチェーテで低木や雑草を刈り、先端を細く削った棒で土を耕していた。毎週、作物を市場に持っていくときも、一本の櫂《かい》で漕ぐゴンドラ風のボートで一日がかりだ。

目を覆いたくなるほどつらい生活だ。父が十代になる頃には、数人の兄がすでにプエルト・カイミトに移り住んでいた。漁師のほうが、稼ぎがよかったからだ。父も十七歳になったときプエルト・カイミトに引っ越し、漁業の雑用を手伝いはじめた。ある日、村の地理にくわしくなろうと散歩に出かけたとき、家の前で皿洗いをしながら歌をうたっている娘に出会った。十五歳の娘で、八人のきょうだいがいる。父は、一目で恋に落ちた。娘の名前はデリア・ヒロン。父が彼女の歌声に心を奪われた二年後、デリアは女の赤ちゃんを産んだ。

さらにその二年後、私が生まれた。

プエルト・カイミトでの私の生活は質素で、悪臭がすごかった。最初の十七年間は、パナマ湾を臨む海辺で暮らした。みすぼらしいコンクリートの家で、道も舗装されていない。部屋は二つしかなく、トタン屋根はぼろぼろで、近くに魚粉の加工工場があった。村のあちこちに同じような家が並んでいて、そのほとんどにおじやおば、いとこが住んでいた。私の両親が引っ越してきたときは、家には電気も水道も通っていなかった。裏庭に便所があり、少し歩いたところに水を汲む井戸があった。明かりは石油ランプだ。私が生まれた一九六九年頃に、電気と水道が通るようになったが、便所だけはまだ外にあった。目と鼻の先に広い砂浜があり、割れた貝殻やぼろぼろのボートや捨てられた網があちこちに散らかっていた。コロナビールのコマーシャルや、観光用のガイドブックに出てくるような砂浜じゃない。ターコイズ・ブルーの海もなければ、南国の木々が生えているわけでもなく、ベビー・パウダーのような柔らかい砂浜が広がっているわけでもない。ただの仕事場だ。嵐でこわれたボートもあれば、死んだ魚が転がっていたり、魚に関係する仕事でなんとか生計を立てている村人が、みすぼらしい格好で砂浜を歩いていたりする。

この海辺で、私はスポーツを学んだ。引き潮のとき、砂浜はプエルト・カイミトで最高の運動場になる。平坦で広い干潟は、どこまでも走れる。サッカー、野球、いろんなことをして遊んだ。一番楽しかったのは、こんなゲームだ。厚紙に穴を三つあけて、砂浜に刺した二本の棒のあいだにひもで結びつける。そして、十メートルほど離れた場所から石を投げ、穴に石を通した回数を競い合う。

私はそれがうまかった。

砂浜では、創意工夫の知恵も身につけた。バットがなければ、朽ちた棒切れを見つけたり、木の枝を切り落としたりする。ボールがなければ、石ころに網や粘着テープを巻きつける。グラブもなかったが、たいしたもので、折り方を心得ていれば、ダンボール箱や牛乳パックでどんなポジションのグラブも作れた。

子どもの頃は、ほとんどそうやって野球をしていた。本物のグラブを使ったのは十六歳のときだ。父が買ってくれた。中古品だ。その後まもなく、私たちは海辺の家から引っ越した。五百メートルほど丘を上がったところにある家だ。またコンクリート造りの粗末な家だったが、静かな場所で、酔っぱらいや、海辺でたむろする連中に一晩中悩まされることはなかった。

私が住んだどちらの家にも電話はもちろん（電話を持ったのは、アメリカに移り住んでからだ）、便利な設備は一切なかった。屋根の上には、バナナの木が張りだしていた。三輪車も自転車も、およそ自分の乗り物などはなく、幼い頃にずっと持っていたおもちゃといえば、一つだけだ。ミスター・ビッグ・マウスといって、お腹を触ると口があいて、そのなかに小さいチップを入れて遊ぶおもちゃだ。私はミスター・ビッグ・マウスのお腹を触るのが大好きだった。貧しいとは思わなかった。恵まれていたからだ。人生なんて、そんなものだろう。

必要な物はなんでもあった。

一年で一番好きな時期がクリスマスだ。クリスマスツリーの準備は、長男の私の仕事だった。毎年の仕事だから、木を手に入れる場所はよくわかっていた。家の裏にマングローブの湿地林があり、小さな木がたくさん生えていた。もちろん、湿地でモミの木は見つからないから、とりあえず見栄えのいい一メートルくらいの木を引き抜いて、家に持ち帰った。木をよく乾かしてから枝に布を巻きつければ、とても華やかになって、決して寂しげな湿地の低木には見えない。パナマの、私たちが住む地域にサンタクロースがきたためしはない――煙突があまりなかったからだろう――が、それでもイヴの夜は夢のように楽しかった。明かりがちかちかするなか、クリスマスソングを歌い、わくわくしながら大事な二十五日を迎える。毎年のプレゼントは、紙火薬で音を出すおもちゃのピストルだ。うれしくてたまらなかった。引き金を引くとバンバンと鳴るのが楽しくて、ピストルを撃ち鳴らしながら、お気に入りのテレビ番組『ローン・レンジャー』を見るのが好きだった。主人公は黒い仮面をしたローン・レンジャーだが、正直、相棒のトントのほうが好きだった。頭がよく、誠実で、控えめな性格で、手柄にこだわらない。開拓時代のアメリカ西部で、トントほど信用できる男はいない。そんなトントがとてもかっこよかった。

幼い頃から、走ったり、体を動かしたりするのが本当に好きだった。サッカーか野球、あとはバスケットボール。満ち潮で砂浜がせまくなると、エル・タマリンド球場に場所を移した。海辺から離れているから、ぬかるみに足を取られずに遊べる。何をして遊ぶにしろ、とにかく負けるのは嫌いだった。野球をしていて逆転負けしそうになると、パナマ湾にボールを放り投げ、引き分けだといってのけた。スポーツマンシップ賞はもらえないが、大負けすることはなかった。

満ち潮になると、スポーツの次におもしろいイグアナ狩りもした。イグアナはパナマのどこにでもいる。緑色でとげとげの硬い皮に覆われた、体長二メートルの大トカゲだ。木の上でのんびりしていたり、茂みに潜んでいたりする。私はイグアナの居場所をよく知っていて、狩りの仕方も心得ていた。手頃な石ころと右腕があればいい。イグアナはその気になれば、動きが速い。しかも、体が丈夫だ。十五メートルくらいの高さから飛び下りても、まるで公園のベンチから地面に下り立ったかのように、さっと走り去る。ただ、たいていは高い枝のところにじっとしているから、狙うのは簡単だ。だいたい石ころを一発ぶつけて、落ちてきたイグアナを拾いあげ、肩にぶら下げて家に持ち返って夕食のおかずにした。イグアナは森の鶏と呼ばれていて、ココナッツ・ライスやタマーレ▼1とはちがい、そう頻繁に食卓には出ない。ファストフード店でイグアナのナゲットが出てこないのと同じだ。私はイグアナの肉が好きだった。

▼1　トウモロコシの粉で作った生地で挽肉と香辛料をつつみ、さらに植物の葉でつつんで蒸しあげた料理。

プエルト・カイミトに親類が何人いたか、ちゃんと数えたことはないが、はっきりいって、いとこの数はイグアナよりも多かったかもしれない。おかげで、遊びたいときには、声をかけるまでもなく誰かしら相手が見つかった。小さな村だったから、名前のわからない子が交じっていても、誰かしらその子の知り合いがいた。知った顔や何かと面倒を見てくれる人々に囲まれて育つのは、とても心地よかった。ただ困ったのは、なんでも近所の人々に知られてしまうことだ。とくに、私の父のような父親を持つと、いいことばかりじゃない。

父からは多くのことを学んだ。無口な父から、親らしいアドバイスをしてもらったことはほとんどないが、その振る舞いから伝わってくる教訓が、今の私に大いに影響している。確固とした自制心、物事の正しい進め方、どんなに困難なことでも最後までやりぬく意志。私にとって父は、すべてのお手本だった。一家の大黒柱として、月曜日の午前五時に起きて漁船に乗り、ほぼ一週間出ずっぱりで土曜日まで帰ってこない。毎日、十二時間か十四時間（あるいは、それ以上）働いて、漁場を転々とし、網を引きあげる。根っからの海の男だ。海に出たくないときもあったと思うが、仕事を休んでいる父の記憶はない。

休日？　週末の外出？　病欠？

きいたことがない。父は漁師だ。漁師は漁をする。四六時中、漁のことを気にかけていた。

だが、こうした父の姿は、子どものときはよく見えない。サッカーボールを追いかけたり、ミスター・ビッグ・マウスに餌をやって遊んだり、姉がよく乗っていた自転車をこっそり引っぱりだしたりすることに夢中だ。子どもにとって父親は、おおかたこわいものだ。体はでかいし、力もある。私は背も低くて、痩せっぽちだった。父の胸板は厚く、私の胸は骨と皮だけ。土曜日に父が家に帰ってくると、魚のにおいもついてきて、私はすぐに父の手を見た。

分厚くてたくましい、労働者の手。

私を凍りつかせる手。

私を殴りつける手だ。私は父の手に怯《おび》えていた。いつ飛んでくるかわからない。長男だったせいか、私は父のいい標的だった。父専用のピニャータ▼2なのかと思うことがよくあった。何度殴られたか、いちいち記録をつけていたわけじゃないが、とにかくよく殴られた。漁船に乗る前、父から家事や庭仕事をいくつもいいつけられる。それをいつもこなせるわけじゃない。できていないと、まずいことになる。

「ピリ、どうしていいわれたことができない？」有無をいわせない口ぶりで父に問いつめられた。

「だいたいやったよ」

「いいつけたことを全部やっていないだろう」

「父さん、ごめん。次は必ずやっておくから」

謝っても、父は決して大目に見てくれない。

「けつを出せ」父はいった。

このせりふが何よりもこわかった。その次にこわかったのが、母のこのせりふだ。「父さんが帰るまで待ってなさい」

帰宅し、決してうれしくない報告を受けた父が、説教をあとまわしにすることはめったになかった。父のごつい手が腰にのび、ベルトを抜く。お仕置きの始まりだ。尻を三、四回ベルトで叩かれる。もっと叩かれるときもあった。必死に涙をこらえたが、泣いたこともある。

▼2　お菓子やおもちゃを詰めたくす玉のような紙人形で、お祭のときなどに目隠しをした子どもが棒で叩き割って遊ぶ。

いろんな悪さをして、ベルトの鞭を振るわれた。野球をしていて何かをこわした、学校で馬鹿なことをした、姉や弟といたずらをした。ささいなことで鞭を食らった。一度、町で父の友人とすれちがったことがあった。その人のことはあまりよく知らなかったが、なんとなく見たことがある人だなと思った。あるいは、私がただ考えごとをしていて、ぼうっとしていたのかもしれない。いずれにせよ、私はその父の友人に手を振ったり、声をかけたりはしなかった。彼が父に会ったとき、そのことを伝えたようだ。

父が私のところにやってきた。

「ピリ、どうして父親の友人に無礼な態度を取った？　おまえに無視されたといってたぞ。手も振らなかったそうだな」

「誰だかわからなかったから」

だが、そんないいわけは通じない。父はベルトを抜いた。それ以来、私は父の友人を見かけると、必ず手を振って挨拶した。誰にでも手を振って声をかけた。もう一つ、痛みを抑える作戦を思いついた。へまをして、ベルトの鞭が飛んできそうなとき、ズボンを二枚重ねてはくのだ。三枚はくときもあった。ベルトの鞭の衝撃を吸収するクッションが、とにかく必要だった。

一番こっぴどくベルトで打たれたのは、謝肉祭の期間にあたる二月の終わりのことだ。祝祭を記念して、町では盛大なダンスパレードが行なわれる。私は十四歳だった。両親が家の前にちっぽけな露店を出し、小銭稼ぎに果物、食料品、雑貨を売っていたのだが、両親は祭り見物に出かけて、姉のデリアと私が店番をまかされた。しばらく店をやっていたが、品物はさっぱり売れない。みんなが祭りにくりだすからだ。客がこないのなら、店をやっていても意味がない。

楽しい祭りをやっていて、ダンスパレードもあるというのに、自分だけ店番というのでは、なおさら納得できない。

「店を閉めて、ダンスにいこうよ」私は姉にいった。

「だめよ。そんなことをしたら、めちゃくちゃ怒られる」

「だけど、謝肉祭だよ。年に一度の盛大なパーティーだ。いっしょにいこうよ。姉さんが店に残っても、どうしてこいつが祭りに出かけるのを止めなかったっていわれて、どうせ怒られるんだから」

姉はあまり納得しなかったが、私といっしょに着替えて、ダンスパレードに出かけた。テンポの速いダンスミュージックが鳴り響いていた。みんなが祭り気分に浮かれていて、大勢の人でにぎわっている。想像していたとおりだった。私は人混みを抜けてコンガを叩き、リズムに乗って飛ぶように踊りながら、すっかり祭りを楽しんでいた。

すると、誰かに首根っこをつかまれた。

大きく無骨な手だ。万力か何かのように首を締めつけられた。

もっと早く気づけば、逃げだしていただろうが、どうしようもなかった。振り返りもしなかった。そんなことをするまでもない。こんなふうに私の首根っこをつかむのは、世界に一人しかいない。父が私の耳元に顔を寄せ、まわりの音楽をかき消すような大声で怒鳴った。

「ここでなにをしてる？　店番をしろといっただろ」

店が暇だったとはいわなかった。どんないいわけもしない。いいわけはできない。父のいいつけを守らなかったのは私だ。こうなることはわかっていた。こうなる前に、少しでもダンスを楽しみたかっただけだ。父は酒を飲んでいて、それが余計におっかなかった。酔っぱらった父は、手がつけられない。

首を絞めつける父の手にさらに力が入ったかと思うと、私は前に押しだされた。父はそのまま私の頭を思いきり柱にぶつけた。額が割れるかと思った。怒りが一気にこみあげた。怒鳴り返し、父に殴りかかろうかと思ったが、何もしない、何もいわないのが賢明だ。そんなことをすれば、かえってことを荒立てるだけだ。私はその場をあとにした。ベルトの鞭が飛んでくるのは、父が祭りから帰ってきてからだ。

家までは五百メートルもない。すっかり気が沈み、額の痛みをこらえながら、蒸し暑い夜道を歩いて帰った。

どうしてあんなに厳しいんだ？　子どもの気持ちも、子どもが謝肉祭をどんなに楽しみにしているかも、どうしてわかってくれないんだ？　どうしていつもぼくを痛めつけるんだろう？

しつけをして、子どもが道をはずさないようにするのが親の役目だというのはわかる。それでも、ここまでする必要があるのか？　私にはわからなかった。わけがわからなかった。あの厳しさは、おそらく血筋だろう。父の兄ミゲルが、となりに住んでいた。彼もまた、自分の子に厳しかった。おじは漁船に乗って、父といっしょに働いていた。私はおじの家族とはとくに親しくしていたので、あるとき、おじに率直にきいてみた。

とても父にはきけなかったからだ。

「おじさんと父さんは、どうしてそんなに子どもに厳しいの？　子どもにこわがってほしいわけ？」

おじは一瞬、考えこんだ。きちんと私の質問に答えてやろうと思ったようだ。そういうところは、父よりおじのほうが物わかりがよかった。

「たしかに、おまえの父親もおれも子どもに厳しい。だが、おれたちをひどい親だと思うなら、おれたちの父親が子どもにどれだけ厳しかったか、おまえにも見せてやりたかった」おじはいった。「いいわけをするつもりはないが、それがおれたちの父親像だ。おれたちはそういう親に育てられた。だから、できるかぎり早く家を出た。厳しい生活からおさらばしたかったからな」おじはくわしくは話してくれなかったが、父の家族が内陸の農業地帯に住んでいたことは知っていた。父やおじが家出同然に逃げだしたくなるほど、生活はかなりつらかったのだ。

子どもの頃の父を想像してみた。父親にびくびくしながら、まだ子ども同然の年に独り立ちした父。ちびでひ弱な父をなかなか想像できなかったが、おじから耳寄りの話をきけた。父は殴ることで、私が自分の生きる道を見つけられるように、手助けしてくれていたにちがいない。父は私を愛してくれていた。たとえ子どもの頃、そういったやさしい言葉はかけてもらえなかったとしても。ただ、それはとても……とてもつらかった。おじの家から帰るとき、私は父が哀れに思え、父への愛情がこみあげてきた。父は私たちを気にかけてくれている。人生で成功するのに必要なことを、必死に私たちに教えようとしている。だが、それでも、私は一つだけはっきりと心に決めた。

いずれ子どもができて、しつけをする身になったときは、少なくとも、恐怖心をあおるのではなく、まったくちがうやり方でしよう。そうすれば、その子どもたちが子どもを持つようになったとき、私よりよほどまっとうな親になってくれるはずだ。

第2章 海の苦難

パナマ運河の近くで漁はできない。運河の近海は船舶の交通量が多く、漁船でのんびり漁などしていられないからだ。父が乗っていたような全長三十メートル、重量百二十トンの漁船で、三百メートルほどある網を張っていたら、いざというとき、道をあけるのは至難の業《わざ》だ。

だが、父がいうには、仕事は仕事だ。父には船長としての信念があり、子どもの頃から何度もその信念をきかされてきた。

網を船に積んでいるだけじゃ金にはならない。海に仕掛けてこそ金になるんだ。

私は十八歳で、九人の乗組員のうちで一番若く、父の漁船に乗って朝から晩まで働いていた。ばかでかい鋼鉄の漁船で、名前はリサ号。船体は傷だらけで、へこみと補修の塗料があちこち目立つ。長年使ってきたぼろ船だ。私は、漁が好きで船に乗っていたわけじゃない。週に五十ドル稼げるからだ。修理工の学校に通うために。船乗りにはならないとすでに決めていた。毎日のように海に出るのが性に合わなかった。仕事は過酷で、毎日同じことのくり返し、そのうえ、危険と隣り合わせだ。

「漁業が、林業に次いで危険な仕事だって知ってるか？」友人が私にいった。「ふつうの職業より三十六倍も危険なんだってよ」

「知らない」と私は答えた。べつに驚きはしない。私は彼に、家族ぐるみの付き合いのあった友人の話をした。その友人は、二艘の漁船にはさまれて、片腕を失ったのだ。

漁師を続けられないと思った理由は、もう一つあった。船に乗っているあいだ、クララに会えないのが何よりもつらかったのだ。週に六日、海に出る。週に一日しかクララに会えない。これを逆にしたかった。

だが、私に選べる道は一つしかなかった。金が必要で、船に乗るしか稼ぐ術《すべ》がない。あるとき、パナマ湾に船を浮かべて網を仕掛け、私たちは退屈していた。ラ・マエストラといういつもの漁場で何時間も粘ったが、魚は一匹も網にかからず、地元の漁師が集まる島に一度もどることにした。漁場を離れて二十分、パナマ運河にほど近いところにさしかかったとき、魚群探知機が反応した。

探知機の光がオレンジなら、そこそこの魚群。赤なら、大当たりだ。探知機の光は赤い。魚がうようよいる。丸一日、暇をもてあましていたところ、いきなり船の真下にイワシのとんでもない大群だ。たとえパナマ運河の近くでも、父の考えでは、この時間――午後十一時過ぎ――なら、船の通行量は少ない。魚一トンで一ドルの金にしかならないから、みすみす漁をあきらめるようなことはしない。

「網を下ろせ。急げ。魚が待ってるぞ」父が声を張りあげた。

船が大きく旋回するなか、網を下ろしていく。魚群を網で囲んだら、油圧式の巻きあげ機でごつい二本のロープを引いて網の口を絞り、一気に魚をすくいあげる。

あっというまに大漁だ。八、九十トンはあっただろう。網がはちきれそうで、横転しそうなくらい船体がかたむく。父が無線で仲間の船を呼びよせた。運搬船に魚を移せば、また漁場にもどって漁ができる。私たちは獲ったイワシを仲間の船に移し、漁場に引き返した。もうすぐ午前四時だ。ふだん、こんな時間に漁はしないが、こうなったらやめるわけにはいかない。

探知機に赤い魚群が映っているかぎり、漁は続く。

父が船を旋回させ、私たちは網を下ろした。潮が速く、父は舵取りに苦戦したが、私たちはなんとか持ち場についた。船首と船尾に立つ乗組員が二人で、網の口にくくりつけたロープを操る。釣り糸を撚《よ》り合わせた太いロープだ。これで、大量の魚をすくいあげる。ロープをたぐる滑車の上部にカバーが取りつけられていて、巻きあげ機を作動させたとき、ロープが滑車からはずれないようになっている。巻きあげが始まると、ロープが凄まじい速さでたぐられる。まるでデイトナ・スピードウェイの直線コースを駆け抜けるレーシングカーのようだ。

私たちは真っ暗闇で仕事をした。日の出までまだ二時間ある。甲板の明かりは消してある。明かりをつけていると、魚が逃げてしまうからだ。巻き網の口を絞り、魚を取りこもうと、巻きあげ機が唸《うな》りだした。私は甲板の中央あたりにいて、二メートルほど離れたところにおじのミゲルがいた。夜間の作業は少し厄介だが、みんな勝手がわかっているから、たいてい問題はない。

ところが、滑車カバーの一つがしっかり固定されていなかった。昼間だったら誰かが気づいていたはずだが、暗闇なので誰も気づかない。

二本のロープが同時にたぐられて網の口を絞っていく。片方のロープがやけに速く巻きあげられているのに気づいて、私は、そっちのロープを操っている乗組員に手を離せといった。彼は手を離したが、滑車カバーが緩んでいた。その巻きあげ機でたぐっていたロープが滑車からはずれ、私たちに襲いかかった。ロープが海面から飛びだし、甲板を打った。一瞬のことで、よけられなかった。おじが胸にロープをまともに食らい、体重百キロの大男がヤシの葉のように吹っ飛んだ。おじは、甲板中央にある魚倉の仕切り板の金属の縁に顔から激突した。その直後、ロープが私に襲いかかり、ロープを胸に受けた私は、おじよりも派手に吹き飛ばされた。ただ、金属の縁ではなく、仕切り板そのものにぶつかった。

私のほうは歯が一本折れ、すり傷と打撲を負っただけですんだ。運動神経がよかったからじゃない。神のご加護だ。私のぶつかった場所が、おじのぶつかった場所よりましだっただけだ。

おじは不運だった。額が割れて、そこらじゅうに血が飛び散った。重傷だった。おじは苦痛のあまり大きな叫び声をあげた。あんなにおそろしい光景は見たことがない。

「機械を止めろ！　大変だ！　ミゲルが血まみれだ！」誰かが叫んだ。

「医者に連絡しろ！　急げ！　重傷だ！」

乗組員全員が声を張りあげた。操舵室にいた父がミゲルに駆けよった。ミゲルはマチェーテで頭を割られたように、上半身が真っ赤に染まっている。私の目に、悪夢のような光景が何度もよみがえった。緩んでいた滑車カバー、襲いかかるロープ、一瞬にして最愛のおじが――なぜ父が厳しいのか、なぜすぐにベルトで叩くのか、私にわかるように教えてくれたおじが――目の前で死にかけている。できることがあれば、なんでもしてあげたかった。父が無線で沿岸警備隊に連絡した。数分後に警備隊がやってきて、おじを近くの病院に搬送してくれた。朝日が昇りはじめていた。凄惨な情景が頭から離れなかった。

おじは糖尿病を患っていて、そのせいでなかなか傷が回復しなかった。元気になったかと思えば、また痛みがぶり返す。そのくり返しだった。一か月、おじは必死に闘ったが、勝てなかった。葬儀と埋葬は、プエルト・カイミトで行なわれた。数百人もが参列した。

「ミゲルは神のもとに召された」司祭がいった。「彼が亡くなったのは悲しいことだが、決して忘れてはならない。神が居場所を用意され、ミゲルはあの世へ旅立ったのだ」

私たちは九日間、喪に服した。父が泣くのを見たのは、このときが初めてだった。

数日後、私たちは漁にもどった。網を下ろさないと、金を稼げないからだ。喪が明ける最後の日のことだ。仕事の危険さは、何も変わらない。それでも私たちは、ただひたすら海に出て漁をするしかなかった。


おじが亡くなって一年がたとうとしていた頃のことだ。ある金曜日、その日は漁を休まなければならなかったのだが、父はそれを知らなかった。漁船を所有する会社からの連絡が、父にだけ届かなかったのだ。私たちは網を準備し、太平洋のコンタドラ島に向けて漁に出た。コロンビアの方向だ。網はすぐに魚でいっぱいになり、水揚げをするために港に向かう途中で、排水ポンプのベルトが動かなくなった。予備のベルトを試しても、サイズが合わず、排水ポンプは止まったままだ。

これはまずい。

船底に溜まる水を排水するポンプだ。ポンプが止まれば、船はやがて沈む。

百トンほどのイワシを積んでいるため、船はそのぶん重くなっていた。そこへポンプが動かなくなり、大量の水が溜まりはじめた。船はパチェカ島の沖合六百メートルのところにいた。コンタドラ島の隣にある島だ。船は沈みだしている。

考えている時間はない。父は即断した。船長が最も避けたい決断だ。

「パチェカ島の砂浜に乗りあげる」父がいった。「コンタドラ島までは船がもたない」

父がパチェカ島に向かって舵を切り、島まで残り約三百メートルになったとき、なぜか排水ポンプのベルトが動きだした。理由は誰にもわからない。誰も調べようとはしなかった。排水が始まり、再び船が浮いた。父はほっとしたようだ。それが顔にはっきりとあらわれていた。大型漁船がパチェカ島に近づく危険性を、父はよく知っている。岩場やサンゴ礁に乗りあげれば、船底が破れる。そうなれば、砂まじりの海水が大量に流れこんで、エンジンが止まってしまう。

港まで二時間かかるが、ポンプが再び動きだした。コンタドラ島に向かおう、と父がいった。風が強くなり、波も高くなってきたが、問題はないと父は自信たっぷりだった。

「コンタドラ島にもどって水揚げをする」父はいった。「ベルトが止まらず、ポンプが動いていれば大丈夫だ」

父は何年も、このあたりの海で漁をしてきた。何が安全で、何が安全でないか、直感でわかる。父の直感は役に立つものだったが、必ず当たるとはかぎらない。父が舵を切ってパチェカ島から離れ、四百五十メートルほど進んだところで、また排水ポンプが止まってしまった。

午後九時前だ。船内の水位が上がってきた。そのうえ、風が次第に強くなり、やがて三メートルほどの波が、船の側面にぶつかってきた。状況はひどくなる一方だ。船には凄まじい勢いで水が流れこんでくる。

決断も何もない。選択肢は一つしかなかった。

「パチェカ島にもどる」父が声を張りあげ、船の向きを変えた。嵐のなかにうっすら見えるパチェカ島の海岸線だけが頼りだ。

しかし、そう簡単には進めない。船に海水が流れこみ、海がしけていては、急ぐのもむずかしい。

スピードが出なくても、なんとか海岸線を目指そう。父はそう考えている。

ところが、今度はエンジンが止まった。

ぷすぷすと音がするでもなく、苦しそうな嫌な音をたてるでもなく、いきなり止まった。エンジンは船の前方にあるので、水につかってしまったのだろう。

「どうするの?」私は父にきいた。

「クランクを回して、動くかどうか、たしかめてこい」こんな状況でも、父は落ちついていた。

私は何人かと階段で船内に下りた。水が溜まり、真っ暗だ。私はごつい取っ手を握り、クランクを必死に回した。空気を送りこんで、エンジンを始動させるのだ。

反応はない。

何度かクランクを回したが、エンジンは止まったままだ。

全長約三十メートルの漁船が、水に浮かんだコルクのように激しく揺れる。船はどんどん沈んでいく。もうクランクを回している場合じゃない。腰まで水につかりながら、なんとか階段をのぼって甲板に出た。

「全員、救命ボートに乗れ」父が大声で叫んだ。

救命ボートは鉄製で、船底が深く、全長が約五メートル。強風や高波と格闘しながら、どうにかこうにかボートを海に浮かべ、乗組員九人全員が乗りこんだ。本来なら、救命胴衣が装備されているはずだが、このボートにはなかった。父がエンジンをかけ、ボートはゆっくりとリサ号から離れていった。波にぶつかり、波頭を乗り越えていく。救命ボートは、まるでバスタブに浮かぶおもちゃのように揺れた。

後ろを見ると、父の漁船が見えた。私たち家族の生活手段である船が、波風にあおられたかと思うと、ひっくり返り、数分もしないうちに海に沈んだ。

パチェカ島はほんの二百五十メートルほど先だが、地球の裏側にあるような気がした。私は救命ボートの右側に乗っていた。乗組員全員が乗っているせいで、ボートはかなり沈みこみ、水が入ってくる。

パチェカ島の明かりに目をやった。そのうち、島まで命がけで泳ぐことになるかもしれない。乗組員の何人が、いや、一人でも島まで泳ぎきれるか。海は大きくうねっているうえに、サメがいる。このあたりの海で何度も漁をするあいだに、シュモクザメ、メジロザメ、イタチザメ、いろんなサメを見てきた。

そこらじゅうにサメがいる。

島の裏側から岸にたどりつくことができれば一番いい。風を防ぐ障害物もあるし、海もそれほど荒れていない。父は、島の裏側を目指してボートをゆっくり進めていた。高波が次々と押しよせる。漁船はもうない。この救命ボートも沈んでしまうのか？

私は思わず、逆巻く波を見つめた。海が怒り狂っているかのようだ。漁に出て、海がこわいと思ったことはない。だが、このときはぞっとした。ボートは少しずつ島の裏側に向かっていたが、それでもまだ気が遠くなるほど遠い。あいかわらず風が吹き荒れ、波が強く打ちつける。ボートに乗っている誰もが、ひとことも口をきかない。私は恐怖で、ほとんど息もできなかった。

信じられない。排水ポンプの不良で死んでしまう。

もともと漁師になりたかったわけじゃない。そして、この事故だ。おじの姿が頭に浮かんだ。漁に頼る生活で、私たち家族が犠牲にしてきたことも。母や姉や弟の姿が頭に浮かんだ。そして何よりも、クララが頭から離れなかった。大親友で、一生をともにしたいと思える女性だ。ただ、本人にそんなふうに伝えたことはない。彼女にもう会えないかもしれないと思うと、胸が張り裂けそうだった。

波にもてあそばれながら、ボートの縁に必死にしがみついた。溺れ死ぬか、サメに食われるか。十九歳の私に用意された選択肢は、その二つしかない。

父の舵取りで救命ボートは波を切って、ゆっくり進んでいく。私は、二つの選択肢を頭のなかから遠ざけようとした。父がなんとかボートを前に進めている。厳しい天候にも耐える立派な船とは程遠い、名ばかりの救命ボートだというのに。父がおだやかな海域に連れていってくれるかもしれない。ボートが沈まずにすむかもしれない。あと五分？　十分？　いや、わからない。はっきりわかるのは、少しずつ島が近づいているということだけだ。あと百メートルほどで岸だ。風が次第におさまってきた。荒波も後ろへ遠ざかっていく。ボートのスピードが少し上がった。私たちは砂浜を目指した。

もうすぐ島にたどりつく。

父がエンジンを水中から引きあげ、救命ボートが砂浜に乗りあげた。私は飛びあがって喜んだ。陸だ！　やった。陸がこれほど心地いいなんて！

私たちは抱き合った。私の記憶では、このとき生まれて初めて父とも抱き合って、私は父に感謝した。見事に私たちを陸まで導いてくれた。父が前もって無線で連絡していたから、警察と沿岸警備隊が待機していて、私たちの無事を確認すると、ホテルに搬送してくれた。パチェカ島は観光地で、高級ホテルがいくつもある。震えながらも、心からほっとした私たちは、ホテルで温かいシャワーを浴びて、着替えまで用意してもらった。漁船が沈没したのは悲しかったが、助かってこんな待遇を受けられるとは、数分前まで考えもしなかった。

まもなく、父は会社から新しい漁船を与えられたが、しばらくすると漁期が終わった。この時期の漁師の仕事は、網の修繕だ。退屈で手間のかかる作業だが、早く海に出たいとは少しも思わなかった。何をするにせよ、無事で生きていることがうれしかった。

遭難事故で命を落としかけたことが、もう一ついい結果につながった。週六日間の漁に出なくなって、今まで以上にパナマ・オエステのチームメイトと野球をするようになったのだ。子どもの頃から野球はずっとやっていたが、プエルト・カイミトのような人里離れた貧しい村では、ちゃんとした試合ができるわけもなく、砂浜で野球ごっこをしていたようなものだ。私は村の子どものなかではうまいほうで、十三歳になると地元の選抜メンバーとしてパナマのあちこちに出かけ、ほかの地元チームと試合をするようになった。成績は悪くなかったが、未来のロッド・カルー、レニー・ステネットと噂されるほどじゃない。それでも十八歳のとき、パナマのトップリーグに所属するパナマ・オエステ・バケーロス（カウボーイズ）でプレーしないかと誘いを受けた。ポジションは、いわれるままにどこでもやった。ある試合ではライト、次の試合はショート、その次はキャッチャー。打順はたいてい一番か二番。足が速かったし、ヒットを打つのがうまかったからだ。

なかでも、私の好きなポジションは外野だった。フライを追いかけてキャッチするのは、野球のプレーで一番楽しい。リーグ優勝を決める大事な試合で、私はライトのポジションについた。マウンドに立つ先発投手は、チームのエースだ。彼がきっちり抑えてくれると思っていたが、その日、相手チームにこてんぱんに打たれ、私たちはピンチに陥った。監督がマウンドまで出てきて、あたりを見まわしたかと思うと、ライトにいる私を手招きした。

どうしてこっちを見てる？　うそだろ。さすがにピッチャーは無理だ。

監督が私を指さし、こっちにこいと手招きする。本気らしい。どういうつもりなんだと思いながら、私はマウンドに駆けよった。

「ピッチャーじゃないことはわかってる」監督がいった。「だが、代わりがいない。とにかく、ストライクを投げればいい。余計なことは考えるな。ど真ん中に投げれば、それでいい」

「はい、やってみますけど、どうなっても知りませんよ」

「ストライクを投げれば、それでいい」

「わかりました、やってみます」

昔からコントロールはよかったから、狙った場所にボールを投げることはできる。だが、速い球は投げられないし、十四歳のときに地元チームで数イニング投げて以来、マウンドには上がっていない。ピッチャーズプレートに足を乗せると、かなり違和感があったが、それでも投球を始めた。

　私は二回からマウンドに上がり、九回まで投げた。得点は許していないが、とんでもない決め球があったわけでもない。カーブは投げられないし、ワインドアップの投球フォームもおぼつかない。捕手からボールを受けて、ただ投げ返すだけ。球速はせいぜい百三十キロ台の後半くらいだ。それでも、コーナーを突いて淡々と投げ、相手打者を一人残らず抑えた。

　そして、私たちは試合に勝った。

「よくやった」監督がいった。「おまえが抑えてくれたおかげで逆転できた。おまえがチームを救ったんだ」

　私はまったく気に留めなかった。その日の試合で、たまたまピッチャーをしただけのことだ。次の試合では、またショートやレフトを守るつもりでいた。

　巻き網の修繕にもどり、なるべくオエステの試合にも出るようにしながら、そろそろ修理工の学校に通う時間が取れないかと考えていた。数年ぶりにマウンドに立ってから約二週間後、私は砂浜でクララを交え、家族とのんびりした日曜日をすごしていた。その日の終わり、丘を登って家に帰ってくると、エミリオ・ガースとクラウジーニョ・エルナンデスが待っていた。パナマ・オエステの中堅手と捕手だ。私に話があるらしい。電話がなかったから、話をするには家をたずねるしかなかった。

「いったい、どうしたんだ？」私は声をかけた。

「おまえにトライアウトの話を持ってきた」クラウジーニョがいった。

「トライアウト？　どういうことだ？　どこの？」

「ニューヨーク・ヤンキース」

「ニューヨーク・ヤンキース？」

そんなこと、誰が信じる？

「おまえのピッチングを見たいそうだ」クラウジーニョがいった。

「ヤンキースのスカウトに、こないだのおまえのピッチングのことを話したら、見てみたいといいだしてな」とエミリオ。

きけばきくほど、信じられなくなる。

「ピッチング？　おれは投手じゃない」私はいった。「冗談はやめてくれ」

「冗談じゃない。本当の話だ。ヤンキースがおまえのピッチングを見たいといってる。トライアウトは明日だ」クラウジーニョがいった。

私は二人を見た。とても信じられない。ローン・レンジャー役のクレイトン・ムーアとトント役のジェイ・シルバーヒールズがプエルト・カイミトにやってきて、『ローン・レンジャー』に出てみないかと声をかけてきたとしても、これほどは驚かないだろう。

くわしい事情をきいてみると、クラウジーニョが話してくれた。あの日の試合で私のピッチングに驚いた彼は、エミリオと二人でチコ・エロンに電話して、私のことを話したのだそうだ。チコは地元チームで野球を教えながら、アルバイトでヤンキースのスカウトをやっていた。あちこちの球場に出入りする、野球一筋の男だ。エミリオとクラウジーニョは本当にいいやつだが、わずかな分け前を目当てに、日頃から見こみがある選手に目を光らせていた。要するに、ヤンキースに選手を紹介し、その選手がプロ契約にこぎつけば、発掘料として二百ドルを受けとれるということだ。

「それで、どう思う?」クラウジーニョがたずねた。

こんな馬鹿げた話はきいたことがない。だが、網を船に積んでいるだけじゃ金にならない。

それに、野球は大好きだ。

「明日、会おう」私は答えた。

第3章

バス二台、投球九回

ヤンキースのトライアウトは、フアン・デモステネス・アロセメナ・スタジアムで行なわれた。化粧漆喰《しつくい》で仕上げた建物正面に、石造りのレリーフ画が飾ってある有名な野球場だ。一九三八年に建てられ、球場の名前は、建造したパナマ大統領にちなんでいる。〝キティウス、アルティウス、フォルティウス（より速く、より高く、より力強く）〟というラテン語の碑文が、メイン・エントランスの石壁に彫りこまれている。私は、その三つのどれにも当てはまらない。とにかく全力でぶつかるしかなかった。中央アメリカ選手権大会、パンアメリカン選手権大会の野球の試合の多くが、この球場で行なわれていた。その日の午前中、いっしょに巻き網の修繕をしていた父は、私がトライアウトを受けることに興奮するわけでもなく、午後の外出をしぶしぶ許してくれた。

「ちゃんと仕事をしてから出かけろよ」父はいった。

午後一時、私はパナマ市に向かった。プエルト・カイミトからチョレラまでのバスの運賃が四十五セント。そこからバスを乗り継いで、パナマ市まで六十五セント。時間にして、一時間半かかる。パナマ市につく頃には腹が減って、食料雑貨店に立ちより、小さなロールパン――スペイン語で、パン・デ・ウエボ――を六個買った。一つ五セント、それと二十五セントの牛乳。帰りのバス代が足りなくなるが、パナマの運転手は気さくで、次に乗るときまでのツケにしてくれる。

バス停からスタジアムまで歩いて二十分。クルンドゥと呼ばれる貧民地区を抜けていく。ほとんどの家がぼろぼろで、空き家も多く、そこらじゅうに腹をすかした野良犬がいる。ゴミが散乱しているし、酔っぱらいやホームレスや売春婦をあちこちで見かけた。犯罪も多い。長居したくなる場所じゃないが、野球選手にはちょっかいを出さないときいている。私は足を速め、無事にその地区を抜けた。

ヤンキースのトライアウトにドレスコードがなくて助かった。そんなものがあったら、私はプエルト・カイミトに送り返されていただろう。はき古した緑色のパンツに、擦りきれたシャツを着て、穴のあいた靴……グラブはない。集まっていた二十人くらいのテスト生が、みすぼらしい格好の私を見るなり、こっちを指さして大笑いした。

おい、見ろよ、トライアウトに浮浪者が一人きてるぜ。そういわれていたのだろう。

以前、この球場で試合をしたことがある。収容人数は二万五千人、球場の造りも広さもよく知っていたから、周囲の状況に飲まれることはない。真っ先にチコ・エロンを探した。このトライアウトを準備した、ヤンキースのスカウトだ。背の低い、丸々と太った男で、もじゃもじゃ頭にいつもヤンキースの帽子をかぶっている。チコのことは、数年前から知っていた。チョレラやプエルト・カイミト、その周辺の町で野球をやっている人間で、チコを知らない者はいない。私はチコに声をかけ、握手した。

「マリアノ、きてくれてありがとう。少しほかのテスト生を見たいから、あとで私の前で投げてくれ。このあいだの試合で、いいリリーフをしたんだってな。今じゃ、ピッチャーもやってるのか?」

「まあ、少しは。けど、毎日投げてるわけじゃなくて、あの日だけです。代わりがいなくてしかたなく」

「そうか。さあ、準備運動をしておけ。もうすぐ始まるぞ」

以前、チコからスカウトされたことがあった。一年ほど前、オエステの試合でショートを守る私をチコが見てくれた。私は精一杯プレーし、ヒットを二本打ったが、テスト生として推薦してはもらえなかった。プロのテスト生としては、バッティングが物足りなかったのだろう。私のプレーを見たことがあったから、クラウジーニョとエミリオから電話をもらっても、チコはあまり乗り気ではなかったようだ。

「ショートのマリアノ・リベラはもう見たよ」チコは二人にいった。

「ピッチングは見てないだろう。見て損はしない」とエミリオ。

「まちがいない。あいつの球を受けたんだ」クラウジーニョがいった。「マリアノは、コントロールが抜群にいい」

トライアウトを受けにきたテスト生のなかに、いくつか知っている顔があった。以前に対戦したことのある選手たちだ。二十歳の私は、集められたなかでは年長だ。ヤンキース側が本気で注目しているテスト生は、ルイス・パーラという体の大きな投手だった。本格的な速球派だ。ヤンキース側が楽しみにしているテスト生はもう一人いたが、私は彼の名前を知らなかった。私は、テスト生の一人にグラブを貸してもらって、準備運動を始めた。ルイス・パーラもほかのテスト生のことも気にならない。いいところを見せたいとも思わなかった。とにかく野球をする。それくらいにしか考えていなかった。人前でプレーすることへの不安は、もともと自分にはない。気がかりだったのはせいぜい、気に入ってもらえなかった場合、最悪どうなるかということくらいだ。このトライアウトは、プエルト・カイミトを離れ、家族の生活を一変させる大きなチャンスだ、などとは夢にも思っていなかった。

野球を楽しんだら、バスに乗って家に帰ろう。それくらいにしか考えていなかった。

数分後、チコから声がかかった。

「マウンドに上がって、ちょっと投げてみてくれ」

「はい、わかりました」

マウンドに立ち、ピッチャーズプレートの手前を靴で浅く掘る。下を向くと、靴にあいた穴から右の親指が飛びだしていたが、まったく気にならない。ホームベースに向かって、ふつうのワインドアップポジションから投球に入った。左足を後ろに振り動かしながら、両手を少し持ちあげて、左足を前に踏みだす。右足でプレートを蹴るようにして、腰を捻《ひね》りながらボールを投げる。コーナーぎりぎりの直球だ。捕手からボールが返ってきて、もう一球投げた。コーナーいっぱいの直球がキャッチャーミットにおさまる。気負わず、力まず、軽快に投げつづけた。細くて頼りない体格の私でも、ボールが自体が自分の行き先をわかっているかのようだ。

九球投げた。すべて直球。私は直球しか投げられなかった。

「いいぞ、マリアノ。よくわかった」チコがいった。

意味がわからなかった。たった九球だ。これで終わり？　もう巻き網の修繕にもどるのか？

数分後、チコが私をわきのほうに連れていった。

「今日はいいものを見せてもらった。今週いっぱい顔を出してもらえないか？　ヤンキースの中南米地区のスカウト責任者ハーブ・レイバーンに見てもらおうと思ってる。最終的な決断を下すのはハーブなんだ。どうだ？」

「いいですよ。仕事を休めれば、必ずきます。今日は声をかけてくれてありがとう」

「明日もきてくれよ」

私はスタジアムをあとにした。貧民地区を通りながら、寄ってくる物乞いをよけ、一台目のバスに乗って、途中でほかのバスに乗りかえた（運転手に頼んで、バス賃を二十五セントまけてもらった）。トライアウトがもう少し続くと話したところ、父は許してくれた。その週いっぱい、同じような日が続いた。午前中は巻き網の修繕、午後になるとバスを乗り継いで、クルンドゥを歩き、フアン・デモステネス・アロセメナ・スタジアムに顔を出して、チコの前でボールを投げる。文句なしだ。毎日、野球ができて、午後の巻き網の修繕をサボれる――これは、いつだって大歓迎だ。週の終わりには、ハーブ・レイバーンがやってくる。しかも、パナマ代表チームを相手に投げることになるらしい。余計なことは考えず、ただ、自分の登板はどうせ最後だろうということくらいしか思っていなかった。ヤンキースのスカウト陣が最も気にしているのは、どう見てもパーラだ。それに、スカウト陣に注目されているらしいテスト生がほかにも数人いた。私よりたくさん投げて、ボールを投げるたびに、スカウト陣の反響を呼んでいた者たちだ。

自分が最低レベルのテスト生だということだけは、はっきりわかった。

しかし、それでかまわなかった。おれをみくびるなよ、と思い知らせたいわけでもなく、ルイス・パーラやほかのテスト生を見て、ひそかに闘志をみなぎらせていたわけでもない。ここでいいところを見せられたらそのあとどうなるのかということさえ、よくわかっていなかった。話しかけられても、まるで外国語をきいているような感じがした。私は、指示されたとおりにしただけだ。こっちにこいといわれたらそっちにいき、あっちにいけといわれたらあっちにいき、投げろといわれたら投げる。先のことは考えなかったし、見当もつかなかった。

少しは意識しただろうって？

何を意識するというんだ？

最終日、私はいつものようにバスを乗り継いで、パン・デ・ウエボと牛乳を買った。球場につくと、ハーブがチコと話していた。白髪頭で中肉中背、手にはスピードガンを持っている。チコと同じように、ハーブは私のピッチングを見て驚いていた。彼も、ショートを守っている私のプレーを見たことがあるからだ。ハーブのことは少しだけ知っていた。ピッツバーグ・パイレーツのスカウトをしていた時期があり、オマール・モレノ、レニー・ステネット、マニー・サンギーエンといったパナマ出身のメジャーリーガーを契約させた。ハーブのことを知っていたのは、おじのマヌエル・ヒロン（私の母の兄だ）も、かつてハーブにスカウトされ、契約を結んだことがあるからだ。おじも投手で、プエルト・カイミト出身の初のメジャーリーガーになるのだろうと多くの人に思われていた。パイレーツ傘下のマイナーリーグで三年間プレーしたが、しばらくして球団から放出された。おじはプエルト・カイミトにもどり、仕事についた。どんな仕事か？もちろん、漁業しかない。おじが野球の経歴について話すことはあまりなく、私もきかなかった。おじは帰ってきた。誰にでもよくあることだ。

試合開始の三十分前、ダグアウトにいた私にハーブが声をかけてきた。

「きみが最初だ。そろそろ体を温めておけ」

私は驚いた。

「先発ですか?」

「そうだ。マウンドに上がるんだ。あいつらをぎゃふんといわせてやれ」ハーブは笑みを浮かべた。

冗談だろう。

肩をほぐして気を取りなおすと、私はマウンドに上がった。ハーブがスピードガンを持って、ホームプレートの後方に陣取る。ハーブが何を考えているのか、スピードガンにいったい何キロと表示されるのかわからなかったが、それさえも気にならなかった。ピッチャー経験が浅いながらも、投球には、スピードガンに表示される数字よりも必要な要素がたくさんあることくらい知っていた。

先頭打者が打席に入り、私はさっそく三振に切ってとった。いつものようにストライクを投げ、次々に打者と対峙する。投球に小細工はない。ただ、ほとんどの球が狙ったコースに決まる。ストライクゾーンがかなり広く感じられた。私のスタイルは、そのときも変わらなかった。シンプルに投げて、さっさとマウンドを下りる。

三イニングを投げて、奪三振五、被安打一。数えてはいなかったが、三十五球も投げていないだろう。ほとんどが直球。一、二球だけお粗末なチェンジアップを投げた。マウンドを下りると、チコが握手を求めてきた。

「マリアノ、よかったぞ。今日の出番は終わりだ。さあ、ほかの選手のお手並みを拝見しよう」

私はチコに礼をいって、ダグアウトのベンチに座った。パーラやほかのテスト生のプレーを見ながら思った。ダグアウトから飛びだして、もう少しプレーしたい。なんだったら、外野を駆けまわりたい。いいところを見せたいからじゃない。とにかく、野球がしたかった。昔から、見ているよりプレーしたいほうだったんだ。試合が終わると、「ちょっと話ができるか」とハーブが声をかけてきた。

「はい、もちろん」

「なかなかよかった」

「ありがとうございます」

「きみが投げると、いい打者が、どこにでもいそうな月並みの打者に見える」

「ありがとうございます」

「いい投手になれる。ご両親といっしょに、ニューヨーク・ヤンキース入りについて話をしたい。明日またきてくれないか？　ここで待ち合わせして、きみの家にいこう。そうすれば、みんなで話し合える」

「はい、わかりました」

ハーブがなぜ、一人でプエルト・カイミトにこずに、私と待ち合わせしてからやってきたいのかわからなかったが、私はいわれたとおりにした。球場につくと、二人で車に乗り、熱帯雨林の丘をいくつも越え、チョレラの町を通り抜けて、村にもどってきた。私たちが到着したとき、父は港にいたから、私は父を迎えにいった。ハーブは小さなブリーフケースを持っていた。なかに何が入っているのか気になった。この話し合いがどういうものなのか、私はそのときにも、まだぴんときていなかった。

ちっぽけな家に一同が集まったとき、クララもいて、私はほっとした。何か大事な話になったときには、クララに同席していてほしかった。ハーブがブリーフケースをあけて、テーブルに契約書をおき、これからのことを説明しはじめた。クララと私と両親は耳をかたむけつつも、全員が少し困惑気味だ。

両親が賛成してくれて、私はニューヨーク・ヤンキースと契約を結んだ。二千ドルの契約金で、プロ野球選手になれたんだ。一九九〇年二月十七日、土曜日のことだ。

私のちっぽけな世界が、大きく広がろうとしていた。

第4章 ガルフ・コーストの衝撃

新しい世界に飛びだすのは大変だ。同じテスト生のルイス・パーラが、旅の仲間だった。まずマイアミで飛行機を乗り継がなくてはならなかった。つまり、マイアミ空港で迷子にならずに乗り継ぎのゲートを探しだし、飛行機が離陸する前にそこへたどりつかなくてはならない。ルイスも私と同様、世間知らずだ。知らない国の大都市のど真ん中に、いきなり置き去りにされたような気分だった。というより、実際そうだったわけだ。人々が慌ただしく駆けまわり、赤ん坊が泣き叫び、アナウンスが鳴り響く。私はこれほど多くの人間を見たことがなかったし、これほどの騒音をきいたこともなかった。

運よく、スペイン語のわかる人がいた。十人くらいに声をかけ、場所を教えてもらいながら、私たちはなんとか目的のゲートにたどりついた。タンパ行きの短い旅だ。フライトは忘れられないものになった。二度のフライト体験で、気づいたことがある。私は、地に足をつけずに、空に浮いているのがこわいらしい。その後二十年以上、数えきれないほど飛行機に乗ることになったが、恐怖心はなくならなかった。

飛行機を降りた私たちは、タンパ国際空港のコンコースを歩きだした。マイアミ国際空港ほどの大騒ぎじゃないが、それでも目がまわりそうだ。標識や看板を見ても、意味がわからない。ベーグル？　フレンチ・フライ？　バーガーキング？

なんのことだ？

手荷物受取所？　遺失物取扱所？　地上交通機関？

誰か説明してくれ。

私たちはひたすら歩いた。目標は一つだ。ヤンキースの帽子をかぶり、ヤンキースのジャンパーを着た男を探すこと。私たちはこういわれただけだった。「ヤンキースの服を着たクリスという男を探せ。三十代後半のずんぐりした男だ。ひと目でわかる」

そういわれても、うっかり見逃してしまいそうだった。ほかの誰かがヤンキースの帽子をかぶり、ジャンパーを着ていたら、大変なことになる。ドラフト一位指名の選手が英語を話せなかったら、球団はそんな期待の新人を一人で空港にいかせはしないだろうが、私たちはパナマ出身の無名の若造だ。盛大にもてなしてもらえるはずがなかった。

とにかく、ヤンキースの服を着たクリスという男を探すことにした。

エスカレーターを下りて、手荷物が運ばれてくるコンベアの前に立つ。

「ほらあれ、ヤンキースのジャンパーを着てる。あの人かもしれない」私はパーラにいった。

「誰かを待ってるみたいだし」

私たちは男に歩みよった。

「クリス？」私は声をかけた。

男が手を差しだした。

「そうだ。タンパにようこそ。マリアノ・リベラとルイス・パーラだな。荷物がきたら、さっそく出発だ」

私もパーラも、クリスが何を話しているのかわからなかった。学校で教わったこともないから、英語はさっぱりだ。私とパーラのぽかんとした顔を見て、クリスは察しがついたようだ。

空港からほど近いヤンキースのキャンプ地までの移動中、私は驚きっぱなしだった。道路はやけに広いし……どれもきれいに舗装されている。オフィスビルも商店も大きく、真新しくて、とても立派だ。たたずまいといい、大きさといい、どの建物を見ても目がくらんだ。そうこうするうちに、キャンプ地のスタジアムに到着し、車から降りたとたん、パナマ運河を高速で飛ばすモーターボートのように、全身に震えが走った。

こんなに手入れの行き届いた球場を見たことがない。同じような美しい球場がもう一つあり、さらに球場が二つ見えて、私は目を見張った。これほど立派な野球場があるなんて（あの芝は、まさか子どもがマチェーテで刈っているわけじゃないだろう）。

エル・タマリンド球場とはまったくちがう。天国のようなところだ。

ぴかぴかのオフィスがいくつもあり、広々としたロッカールームもある。バッティングケージ、トレーニングルーム、バットにボールにヘルメット、こんなにたくさんあるとは思いもしなかった。選手の送り迎えをしていないときはクラブハウスで働いているクリスから、練習用のウェアとユニフォームを渡された。グラブとスパイクも。これで、穴のあいた靴とはおさらばできる。四月にクリスマスがきたような気分だった。その後、私たちは近くのベイ・ハーバー・インに向かった。ヤンキースのオーナー、ジョージ・スタインブレナーが所有するホテルだ。シーズン中、私たちはここで寝泊まりすることになる。パナマでは、一泊十ドルか十二ドルくらいのモーテルに泊まったことがあるが、たいていは床にマットレスがあるだけで、ベッドがあればラッキーだ。ところが、パーラと私に当てがわれた部屋には、テレビとバスルームもあった。タオルも石けんもシャンプーも好きなだけ使える。おまけに、ルームサービスつき。

「ルームサービスってなんだ?」パーラが私にきいてきた。

「知らないよ」

私たちはあまり外出しなかった。言葉の壁があったからだ。食事に出かけても、スペイン語のわかる店員がいなければ、メニューに載っているおいしそうな料理の写真を指さして注文するだけだった。不思議なことに、イグアナ料理は一品もなかったね。

いざ球場で練習が始まると、ほかの選手、とりわけ投手の体のでかさに驚いた。全員、背が高くて、がっちりしている。デューク大学出身の左腕で、チームのエースを務めるティム・ルーマーは身長百九十センチ、体重九十キロ以上。ルイジアナ州立大学からきたラス・スプリンガーは身長百九十三センチ、体重約九十キロ。クレムソン大学からきた身長百八十三センチの右腕ブライアン・フォーでさえ、私より十五キロほど重かった。彼らが投げる球は、スピードガンがこわれるんじゃないかと思うほど、すごかった。ルーマーのカーブは、落差が六十センチほどあった。

だが、ガルフ・コースト・ヤンキースの選手たちと練習をするうちに、彼らと渡り合えると思えてきた。ランニング、守備練習、トレーニングも、ほかの選手と同じようにこなせる。マウンドに上がると、体が細く、直球が百三十キロ台後半しか出ない私でも、誰にも負けないことがあるのに気づいた。

狙ったコースにボールを投げることだ。

ルーキーリーグの投手は、たいていコーチからこういわれる。「ど真ん中でいいから、とにかくストライクを投げろ」それができるようになると、ストライクゾーンが広がり、思いどおりのピッチングできる。だが、私はちがった。コントロールの能力を神から授かっていたのだ。内角低めぎりぎりを攻めたいとき、私はそれができる。外角低めに投げこみたいと思えば、それもできる。私の得意な球種は、一つしかなかった――直球だ。これに、切れの悪いスライダーと平凡なチェンジアップを織り交ぜる。数年かけてチェンジアップを磨いたが、少しも上達しなかった。ルーキーリーグの打者は私の投球練習を見て、こいつの球なら楽に打てる、と思ったはずだ。

チームメイトの三塁手ティム・クーパーが、たまにブルペンで私のボールを受けてくれた。みんなからクープと呼ばれていた彼は、高校でスペイン語を学んでいて、私の英語教師になってくれた。私が直球を投げると、クープがにやにやしながら首を振って、よくいったものだ。「こんな球で、毎回よくホームランを打たれないもんだな」

当時の監督がグレン・シャーロック、投手コーチが往年のナックルボーラー、ホイト・ウィルヘルムだ。二人ともいい人だったが、二人の英語は、私にはほとんどわからなかった。その年の初め、二人にいわれて、私はブルペンに入った。ウィルヘルムがアドバイスをしてくれるのだが、私はピッチングについて基本的に何も知らない。まわりは十年以上投手として練習をかさねてきた選手ばかりだ。ある日曜日の午後、パナマ・オエステ・バケーロスの試合で、臨時に借りだされたような素人投手は私だけだった。

だが、いざ試合になると、場内アナウンスが私の名前を告げ終わらないうちに、毎回のように打者をカウント一—二か、〇—二に追いこんだ。そんな調子で、最初の一年が過ぎた。五十二イニングを投げ、被安打十七、自責点一。奪三振五十八で、与四球が七、防御率は〇・一七だ。ティム・ルーマーがチームのエースで、ガルフ・コースト・リーグのなかでも一流の投手だったが、私は平凡な球速の直球だけで、すばらしい成績をおさめた。

驚いた、というより——

衝撃を受けた。

まわりの投手は私より体格がよく、速い球を投げられるのに、私は彼らをしのぐ成績を上げたのだ。魂が体から抜けるような経験だった。打者を打ちとるたび、何度も思った。

どうしてこんなことになるんだろう？

すべてがうまくいっているとき、その理由はほとんどわからない。そもそも、私はタンパではなく、ドミニカ共和国にいかされるはずだったが、すでに二十歳だというだけの理由で、球団はこの春季キャンプに私を送りこんだんだ。最初の数週間で、投手としての私のど素人ぶりに気づいた首脳陣が、やはり私をドミニカ共和国に送りなおして別調整をさせようと話していたとき、ハーブが口をはさんだ。

「たしかにど素人だが、彼のコントロールのよさを見てくれ」ハーブはスカウト担当の上司たちにいった。「とりあえず試合に登板させて、実力を見てから決めてほしい」

神が働きかけてくれたにちがいない。私は、自分の身体能力をはるかに超える結果を出していた。何がどうなっているのかさっぱりわからなかったが、実際より体が大きくなったような気分だった。

ルーキーリーグは、ほかのプロ野球のどのクラスとくらべても、かなり異質だ。誰にとっても、何もかもが未体験のことばかりだからだ。私のような外国人選手や、大卒じゃない若い選手にとっては、故郷を離れるのが初めてのうえに、一シーズンに六十以上の試合をこなすのも初めてだ。おぼえなければならないことも多いし、思うように実力を発揮できないこともある。一九九〇年、MLBドラフトで一位指名されたチッパー・ジョーンズが、同じリーグのガルフ・コースト・ブレーブスでプレーしていた。ルーキーイヤーの彼の打率は、二割二分九厘。リーグ内でトップクラスの投手だったメッツのホセ・マルティネスは、最終的にメジャーでは四試合しか登板していない。ガルフ・コースト・レンジャーズのリリーフエースだったアンソニー・ボウトンは、ルーキーイヤーに十七セーブを挙げながらも、二年後には野球界から退いた。ティム・ルーマーに至っては、結局一度もメジャーのマウンドに上がれなかった。当初の格付けでいえば、私はガルフ・コースト・リーグで二十六番目。まずオールスターに選ばれるようなことはない。まちがいなく無名の選手だ。手取り三百十ドルの給料を隔週でもらい、パナマに帰ったときに両親に渡すつもりで貯金していた。

シーズンが進むにつれて、ティム・クーパーと仲よくなった。散髪を頼めるくらいに。クープは上手に髪を切りながら、いろいろとジョークを教えてくれた。「髪はなんとかなるが、顔はどうすることもできないな」二人でバスに乗ってダニーデンやクリアウォーターやブレーデントンに出かけるとき、一つルールを決めた。クープはスペイン語しか話さず、私は英語しか話さない、というものだ。外国語を学ぶとき、ベルリッツに通う人もいれば、ロゼッタストーンに頼る人もいるだろう。私は、カリフォルニア州チコ出身のティム・クーパーに教えてもらった。最初は単語をいくつかおぼえ、センテンスをいくつか頭に入れて、夕食のあとにビリヤードをしながら英語に慣れていった。一ゲームに一ドル賭けてビリヤードをするのだが、クープからたくさん儲けさせてもらった（チョレラのクラブに入り浸っていた頃から、ビリヤードは得意だった）。そのときにおぼえたのが、こんな言葉だ――ちょろいもんだぜ。▼1

二人でよく釣りにもいった。宿泊していたベイ・ハーバー・インの裏に桟橋があったので、釣竿を買い、そこに釣り糸を垂らした。桟橋で魚がかからなかったら、海に入ってでも釣りあげようとした。かかるのはたいていナマズで、リリースしては、また釣りあげた。どこにいっても、私は魚と縁が切れないようだ。

ある日、バスでサラソタに出かけたとき、私の英語をもっと上達させてやろうとクープがいいだした。

「よし、これからインタビューごっこをしよう」クープがいった。「おまえはたった今、ワールドシリーズ第七戦の勝利投手になって、ティム・マッカーヴァーからインタビューを受けてる。通訳は呼べない。通訳を介してると時間がかかるからな。おまえは英語しか話せない。英語が上達するぞ」

「わかった」

クープがティム・マッカーヴァーになりきって、しゃべりだした。

「パナマ育ちのきみが、こんな自分を想像したことがあったかい？　ヤンキースのユニフォーム

▼1　原文は「This is like taking candy from a baby.」赤ん坊からキャンディーを取り上げるようなもの（そのくらい簡単だということ）の意。

を着て、ワールドシリーズのマウンドに立つなんて？」

「まさか。信じられません。最後のいくつかのアウトは、神のおかげです」

「最終回、強打者三人との対戦だったね。どんなふうに攻めようと？」

「とにかくいい球を投げて、抑えることだけを考えました」

「父親の漁船で働いていたきみが、今やワールドシリーズの勝者になったわけだ。ここに至るまでに学んだことは？」

「神のご加護があれば、なんでもできるということでしょうか。とんでもない夢が叶うということです」

　クープのインタビューはそこで終わった。

「たいしたもんだ《ムイ・ブエノ》」クープがいった。

「ありがとう《サンキュー》」と私は答えた。


　ガルフ・コースト・ヤンキースは勝率五割そこそこのチームだったが、私はひたすら打者を抑えつづけた。シーズン終了まで残り一日の段階で、私の投球回数は四十五――防御率のタイトルを争うには、規定投球回数に五イニング足りない。シャーロック監督が選手育成のスタッフにかけあって、規定投球回数が足りるように、パイレーツ戦で私を先発登板させていいかときいた。というのも、私は前日に二イニング投げていたからだ。スタッフたちは、問題ないと答えた。シーズン中、一試合で五イニングを投げたことはなかったが、むだに力を入れなければなんとかなるだろうと私は考えた。

一九九〇年八月三十一日、金曜日。パイレーツ戦は、タンパでのホームゲームだった。私はなんとか三イニングを無失点に抑え、四回に入った。三対〇でヤンキースがリード。そして私はヒットを一本も許さないまま、五回のマウンドに上がった。パイレーツの打者がサードに強打。クープがバックハンドでダイビングキャッチし、一塁に矢のような送球でアウト。数分後、今度は外野にフライが上がった。その年、ヤンキースのドラフト一位指名だったカール・エヴァレットが必死に打球を追い、外野手のあいだを抜けそうだった当たりをキャッチ。

七回に入っても、いぜんパイレーツを無安打に抑えていた。だが、セカンドがゴロをエラーして、一塁に走者が出た。その後、二死になり、試合終了まで残りアウト一つ（この日はダブルヘッダーで、マイナーリーグでは、試合は七回までに短縮される）。私はキャッチャーミットにボールを投げこむことしか考えなかった。捕手はマイク・フィガ。とにかく、いい球を投げることだけ考えた。気が散らないように集中する。コーナーを突く直球で打者を打ちとった次の瞬間、私はチームメイトに囲まれていた。

スタンドの観客は五十人ほどしかいなかったが、あの瞬間――チームメイトと分かち合ったあの瞬間――は、それまで感じたことがない、最高に幸せなものだった。初めてのノーヒットノーランだ。契約によると、ノーヒットノーランを達成すれば、球団から五百ドルと腕時計がもらえるはずだが、七イニングの試合でも同じボーナスが出るのかどうかは知らなかった。

そこで、ヤンキースの選手育成部門のトップ、マーク・ニューマンに電話をかけてみた。彼はワシントンに出張中だった。私はたどたどしい英語で、なんとかこちらのいいぶんを伝えた。

「マリアノ、すばらしいシーズンだったな。喜んでボーナスを出させてもらうよ」

試合終了後、ロッカールームにもどると、球団がフーターズからチキンを注文し、感動にわきたつリーグ最終戦の勝利を祝ってくれた。クープがスペイン語で話しかけてきた。

「ノーヒットノーランのボーナスは、おれにも分け前があっていいと思うんだが」

「ぴんとこないね」私は英語で答えた。

翌日、飛行機でパナマに帰るとき、私の考えはたった五か月でがらりと変わっていた。自分はもう立派な投手だ。できるだけ高いレベルで勝負したい。開かれたドアの先にあったのは、想像以上に大きな可能性に満ちた世界だった。もはや修理工になりたいとは思わない。もう漁師でもない。

プロ野球選手なのだ。


オフシーズンのあいだ、チコ・エロンとパナマ市の体育館でトレーニングを続けた。朝五時に起床し、フアン・デモステネス・アロセメナ・スタジアムへ。ヤンキースのトライアウトに向かったときと同じようにバスを乗り継いで、同じように四十五セントと六十五セントの運賃を払う。だがこのときはもう、運賃をツケにしてもらう必要はなかった。これを週に五日。ウェイトトレーニング、ランニング、運動療法を通して全身の体力をつけ、ボールを投げこんで腕を鍛えた。

選手どうしの熾烈な争いを目の当たりにしていたし、ルーキーリーグから昇格するのがどんなにむずかしいかは肌で感じていた。ガルフ・コースト・ヤンキースの所属選手は三十三人。このなかで最終的にメジャーに昇格できたのは七人、そのうちメジャーに定着できたのは五人だけだ。その五人がシェーン・スペンサー、カール・エヴァレット、リッキー・レディ、ラス・スプリンガー、それと私だった。

トップを目指さないかぎり、誰かに追い越されてしまう。

一九九一年、1Aに昇格し、サウス・アトランティック・リーグのグリーンズボロ・ホーネッツで先発とリリーフをまかされた。先発もリリーフも関係ない。声がかかれば、マウンドに上がった。問題は球場の外での生活だった。クープのおかげで英語学習のすべりだしはよかったが、タンパとはちがい、ノースカロライナ州グリーンズボロには、スペイン語を話せる人がほとんどいなくて、とても孤独だった。レストラン、ショッピングモール、コンビニエンスストアに入るたび、自分の英語の拙《つたな》さに打ちのめされた。

ある日、球場から帰る途中、人に道をたずねた。

「すみません、英語をうまく話せないんですが、道を教えてもらいたくて……」

口ごもりながら歩きまわったが、何も伝わらない。前はもっとうまくしゃべれたはずなのに、たしかに英語力が落ちていた。また別の日には、店員に商品のことをきこうとして、言葉につまった。私はしょんぼりとホテルの部屋に帰った。シーズン中の球場で、あんな挫折感を味わったことはない。あのとき、どうしてあんなに落ちこんだのかはわからないが、とにかくつらかった。そのときふと、水揚げされたイワシの気分になった。網にかかって、とても逃げられない。情けなくて、完全に打ちのめされた気分。涙がこぼれた。バスルームにいって顔を洗い、鏡を見た。明かりを消して、ベッドに入った。

涙が止まらなかった。

それでも、いつまでも泣いていたってしかたない。翌日、クープを見つけてこう話しかけた。

「クープ、英語をなんとかしなきゃいけない。うまく話せないんだ。ワールドシリーズで優勝したら、インタビューされるんだろう？」

クープはにやっと笑った。「今年は遠征がたくさんある。遠征が終わる頃には、ちゃんとスピーチできるようになってるさ」

スピーチの機会はあまりなかったが、一方で失点もあまり許さなかった。正直、シーズン中ずっと肘に違和感があったが、知られたくなかったから誰にも話さなかった。自分でどうにかなりそうな痛みを、わざわざ人に話すことはない。そうやって、登板しつづけた。サウス・アトランティック・リーグの遠征では、移動距離が長かったおかげで、クープと私は四時間、六時間、八時間のバス移動中に英語とスペイン語の練習ができた。そのかいあって、やがて英語に慣れ、途方にくれることもなくなり、孤独からも解放された。ティム・クーパーはすばらしいチームメイトだった。散髪をしてくれて、英語のレッスンをしてくれた。彼のおかげで、ノーヒットノーランも達成できた。私たちは長い移動中に、多くのことを学んだ。言葉を教え合っただけじゃない。「いつかメジャーに上がれたとしても、下の選手を無視したりするのはやめよう」クープがいった。「偉そうにしたり、見下したりしない。本物のメジャーリーガーは、そんなことをしないはずだ」

「そうだと思う。下の選手を無視したりしない。偉ぶったりしない。初心を忘れない」

「要は、人前でどう振る舞うかだ。大事なことだろう？」

「そのとおりだ《アーメン》よ、クープ」

このシンプルであまりに当たり前のことが、私にとっては、球場の外でも内でも生き方の指針になった。神は、人の富や名声やセーブ数など気にされない。私たちはみんな神の子であり、神が大切に思うのは、私たちの良心と愛情――それだけだ。

そういう信念があったからこそ、マイナーリーグにいる今が大切に思えた。選手たちはいつもぼやいていた。バスでの長い移動や長時間の悪臭は、マイナーリーグにはつきものだ。だが、私はそれを嫌だとは思わなかった。このバスでの移動がなかったら、私は英語をおぼえられなかった。生き方の指針になる大事なことを、改めて思いなおしもしなかった。

その年の防御率は二・七五。一イニングに一つ以上の三振を奪ったが、四勝九敗というひどい結果だった。いぜんとしてまったく人目を引かない投手だったが、「ベースボール・アメリカ」誌や投手ランキングを気にしても意味がない。

まったく無意味だ。

ランキングリストや、コンピュータが大量のデータから弾きだす勝手な評価に興味はない。ボールを渡されたら、それを受けとって投げる。そして、たいていの打者を打ちとる。

シンプルに考えるのが一番だ。

シーズン終了後、パナマに帰省したが、休暇は四日しか取れなかった。インストラクショナル・リーグ[2]に参加するため、アメリカにもどらなければならなかったからだ。とにかく、クララに会いたかった。付き合いはじめて六年が過ぎていた。空港に迎えにきてくれたクララと抱き合って、キスをした。今こそ、そのときだと思った。ヤンキースと契約する三年前、クララと散歩をして、海辺の小さな公園のベンチに座った。星がきれいに輝く夜、二人で星空を見上げ、流れ

▼2　若手育成のための特別リーグ。

星を見つけたら願いごとをしようといい合った。ただし、願いごとは、星が消える前に声に出して伝えること。

するとと、星が夜空を流れた。

「クララと結婚できますように」私は早口でいうと、クララが笑った。当時十七歳だった私たちは、まだ結婚できないのをお互いにわかっていたが、もうあの頃とはちがう。今こそ、そのときだ。

帰省した翌日の夜、クララを誘って、パナマ市にあるドン・リーという中華レストランに出かけた。バスを乗り継いでの、いつもと同じややこしい移動だ。ドン・リーは洒落《しゃれ》たレストランではなかったが、私たちは気に入っていた。おまけに、値段も手頃だ。レストランは銀行のある地区にあって、店の名前が書かれた大きなネオンサインが目印。店に向かう途中、バラを売っている男がいた。

私はバラを一輪買い、クララにプレゼントした。

二人でレストランのテーブルにつく。

「心から愛してる。離れてるあいだ、会いたくてしかたがなかった」

「私も愛してる。あなたに会いたくてしかたなかったわ」

テーブルにメニューと水がおかれた。ここにきた理由はわかっているが、どう切りだしていいのかわからない。向かいにいるクララをじっと見ていた。クララを愛している、彼女と人生をともにしたい、心からそう思った。

だが、言葉が出てこない。ヌードルが出てきたが、声が出ない。

しばらくして、クララがいった。

「私たち、もう何年も付き合ってるでしょう。これからどうするの？」

私は笑みを浮かべて、彼女の手を握った。みっともないことに、クララにきっかけを作ってもらったわけだが、クララを愛する理由の一つが、彼女のこういう一面だ。気丈で、固い信念があって、直観が鋭い。

「これからどうするか？」私はいった。「クララ、結婚しよう。これ以上、離れて暮らすのはつらい。ひと月とちょっとでまた帰ってくる。ばかな話だよ。アメリカにもどらなきゃいけないんだ。だから、きみのほうでいろんな段取りをすべてつけておいてくれ。アメリカから帰ってきたら、すぐ結婚しよう」

「わかったわ」クララがいった。「あなた、今まで何をぐずぐずしてたの？」

インストラクショナル・リーグに参加するため、私はアメリカにもどり、クララがすべてを準備してくれた。招待状、披露宴、食事、音楽、カメラマン、何もかも。一九九一年十一月六日、私たちは判事の前で生涯変わらぬ愛を誓い、十一月九日に人前式と披露宴を行なった。披露宴はプエルト・カイミトの漁業会館で開かれた。私は漁村の漁師の息子だからね。リッツ・カールトンで開くとでも思ったかい？　漁業会館といったって、屋根があるだけで壁はない、テントのような建物だ。クララが主に食事を作り、私の母も、私も作った。数日かけて、みんなでアロス・コン・ポジョ（チキンライス）、プエルコ・アサド（ローストポーク）、エンパナーダ（具入りのパン）、タマーレなど、いろんな料理を準備した。前菜には、チェビーチェ（魚のマリネ）。クララのいとこがカメラマンだ。

みんなで食べて、笑って、踊った。かぎりなくシンプルな披露宴だった。魚のにおいにつつまれ、人生で最も幸せな一日だった。これこそ、理想的な結婚のお祝いだ。みんなに祝福され、私とクララは愛を誓い合ったんだ。

第5章
故障

一九九一年以上に充実した年があっただろうか。クララと結婚し、投手として成長し、それなりに英語を話せるようになった。ただ、その充実した一年のなかに、一つだけ気になることがあった。肘の痛みがまったく消えないのだ。痛みから必死に気を逸らし、早く消えてくれと祈っても、ますますひどくなる。トレーナーのグレッグ・スプラットと私は、肘の調子に気をつかった。絶えずアイシングを行ない、充分なウォーミングアップは欠かさない。それでも、痛みが和《やわ》らぐことはなく、オフシーズンに腕を休めれば、肘が悲鳴をあげることもなくなるだろうと思うしかなかった。

　結婚式を挙げたあと、クララと私はプエルト・カイミトにある彼女の実家のちっぽけな部屋でいっしょに暮らしはじめた。コーチャーズボックスより少し広い程度の部屋で、ダブルベッドをおけば、ほとんどスペースはない。クローゼットには、壁に打ちつけた釘が二本と箒が一本きりだ。幸いにも、二人ともほとんど服を持っていなかった。生活は、プエルト・カイミトの基準でも慎ましいものだったが、私には考えがあった。一セントでも節約して、いつか自分たちの家を

建てよう。私がメジャーリーガーになったあとも、クララの母、それに筝もいっしょに、私たちは四年間、彼女の実家のちっぽけな部屋で暮らした。

するべきことをするまでだ。

その年の冬もまた、チコとトレーニングをした。朝五時に起床し、いつものようにプエルト・カイミトからチョレラ、パナマ市へとバスを乗り継ぐ。トレーニングに集中しているときでも、チコの誠実さとやさしさに感謝した。彼はひたすら与えるだけだ。彼の見返りは、私のがんばる姿を見届けること、それだけだ。私をいろんな場所に連れていき、トレーニングメニューを考え、ピッチングの技術を教え、プロ野球選手になる心得を手ほどきしてくれる――チコは計り知れないほど献身的だった。助けが必要なときには、必ずチコ・エロンがいてくれた。彼のことは、生涯忘れられない。

トレーニングとチコの尽力のおかげで、成果があらわれた。一九九二年の春、アドバンストAに昇格し、フロリダ・ステート・リーグのフォートローダーデール・ヤンキースに所属することになったんだ。ヤンキー・スタジアムでプレーするわけじゃない。だが、たとえ一歩ずつでも前進しているということは、まだ上にいける可能性があるということだ。思うに、一球一球いい球を投げることに集中すれば、まちがいはないはずだ。先のことは考えず、次の投球に集中した。

フォートローダーデールのチームメイトの一人に、噂でさんざん名前を耳にする青年がいた。ブライアン・テイラーという名前をきいたことがない人はいないだろう。一九九一年、彼はMLBドラフトで全体一位指名を受けた。前年のヤンキースの成績は、過去七十五年間で最悪の六十七勝九十五敗、アメリカンリーグで断トツの最下位に終わったため、ブライアンの指名権を獲得した。ブライアンは百五十五万ドルという高額な契約金で入団。契約には、母ベティと代理人スコット・ボラスも加わった。ブライアンは一躍、期待の有力選手となり、まだユニフォームも着ないうちから脚光を浴びた。

ブライアンが試合前にウォーミングアップを始めると、ブルペンまわりはクリスマス二日前のショッピングモールさながらだった。誰もがこぞって、球界で最も有名な若き左腕を見たがった。私たちが遠征する先々で、彼はサインをねだるファンにもみくちゃにされていた。あまりの人だかりでブライアンが転倒し、踏みつけられそうになったことがある。彼の背番号19のユニフォームが、ロッカールームから盗まれたことも。信じられないような事件だったが、犯人は見つかっていないと思う。誰もがブライアン・テイラー旋風に巻きこまれた。マイナーリーグ担当の球団幹部マーク・ニューマンでさえ、ブライアンのルーキーイヤーか入団二年目くらいに、彼のことをモーツァルトにたとえた。私なんて、メヌードのバックシンガー[▼1]にもたとえてもらえなかった。

契約金に百五十四万八千ドルも差がある、ブライアンと私はまったく異なる投手だった……何もかもが。ブライアンは左投げのアフリカ系アメリカ人、ノースカロライナ州東部からきた高卒ルーキー。私は右投げのラテンアメリカ系で、パナマ南部からきた二十二歳。彼は天才、私は凡人。むこうは大西洋岸育ち、こっちは太平洋岸育ち。ドキュメンタリー番組『シックスティ・ミニッツ』が彼の経歴をききたがっても、私については名前さえ知らないだろう。ブライアンは高性能のサウンドシステムを備えた新車のマスタングを持っていたが、私は運転の仕方さえ知らない。

それでも、私たちはすぐに打ち解けた。どうやら私は、彼のまわりで騒いだりしない田舎者《いなかもの》だ

▼1 プエルトリコ出身のアイドルグループ。

と思われたようだ。ブライアンはいっしょにいて楽しいやつだし、いいチームメイトでもあった。特別扱いされることなく、チームの一員になりたがっていた。彼は明らかに物がちがった。ブルペンで投げる姿を初めて見て、そのちがいに気づいた。柔らかい投球モーションからくりだされる、信じられないような豪速球が、爆竹のような音をたててキャッチャーミットにおさまるのを見て、私は驚いた。ブライアンは時速百五十六、七キロの速球を楽々と投げ、切れ味のすばらしいカーブも投げた。

その球を見て、私は思った。**なんだこれは、すごい武器を持ってる。こんな球を投げる投手は見たことがない。すごい。**

ブライアンは最も期待されていた新人だ。ビューフォートのイースト・カーテレット高校を卒業してすぐのプロ入り一年目、その実力を証明してみせた。被安打数が投球イニング数より四十も少なく、百六十一回三分の一を投げて奪三振数は百八十七、防御率は二・五七。制球力もさることながら、それ以上にすばらしい球威があり、そのうえ、次々に新しいピッチング技術を習得していく。そもそも器がちがった。翌年、彼は2Aのオールバニ・コロニー・ヤンキースに昇格した。メジャーまであとたった二段階だ。明るい未来が、すぐそこにあった。ブライアンがヤンキー・スタジアムのマウンドに上がり、今までと同じように打者を次々に打ちとる姿は、容易に想像がついた。

ブライアンこそ、おれたちのお手本だ。私は思った。**その未来は誰にも止められない。**

一九九三年、クリスマスの一週間前、ニュースが飛びこんできた。私はクララとパナマの家にいた。テレビニュースの意味が、一瞬わからなかった。きこえたのは、ブライアン・テイラーの大ざっぱな情報と、けんかがあったということ。正直、たいしたことではないだろうと思っていた。その後、続報が届いた。ブライアンは弟をかばおうとして、故郷のトレーラーパークで乱闘に巻きこまれ、肩を負傷したらしい。

左肩を。

誰かうそだといってくれ。そんな怪我で、メジャーへの道が閉ざされることなんかないと、誰かいってくれ。

ブライアンは結局、手術を受け、一九九四年はリハビリに徹した。一九九五年、球団は彼をガルフ・コースト・リーグにもどし、ゆっくりと時間をかけて回復させるつもりでいたが、しなやかな投球フォームも、豪速球も、打者を圧倒する雰囲気もすべて消えていた。コントロールも定まらない。一年たつとさらにひどくなり、一イニングに三人歩かせ、ピンボール並みに打たれて防御率もとことん悪くなった。

それ以来、ブライアンを見かけなくなった。

何もかもが残念でならなかった——怒りに駆られ、一瞬の判断ミスで、人生が狂ってしまうなんて。トレーラーパークで起きた事件は、ブライアンが有名人だったことと関係があるのか。つまり、ブライアンが一般人だったとしても、相手の男に追いかけられたのだろうか。ブライアンも、けんかに関わるのは得策じゃないと、少しでも考えなかったのか。一瞬でも考えれば、大きな落とし穴にはまって野球人生を棒に振ってしまうとすぐにわかる。ブライアンにとって、その落とし穴は想像以上に深かった。数年後、麻薬取引の容疑で有罪判決を受け、ブライアンは刑務所に入った。

あの夜のブライアンのことはわからない。その後の状況もわからない。だから、偉そうなことをいうつもりはない。私はただ、どんな状況からでも自分にできることを見出そう、何かを学びとろうとした。人生は楽じゃない。つくづく自分のちっぽけさを思い知らされる。私にできるのは、なるべくシンプルに生きることを心がけ、明快な知恵を乞うて神に祈りを捧げることだけだ。そうすれば、神のご意志とかぎりない善意が私を導き、守ってくれる。たとえ、自分が道を踏みはずしかけたときでも、ブライアン・テイラーのことを思いだすのは、それほどむずかしいことじゃない。彼はヤンキースのユニフォームどころか囚人服に袖を通し、球場を去ってニュージャージー州フォート・ディックスの連邦刑務所に入った。

一九九二年、球団の方針で私は先発投手になった。フォートローダーデールでの滑りだしは好調だった。肘の痛みはなんとかなりそうだったし、ブライアンやドミンゴ・ジーンといったチームのエース級の投手とはくらべものにならなかったが、フロリダ・ステート・リーグでは三本の指に入るまずまずの先発投手だった。シーズンが始まった当初、十二奪三振で勝利をあげ、次の試合では、フォート・メイヤーズ・ミラクルを相手に完封勝利。五月半ば、その週のリーグ最優秀投手になると、ブライアン・バターフィールド監督とマーク・シフレット投手コーチからねぎらいの言葉をもらった。私のコントロールは以前にもましてよくなり――シーズンを通して、与四球は五個――防御率も二点台を少し超えるだけという好投を続けていたが、その年が進むにつれて、厄介な問題が二つ浮上してきた。

一つは、球数が五十か六十を超えると、球速が落ちてしまうこと。もう一つが、スライダーを投げようとしたせいで、肘の具合が悪化したらしいことだ。事態を重く受けとめた球団側は、七月の下旬に私を故障者リストに入れ、肩を休ませることで調子がもどるかどうか様子を見ることにした。

気楽にかまえていた。私はそういう男だ。プロ野球界に入って三年目、一年一年が充実していた。動揺するわけがない。二、三週間、肩を休めて、八月上旬のダニーデン・ブルージェイズ戦で再びマウンドに上がった。ブルージェイズには、リーグで最も手強い打者がいる。プエルトリコ出身の二十歳の強打者、カルロス・デルガドだ。この年、彼のシーズン成績は三十本塁打、百打点、打率三割二分四厘。彼のほかにも、ショーン・グリーン、デレク・ベル、この年に三割五分八厘でリーグの首位打者に輝いた、カナダ人外野手ロブ・バトラーといった、錚々《そうそう》たる強打者がそろっていた。

金曜日の夜、フォートローダーデール・スタジアム。私は準備万端で、強力打線との対戦に臨んだ。好投を続けながら四回に入り、ブルージェイズの走者が一塁に出た。一塁走者のリードがかなり大きいことに気づき、私は牽制球を投げたのだが、肘に妙な違和感をおぼえた。説明するのはむずかしいが、とにかく今までにない違和感だ。

まちがいなく、おかしい。

一塁手から返球を受けて、マウンド上で少し間を取った。肘がずきずきする。ホームプレートに向きなおり、次の球を投げたとき、肘に衝撃が走った。何かが弾けたような、折れたような感覚だ。

あるいは、断裂したような感じ。

捕手からの返球を受けてから、私は再び間をおいた。スタジアムを見まわし、二、三百人かそこらのまばらな観客を眺めた。全員が次の投球を待っている。スタジアムにいる誰一人――ダグアウトやブルペンにいる者でさえも、私が二球前と同じ投手じゃないことに気づいていない。気づくはずがない。私の右肘のなかで起こったことになんか、誰も気づくはずがないんだ。見た目は変わらないが、さっきまでの私じゃない。

ひとまず四回を投げきり、私はダグアウトにもどった。肘が熱くて、ずきずきする。五回のマウンドには立てない。カルロス・デルガドやほかの打者と対戦するのは、これ以上無理だ。

「投げられません」私はマーク・シフレットに伝えた。「肘の痛みがひどくて」

トレーナーのダレン・ロンドンが肘にアイスバッグを当ててくれ、私は試合が終わるまでダグアウトのベンチに座っていた。ついさっきまで戦いの真っ只中にいたのに、次の瞬間にはベンチで試合を見物しているのが、不思議だった。まずい部分が断裂していたら、トミー・ジョン手術を考える以前に、傷ものの選手になってしまう。勝手な憶測はやめたほうがいいが、自分にうそはつけない。

まちがいなく、これはまずい。

肘にメスを入れるのか？　どれくらいの期間、戦列を離れることになるのか？　回復するためには、どうすればいいのか？　疑問が頭のなかで渦巻いたが、どういうわけか不安をつのらせたり、絶望的な気分になったりすることはなかった。神の平安と庇護があったからだろう。絶対にそうにちがいない。もちろん、肘の痛みやその後の影響を考えると、気は重いし、今後のことも気になる。それでも、自暴自棄になったりはしなかった。漁で網が擦りきれたり、破れたりしたときは、修繕すればいい。船のエンジンが故障したときは、修理のために必要なことはなんでもした。修理工の心得から学んだ考え方だ。問題があったら、それを見つけだして、手入れする。故障した肘も同じだ。

あまりいい気分じゃないが、やることはシンプルで、わかりやすい。頭のなかをもやもやさせて、妙に不安になったり、勝手な憶測をしたりしても、どうにもならない。

「おれたちがちゃんと面倒を見てやる」ダレン・ロンドンがいった。

「ありがとう、ダレン」

自宅に帰り、クララに電話をしようと思ったが、やめた。電話で話すのは、ちょっとかわいそうだ。私のそばにいられなくて、クララはおろおろしてしまう。肘が赤く腫れ、触ると鋭い痛みが走る。寝つけない夜を過ごしたあと、チームドクターのいるマイアミで検査を受けた。ＭＲＩ検査では、肘関節の内側側副靭帯に損傷は見つからなかった。さらに検査を受けて、最終的にフランク・ジョーブ医師に診てもらうことになった。のちにブライアン・テイラーの肩にメスを入れる医師だ。肘や肩の故障にくわしい整形外科医で、トミー・ジョン手術を考案した医師でもある。トミー・ジョン手術という名称は、グランドスラム（満塁ホームラン）やＰＥＤ（運動能力向上薬物）のように、野球用語の一つになっていた。

投手仲間としばらく付き合っていると、こんな会話を耳にする。

「トミー・ジョンを受けた？」

「ああ、二年前に」

「どうだった？」

「かなりよかった。時間はかかったが、結果的にいいピッチングができるようになったよ」

「おまえは？」

「ああ、おれは三年前かな」

「どうだった？」

「同じさ。途中はけっこうつらかったが、完全復活したよ」

トミー・ジョン手術は、肘の側副靭帯を修復する手術だ。球速百四十キロ以上の球を何千球も投げれば、肘にかなりの負担がかかる。靭帯が断裂したら、前腕から摘出した腱を移植することになる。

ロサンゼルスで、ジョーブ医師から診断結果を知らされた。肘関節の骨が摩耗し、骨の破片が関節液のなかを漂っているのだという。手術は必要だが、肘関節を大改造する必要はない。きれいに掃除をするだけだ。尺骨のでっぱりを削ることにはなるが、少なくともトミー・ジョン・クラブには入会せずにすんだ。ジョーブ医師の話をききながら、診療室に腰かけていた私は、最初ほとんど口を開かなかった。頭のなかで、しきりに自分にいいきかせていた。


この怪我で自分の値打ちが決まるわけじゃない。これくらいの怪我でへこたれるわけにはいかない。必要な手術を受けて、復帰のための準備をなんでもしよう。

一九九二年八月二十七日、ジョーブ医師の執刀で手術が行なわれた。こんな日付は、プロ野球史のどこを見ても載っていない（ただ、この日は、ちょうど十年前、リッキー・ヘンダーソンがシーズン最多盗塁のＭＬＢ記録を塗りかえた日だ）。私が肘をきれいにしてもらった日に過ぎない。そして、痛みから解放され、投手人生が再開される（ことを願った）日でもある。

ジョーブ医師はすばらしい仕事をしてくれた。さらに、彼が助言してくれた今後の見通しもすばらしかった。

「完全に回復するまでは、症状が安定しない」ジョーブ医師がいった。「やけに調子がいい日があるかと思えば、翌日とたんに調子が悪くなる。それがふつうだ。そういう日もある。日に日によくならないからといって、気を落とさないように。完治するまでには時間がかかる。先を急がず、リハビリを続けなさい。必ずよくなるから」

しばらく休養を取ったあと、一九九三年の春からガルフ・コースト・リーグで短期間プレーし、その後、1Aのグリーンズボロ・ホーネッツで先発した。体がすっかり錆びついて、以前のような制球力もなかったため、当然、首脳陣から球数を制限されたが、十試合に先発して防御率は二・〇六、気を落とすことはない。ジョーブ医師にいわれたとおり、ゆっくりとではあるけれど、すべてがいい方向に進んでいた。

グリーンズボロ・ホーネッツでプレーできたのはとてもよかった。思いがけない出会いもあった——新しい友人ができたんだ。ショートの彼は、おそらくチームでただ一人、私よりも体が細かった。ヤンキースがブライアン・テイラーを獲得した翌年、彼は球団からドラフトの一位指名を受けた。ミシガン州カラマズー出身のデレク・ジーターだ。以前、キャンプで会ったことはあるが、いっしょにプレーするのは、このときが初めてだった。彼のプレーは圧巻だった。なにしろ、高校を卒業して二年目のひょろひょろの若者だ。そのプレーは誰もが目を疑った。流し打ちで右中間を抜く三塁打を放ったかと思えば、ここぞというチャンスでレフト線に二塁打。そのうえ、ショートの守備はまるで若馬がスパイクをはいているのかように、ゴロでもフライでも元気に追いかけ、三遊間の深いところからジャンピングスローで走者を刺す。

もちろん、隣町まで飛んでいきそうな悪送球も何度か見た。百九十センチの長身の体を使いこなそうと、必死にもがいているような感じだ。だが、私は彼の悪送球をまったく気にしていなかった。この年、デレクは五十六個のエラーを記録している。何年もあとにきいた話だが、球団はデレクの悪送球を危惧して、中堅手にコンバートしようと考えていたらしい。あの年、球団幹部から意見を求められていたら、私は喜んでこう答えただろう。

「デレク・ジーターを中堅手へコンバートするなんて論外だ。必ずうまくなる。日に日に上達しているじゃないか。本人もうまくなろうとしてる。見ればわかる。人一倍練習し、必死にプレーしてる。足は速いし、パンチ力もあって、やる気もある。勝つためなら、彼は何だってやるよ。デレク・ジーターにすべきことは、ただ一つ。放っておいてやることだ」


オフに入って一か月、クララと私のあいだに、一人目の子が生まれようとしていた。ただ、こうなるまですんなり事が運んだわけじゃない。その年のシーズン中、クララがパナマから飛行機に乗って、私に会いにきた。そろそろ妊娠五か月になろうという時期だ。お腹の子どもに差し障りがあるといけないから、水ぼうそうに気をつけなさいとクララは医者にいわれていた。クララが乗った飛行機には、座席のエチケット袋の数と同じくらい、水ぼうそうにかかった子どもがたくさん乗っていたそうだ。

案の定、クララはすぐ水ぼうそうにかかった。その後、超音波検査を受けると、最悪なことをきかされた。赤ん坊の頭に水がたまっていて、後頭部が肥大した状態で生まれる可能性が高く、生まれたとしても長くは生きられない。母親が水ぼうそうにかかったせいで、どうすることもできないという。

二人ともひどく落ちこみ、ただただ祈るしかなかった。クララはラテン系のキリスト教徒の女性が集まるグループ・セラピーに参加し、これから生まれる赤ん坊のためにひたすら祈った。

クララはゆっくりと療養を続け、私たちは二人でなるべく前向きに考えることにした。

「医者がまちがっているのかもしれない。赤ん坊は無事かもしれない」私はクララにいった。

「希望を捨ててはいけない」

再び医者をたずねたとき、クララは妊娠七か月近かった。超音波検査を受けたところ、水腫が消えていて、赤ん坊は健康そうだった。

「よかった。それにしても、どうして水がなくなったんだろう」医者がいった。「長年この仕事をしていますが、こんなことは初めてじゃないかな」

一九九三年十月四日、私たちはパナマ市でマリアノ・リベラ・ジュニアの誕生を喜んだ。母子ともに無事だった。父親になった私はその日ずっと、そしてその後の数日間、神に感謝の言葉を捧げた。

第6章　昇格の知らせ

ニューヨーク州ロチェスターからロードアイランド州ポータケットまでバスで移動すると、七時間かかる。四連敗のあとの移動となると、よけいに長く感じた。夜遅くポータケットに到着し、くたびれきったコロンバス・クリッパーズの選手たちはぞろぞろと道路沿いのビジネスホテルに入った。前年に１Ａ、２Ａ、３Ａでプレーした一九九五年五月半ば、私はクリッパーズの投手として好調なスタートを切り、前の先発試合では五回三分の二を投げて、十一個の三振を奪った。

ポータケット・レッドソックスとの連戦、私たちは最初の試合に勝った。ティム・ルーマーの好投、打率三割六分三厘のデレク・ジーターの二塁打でリードし、そのまま逃げきったのだ。二試合目は雨で延期。一泊四十五ドルのホテルで一日過ごしてもおもしろくないから、たいていのマイナー選手が遠征先でするように、地元のショッピングモール見物に出かけた。ところが、あまり地元らしさはない。どこの町のショッピングモールにいっても、ほとんどちがいがない。ギャップの店がこっちにあり、フット・ロッカーがあっちにあって、モールの中央にフードコートがある。ロードアイランドで気づいたことといえば、街の人がみんなボストン・レッドソックスの服を着ていたことくらいだ。

午後の遅い時間、ホテルの部屋にもどると、電話が鳴った。

相手は、クリッパーズのビル・エバース監督だった。

「マリアノ？」

「はい、監督。どうしました？」

「いい知らせと悪い知らせがある。どっちからききたい？」

「じゃあ、悪い知らせから」

「そうか。では、悪い知らせから。おまえはもうコロンバス・クリッパーズのマウンドには上がれない」

「いい知らせは？」

「これからは、ニューヨーク・ヤンキースで投げるんだ」

「えっ？」

「荷物をまとめて、ニューヨークにいけ」

言葉はききとれたが、ぴんとこない。

「冗談ですよね？」

「大まじめだ。球団が急いでおまえをよこせといってきた。コーディネーターに連絡して、チケットの手配をしてもらえ」

「わかりました。ありがとうございます」

「礼には及ばない。おまえが自分の手で勝ちとった結果だ」

受話器をおいた。長年、メジャーのチームに呼ばれたらどんな気持ちだろうと想像を巡らしてきたが、今、それがわかった。

ベッドに上がって、何度も飛び跳ねた。気の毒なのは下の部屋の人だが、この騒音はそう長くは続かない。

私はメジャーリーグへいくのだ。

ラス・グランデス・レガスへ。

ようやく飛び跳ねるのをやめると、膝をついて、神に感謝の言葉を捧げた。それから、クララと両親に電話し、このうれしい知らせを伝えた。何を話したかはほとんどおぼえていないが、「プエルト・カイミトのみんなに、ピリがニューヨーク・ヤンキースで投げる、と伝えてくれ」とはいった。

飛行機でニューヨークにいき、空港からタクシーに乗ってスタジアムに向かった。今日から週末の三連戦だ。相手はボルチモア・オリオールズ。選手専用の入口の前にくると、警備員に止められた。

「なんのご用です？」

「マリアノ・リベラです。コロンバスから呼びだされました」

「どうぞ、お待ちしていました」

お待ちしていました？　すごい！

ヤンキー・スタジアムどころか、メジャーリーグの球場に足を踏み入れたことなど一度もない。なかの様子なんか想像できるはずがない。クラブハウスに通じる階段を下りるとき、ちらっとグラウンドが見えた。遠くから見ても、信じられないほど立派で美しかった。ふらふらと通路を抜けて、クラブハウスまでやってきた。入って左側に目をやると、ロッカーにリベラという名札がついていて、そのなかに背番号42のユニフォームが掛けてあった。春季キャンプでは58だった。これからは、42が正式な背番号。本当に昇格したんだ。

週末、ずっと夢のなかにいるような気分だった。メジャー昇格一年目のルーキーはみんな、段ボール紙で作った等身大パネルのようにぼうっとしてしまう。打撃練習で投げているときも、球拾いをしているときも、最高に楽しかった。なにしろ、球界で最も有名なスタジアムに立っているのだ。一晩中グラウンドに立っていたかったが、試合がある。九回、ジョン・ウェッテランドがオリオールズ打線につかまって四点の集中砲火を浴び、ヤンキースは初戦を落としたが、次の試合はメリド・ペレスの好投で勝った。最後の試合はスターリング・ヒッチコックが四安打完封勝利。ヤンキースは三連戦を勝ち越すと、アナハイムでのエンゼルス戦に向け、飛行機で大陸を横断した。三都市をめぐる九連戦の始まりだ。初戦は火曜日の夜。

ヤンキースの先発投手は、私だ。

故障者リスト入りしたジミー・キーの代役だった。

その日の午後、球場についたとき、不安になるどころか興奮した。前回、ロチェスターで先発マウンドに上がってから中九日、肩の調子を考えれば、好都合だ。シーズンの開幕当初は、あまり調子がよくなかった。といっても、大騒ぎするほどのことじゃない。少し調子が悪かっただけだ。トレーナーのジーン・モナハンが念入りにマッサージをしてくれた。投手コーチのビル・コナーズはエンゼルス打線を細かく研究していて、どう攻めればいいかざっと説明してくれた。余計な情報は省き、要点を押さえて。

　ゆっくりと時間をかけてユニフォームを着た。ソックス、ビジター用のグレーのパンツをはいて、上着に袖を通す。着心地はなかなかいい。着替えがすむと、手でさすってユニフォームのしわを伸ばした。高校の制服を着ていたときのように。ブルペンに向かい、エンゼル・スタジアムの三階建てのスタンドを見上げた。その大きさと迫力に目がくらんだが、不安を感じたり、圧倒されたりすることはなかった。むしろ気持ちが高ぶってきた。何もかもがスローモーションになって、何から何まで強烈に感じる。音も、においも、照明も。あと数分もすれば、メジャーでの初登板。

　準備は万全だ。

　相手先発はチャック・フィンリー、大柄の速球派左腕だ。火曜日のナイターだから、スタンドの観客は少ない。エンゼルスの一番打者トニー・フィリップスが打席に入り、極端なクラウチング・スタンスでかまえたが、私はマイク・スタンリーのキャッチャーミットだけを見つめた。球場には、いや、この世界には、キャッチャーミットを見据える自分がいるだけだ。十八・四四メートルのトンネルのなかに立ち、一方の端には自分、反対側にはマイク・スタンリーのキャッチャーミットしかない。

　あとは、あのミットに球を投げこむだけだ。そういいきかせ、集中力を高めた。

　深呼吸する。

「とびきりの球を投げてやれ」自分にいいきかせる。

　シンプルに。

ノーワインドアップで、少し体を後ろに引きながら両手を腰のあたりに下げる。足を踏みだして、右足でプレートを蹴る。直球が外角低めに少しはずれ、初球はボールだったが、その後、外角への直球でストライクを二つ取り、再び直球でフィリップスを振り遅れの三振に切ってとった。二番打者は中堅手のジム・エドモンズ。カーブに山をはっていたエドモンズを、直球で見逃し三振。次のティム・サーモンが、三遊間の深いところへ内野安打を放ち、出塁。さらに、四番チリ・デービスがカウント一―〇からレフトへ二塁打。私はさっそくピンチに陥った。

次はエンゼルスの一塁手J・T・スノウ、左打者だ。カウント〇―二に追いこんでから、高めの速球で勝負すると、センターに高いフライが上がった。バーニー・ウィリアムズがなんなくキャッチした。

二回も無失点に抑え、三回に入って二人を打ちとったところで、またサーモンに右中間への二塁打を打たれた。一打席目の当たりが頭に残っていたため、チリ・デービスには警戒しながら投げた結果、フォアボールで歩かせてしまう。次のスノウはぼてぼてのゴロだったが、内野安打になった。二死満塁で、エンゼルスの捕手グレッグ・マイヤーズが打席に立った。カウント一―二に追いこんだが、マイヤーズがつまりながらもレフト前に運び、エンゼルスに二点が入った。それ以上の失点はなく、マウンドを下りたが、誰にいわれるまでもない。デービスを歩かせたのが命取りになり、二点のリードを許してしまった。

四回裏、またもやピンチに追いこまれた。二安打を打たれて、次の打者はエドモンズ。二つの三振を奪っている相手だが、前の打席では、私のフォーシームに完全にタイミングが合っていた。二―一と不利なカウントになり、私はストライクを取りにいったが、その球を強打されて、右中間スタンドに持っていかれた。これで〇対五。その夜は相手投手のフィンリーが絶好調で、こちらの打者はまるで藁《わら》のバットを振っているかのようだった。これはまずい。その後、フォアボールで一人を歩かせた。私のメジャーデビューは、散々な結果に終わった（三回三分の一を投げて、被安打八、失点五、与四球三、奪三振五）。がっくりと肩を落とし、私はダグアウトに下がった。最終的には〇対十の完敗で、チームはフィンリーから十五個の三振を奪われたが、この試合で得たことがある。メジャーリーガーを打ちとれるという自信だ。さんざん打ちこまれたくせに何をいうのかと思われそうだが、もっといい条件で、もっといいピッチングができれば、ちがう展開になるはずだ。

もっといいスタートが切れていればよかった。あんな結果にならなければよかった。それでも、ひどく落ちこんだりはしない。次の登板では、いい結果を出そうと心に決めた。

「悪くなかった」ビルがいった。「シーズンはまだまだ続く。そのうち調子も上がるだろう」

五日後の日曜日、オークランドでトニー・ラルーサ監督率いるアスレチックスとの試合に登板した。ポール・オニールの二塁打、バーニー・ウィリアムズのホームランで、二回までに四得点、私はリードを守り、一失点で六回のマウンドに上がった。ちょっとしたピンチで、私に代わってボブ・ウィックマンがリリーフ登板し、その後、ジョン・ウェッテランドが三者三振で九回を締めくくって、ヤンキースは十三勝目を挙げた。捕手ジム・レイリッツがウェッテランドと握手し、バック・ショーウォルター監督が選手たちを出迎えて、私もいっしょに並んで選手たちと握手した。私にとっては、メジャーでの初勝利。勝利に貢献できたことにすっかり舞いあがって、私はウィニングボールをもらうのを忘れていた。どうやら、ほかのみんなもウィニングボールのことには気づかなかったらしい。私たちは移動の準備をして空港へ向かい、シアトルに飛んだ。それ以後、ウィニングボールのことはほとんど思いださなかった。次の登板でまたボールを渡されたら、チームの勝利に貢献したい。それしか考えなかった。

その後、アスレチックス戦とマリナーズ戦に先発登板したが、どちらもよくおぼえていない。アスレチックス戦でジェロニモ・ベロアに特大の満塁ホームラン、マリナーズ戦でエドガー・マルティネスにスリーランホームランを打たれたことだけはおぼえている。マリナーズ戦では三イニングもたずに降板し、ヤンキースは最下位に転落。試合終了後、私は監督室に呼ばれた。

メジャーに昇格して約三週間の私でも、よくわかっていた。監督室に呼びだされるのは、決していいことじゃない。防御率が一〇・二〇では、なおさらだ。

「コロンバスにもどってもらう」バックがいった。「ピッチングには光るものがあったんだから、気を落とすな。むこうでがんばれば、またもどってこられる」

部屋を出ると、私より二週間あとに召集されたデレクも呼びだされ、監督室に入っていった。デレクは十三試合に出場して、打率は二割三分四厘、故障したトニー・フェルナンデスの穴埋めだった。デレクにも、私と同じことが伝えられた。マイナーへの降格だ。六月十一日。私もデレクも、前進しか考えていなかった。後退は頭にない。肩の調子が悪いのはわかっているが、それでも……。

チームからいまいちだといわれたら、悔しいに決まっている。

デレクと二人でタクシーに乗り、ほとんど口をきかずにジョージ・ワシントン・ブリッジを渡って、ほとんど口をきかずに食事をした。ニュージャージー州フォートリーにあるベニガンズのボックス席で、店は私たちが泊まるホテルの向かいにあった。私とデレクは、何が悪かったのか話し合った。最後の晩餐というほど暗くはないが、笑い声をあげるような状況でもない。

メジャーでも通用する、そのうち必ずメジャーにもどれると思う一方で、二度目のチャンスはないような気がしてならなかった。

「おまえが降格になったのは、おれのせいかもしれない」私はデレクにいった。「今日、もっとまともなピッチングができていれば、こんなことにはならなかったはずだ。二人ともな」

「おまえのせいじゃないよ」デレクがいった。「おまえのピッチングとは関係ない。とにかく、二人ともベストを尽くすだけだ。クリッパーズの勝利のために必死にプレーしていれば、いつかまたメジャーにもどれるさ」

「そうだな。こうなったら、そう思うしかない」

私たちはホテルにもどった。翌朝、飛行機でシャーロットに向かい、クリッパーズに合流した。肩にまだ痛みがあったので、球団は私を故障者リストに登録し、二週間ほど肩を休ませて様子を見ることにした。

休み明けの最初の登板は、コロンバスのクーパー・スタジアム。じめじめした月曜日の夜だった。第一試合が夕方に始まるダブルヘッダーで、対戦相手はロチェスター・レッドウィングス。ウォーミングアップをしているときから、肩の調子がこの一年で最もよかった。ほとんど痛みがなく、思うように投げられる。

肩を休めておいたおかげで、絶好調だ。

一回、レッドウィングスの攻撃を速球で抑えた。ダグアウトにもどると、捕手のホルヘ・ポサダがとなりに座った。

「今日、何を食った？」

「どうして？」

「おまえのこんな速い球を受けるのは初めてだ。ボールが弾丸みたいに飛んでくる」

「どうしてだろう。ただ、調子がいいんだ」

試合は、雨でコールド・ゲームになった。五回を投げて、無安打。一人歩かせてしまったが、ホルヘが盗塁を刺してくれたから、対戦した打者は最小の十五人。

「こいつ、そのうちまたメジャーにいって、もう帰ってこなくなるぞ」ホルヘがチームメイト相手に話していた。

あとでホルヘからきいた話では、あの夜、私の球速は百五十四キロか、もしかしたら百五十六、七キロあったそうだ。この球速の飛躍的な伸びに驚いたのが、ヤンキースの首脳陣だ。数年後にわかったことだが、ヤンキースのゼネラル・マネージャー、ジーン・マイケルが、あの夜の試合の報告を見て私の球速のことを知ったそうだ。

マイケルは気になってしかたなかった。スピードガンの故障じゃないのか？　この数字は正確なのか？

彼が現場にいたスカウトに確認を取ると、そのスカウトがあっさり答えた。彼のスピードガンでも百五十四キロと表示されたらしい。マイケルはタイガースと交渉中で、デイヴィッド・ウェルズを獲得しようとしていた。一方、タイガースは私を欲しがっていた。

スピードガンの故障ではないことを確認したマイケルは、私をトレードの対象からはずした。

無安打に抑えた試合のあと、ホルへや数人のチームメイトといっしょにいきつけのアップルビーズに食事に出かけ、私は厚切りの牛フィレステーキ、ベイクドポテトと野菜の盛り合わせを頼んだ。

「どうして百四十キロそこそこの球速が、急に百五十四キロに伸びたんだと思う？　こんなことは初めてだ」ホルへがいった。

肩の調子がよかったのだろうが、答えは一つしかない。もちろん、牛フィレ肉の量が増えたこととは関係ない。神からの贈り物だ。私は以前からずっと、神がご自身の目的のために私を利用なさっていると思ってきた。私のピッチングを通して、神の福音を知らしめようとされているのだ。

それ以外に答えはない。そうでなければ、説明がつかない。

その後、コロンバス・クリッパーズのマウンドに立つことはなかった。

七月三日に、ビル・エバースからメジャー復帰を告げられた。今回は、ベッドで飛び跳ねたりせず、おとなしく飛行機に乗った。しかも、二度も。午前四時三十分にボストン行きの便に乗り（このときクリッパーズは、ポータケットに遠征中だった）、そこからシカゴ行きに乗り継いで、ホテルに到着したときは、日が暮れていた。最も大事な物を荷物から取りだした。クララからプレゼントされた赤い革表紙の聖書だ。余白にメモが書きこんであったり、あちこちに下線や蛍光ペンのマークが入ったりしている。かなり使いこんだ聖書だ。うそじゃない。聖書を読んでも、私が神とともに道を歩んできた話は出てこないが、私がどんなふうに生きようとし、神の慈愛がなぜ私の人生の支えになっているかが、すべてわかる。私にとって、聖書は神の言葉が書かれた書であるとともに、人生の指南書だ。これから百年かけて精神世界の哲学書や自己啓発書を読んでも、到底得られないほどの叡智がつまっている。

とても大切な教えがある。このうえなく明快な叡智だ。「マタイの福音書」二十三章十二節から——

誰でも高ぶる者は低くされ、へりくだる者は高められる。

神とともに歩む私の旅が始まったのは、プエルト・カイミトのいとこビダル・オバイエのおかげだ。当時、十八歳だった私は、毎日のようにビダルと会っていた。いっしょにイグアナを追いかけ、漁船でもいっしょだった。彼の人柄が驚くほど変わったのに気づいて、私はそのことを本人にきいてみた。

「神のことがわかるようになったんだ」とビダルはいって、聖書の話をしてくれた。ビダルは愛情にあふれ、おだやかで、幸せそうに見えた。物心ついたときから彼のことは知っている。その彼が、まるで別人のようになった。そういうふりをしているわけでもなさそうだ。漁に出たときも、私たちは聖書の話をした。聖書のことを熱心に教えてくれ、イエスを知ること、イエスが私たちのために何をしたのか、私たちの罪をお許しになるために十字架に架けられて死を遂げたのを知ることにどんな意味があるのか教えてくれたのは、ほかならぬビダルだ。ビダルの話に耳をかたむけ、自分でも聖書を読んでみた。すぐに信仰心が芽生えたわけではないが、少しずつ信仰に生きる道を歩みはじめ、そうこうするうちに五年ほどたつと、神が私の生活の中心にいるようになった。大いなる覚醒を体験したという人の話をたまに耳にする。白い光につつまれた、全身の震えを感じた、神の声をきいた、これらをすべて体験する人もいるらしいが、私にとっては、そんな控えめないい方ではすまない。

私はプエルト・カイミトにある、コンクリート造りのちっぽけな教会にいた。父の漁船を係留している埠頭からそれほど遠くない。折りたたみの椅子に座って、真剣に祈りを捧げながら、神のご慈悲に感謝し、自分の至らなさについて許しを乞うた。礼拝がそろそろ終わりに近づいたときだ。

「これまではそうではなかったけれど、今後は神を自らの救い主として受け入れたいという人はいますか?」司祭がたずねてきた。

そんなことを考えたこともなかったし、自問したこともない。今日がその日になるのだろうか? 私は司祭の問いについて考えた。次の瞬間、心が開かれ、神の言葉がすっと胸に入ってきた。聖霊がそっと私の上に降りてきて、私の心に語りかけてきた。

「こちらへきなさい」聖霊がいわれた。

私は手を挙げた。

「前へ出てきなさい」司祭が声をかける。

私のなかの奥深いところで、私の心を支配する肉体と精神の壮大な闘いが始まった。

肉体「その一歩を踏みだせば、もう好き勝手できなくなるぞ。わかってるんだろうな?」

精神「出ていけば、つまらない楽しみなどかすんでしまう。神の恩恵と安らぎと慈悲を受けられる。たった今から、そしてこれからずっとだ」

肉体「友だちをなくすぞ。友だちがおまえとは関わろうとしなくなる」

精神「このことで関係が切れるとしたら、それは私の望む友だちじゃない」

肉体「おまえの人生は、これから長く厳しい、祈りを捧げつづける人生になる。自分のおぞましい罪を告白するだけの人生だ」

精神「私の人生は、これから光と希望、神とともに生きる喜びに満ちあふれることだろう」

　私は前に進みでた。不安や迷いはない。胸が高鳴っていた。

　聖霊が寄り添ってくれているような気がした。私を押しあげ、駆りたて、語りかけてくる。イエス・キリストを自らの救い主として受け入れなさい。そうすれば、信じられないような力と安らぎがあなたに宿ります。

「心は決まりましたか？」司祭がたずねた。

「はい、決まりました」私は答えた。

　司祭にうながされ、私は祈った。重荷が消えるような気がした。一人でかかえるはずの重荷が、たった一人で自分の限界に呆然とするはずだった重荷が消えた。礼拝が終わったあと、ちっぽけな村のちっぽけな教会の前に立ち、私は感じた。神が私に、別人に生まれ変わるチャンスを与えてくださっている。自らの罪から解放され、喜びを感じ、安らかな気持ちで生きていくチャンスを。

　聖書が語りかけた。「穢《けが》れたままできなさい。身を浄《きよ》めなくてもいい、身なりを整えなくてもいい。不安をかかえたまま、欠陥をかかえたままでいい。神が安らぎを与えてくれる。神がすべてを引きうけてくれる。ただ、純粋に神を求め、神を探し求めるだけでいい。神がすべてを受けとめてくれる。それはあなたにもできない。私にもできない。だが、神にはできる」

すべてが神の手にゆだねられている。人の人生は神の手にゆだねられている。今日、私は目ざめた。今日、あなたも目ざめた。今日が、私たちに与えられた日だ。私はそれを神に感謝する。当然のことだと慢心したりしない。今日しかない。今この瞬間しかない。それこそ、私がピッチングに求める姿勢であり、私が人生に求める姿勢だ。自分の持っているものをすべて注ぎこんで、今のこの瞬間を大切に生きる。そう、シンプルに。シンプルが一番だ。

翌日、ホワイトソックス戦に臨んだ。アメリカンリーグで二位の打率を誇るチームだ。コミスキー・パークに足を踏み入れたときから、私はすっかり落ちついていた。緊張することなく、ただマウンドに上がり、自分らしく大好きな野球がしたい、そう思っていた。あれをして、これもして、自分の実力を証明してみせなくては……そんなことを考えていたら、決して力を発揮できない。どんなことがあっても、私には神が寄り添ってくれている。焦りさえしなければ、必ずうまくいく。

前回昇格したときより速い球を投げている自覚はなかったが、相手打者のスウィングを見るかぎり、かなり球が走っているのがわかった。しかも、相手はまったく予想外のようだった。四イニングを投げて、フランク・トーマスにシングルヒットを一本打たれただけで、五つの三振を奪った。ポール・オニールが相手投手のアレックス・フェルナンデスからソロホームランを放って先制し、ルイス・ポロニアの犠牲フライもあって、五回を終わり二対〇。

私は六イニングを投げて、打たれたヒットは二本（両方ともトーマスだ）、その後、ロン・カロービスとウォーレン・ニューソンからそれぞれ三個目の三振を奪って七回を三者三振で締めた。

三対〇とリードして迎えた八回のマウンドでも、私の勢いは止まらなかった。オジー・ギーエンを平凡なゴロに打ちとり、ランス・ジョンソンを内野フライ、デイヴ・マルティネスを三振に切ってとった。この夜、十一個目の三振だ。ダグアウトにもどると、バック・ショーウォルターが近づいてきて、私の背中を叩いた。

「よくやった、マリアノ。圧巻だったな。九回はウェッテランドにいかせる」

「ありがとうございます」

ホワイトソックス戦で気づいたことがあるとすれば、自然体でいさえすればいいということだ。余計なことは考えなくていい。あとできいた話では、ホワイトソックスの選手数人が、敵チームを偵察する担当者の作成したレポートの私についての記述が、実際とはまったくちがうとぼやいていたそうだ。評価レポートには、私の球速はせいぜい百四十キロ台で、まちがっても百五十キロは出ないと書かれていたらしい。

数週間前の古いデータだったのだ。

私はシーズンの終わりまでメジャーでプレーし、チームは最後の十二試合で十一勝を挙げてアメリカンリーグ初のワイルドカード▼1を獲得、地区シリーズでシアトル・マリナーズと対戦することになった。チームの士気が上がり、みんなが生き生きしているのが、メジャーに入ってまもない私にもわかった。十四年ぶりのプレーオフ進出というだけじゃない。大ベテランのドン・マッティングリーにとっては初のプレーオフ進出で、みんながドニーのためにもがんばろうと興奮していた。ドニーと知り合ってまだ数か月しかたっていなかったが、私はずいぶん前から彼の謙虚さや野球に対する姿勢、ふだんの振る舞いに敬服していた。品行方正で、人との接し方もすばら

▼1　両リーグの各地区の２位チームのうち、最高勝率のチームがプレーオフに進出できる制度。1995～2011年までこのシステムでプレーオフが行なわれた。

しい。

あんなふうになりたいと思わせる見本のような男だ。

デイヴィッド・コーンの登板で第一戦に勝利し、第二戦は接戦となって、九回を終わって決着がつかず、四対四のまま延長に入った。十二回表の直前、ブルペンの内線電話が鳴った。

「リベラに準備させろ」

私はウォーミングアップを始めた。調子はいい。球離れの感じもいい。

ジョン・ウェッテランドがケン・グリフィー・ジュニアにホームランを打たれ、四対五とリードを許す。ウェッテランドが次の打者を歩かせたとき、監督が私の出番を告げた。私はブルペンを出て、小走りでマウンドに向かった。人生最大の力試しだ。プエルト・カイミト生まれの漁師の息子が、想像したこともないほどの熱気に満ちた大舞台に飛びだそうとしている。待ちきれない。こういう博打《ばくち》は大好きだ。一球一球に勝負の結果がかかっている状況に、六万人の興奮した観衆のひしめくスタジアムに、しびれてしまう。

父の漁船で受けてきた試練に似ているかもしれない。海に出て魚が獲れなければ、稼ぎはない。なんとかして乗りきらなければならない。なんとかして活路を見出さなければならない。

私にとって、プレーオフはそれとよく似ていた。

元ヤンキースのジェイ・ビューナーを三振に切ってとり、マリナーズの猛攻をしのいだ。

十二回裏、あとアウト一つで試合終了という場面で、ルーベン・シエラがレフトへ二塁打を放ち、私たちは同点に追いついた。相手打線を抑えられるかどうかは、私次第だ。十三回をなんなく投げきり、十四回も三者三振でぴしゃりと締めた。十五回、グリフィーをセンターフライに打ちとって、これまで八人を抑えてきたが、その後、エドガー・マルティネスとビューナーにシングルヒットを許してしまう。ダグ・ストレンジを三振に切ってとったが、次のティノ・マルティネスに対してカウント三—〇。勝ち越しの走者が二人。私が直球を投げると、彼は見送らずに打ちにきた。結果は、センターフライ。

事なきを得た。

私のポストシーズンでの初登板は、三回三分の一を投げて無失点で終わった。

十五回裏、一人出塁して、一人打ちとられた。次の打者ジム・レイリッツが打席に立ち、右中間スタンドにツーランホームランを放った。ダグアウトでその打球を見ていた私の耳に、すさまじい歓声が飛びこんできた。

こんなものすごい大歓声は初めてだ。

スタジアムが地面から浮いたような気がした。チームは二勝〇敗とリードし、私は勝利投手になった。自分がどこにいるのか、いったい何をしているのか、よくわからなかった。

神の恩恵は、日に日に増すばかりだ。

プレーオフの舞台はシアトルに移り、マリナーズが第三戦と第四戦に勝利する。第五戦の八回、先発のデイヴィッド・コーンが百四十七球というとんでもない球数を投げた末、押しだしのフォアボールで四対四の同点に追いつかれた。私は監督からリリーフを告げられた。二死満塁で、打席にはマイク・ブロワーズ。

四か月前、コロンバス・クリッパーズでプレーしていた私は、初めての登板でメジャーの洗礼を受けた。ところが今、プレーオフの大事な局面が、私の投球にかかっている。とてつもない重圧のかかるはずの場面だが、私は何も感じなかった。ここまでくるのが早かったのか、それとも長い道のりだったのか、そんなこともまったく考えなかった。とにかく、打者を一人打ちとるだけだ。マイク・スタンリーのキャッチャーミットを見つめ、トンネルのなかに身をおく。

マイク・ブロワーズを三球三振に切ってとった。

だが十一回裏、ジャック・マクダウエルがエドガー・マルティネスにレフト線への二点タイムリーツーベースヒットを打たれ、私たちはサヨナラ負けを喫した。残酷な、予想外の幕切れだった。愕然としながら、目の前で浮かれ騒ぐマリナーズの選手たちを眺めた。このシリーズは自分たちが勝つんだ、歓喜にわくのは自分たちだと思っていた。ところが、そうやって悔しい思いをしたときには、敵愾心《てきがいしん》のような決意も芽生えていた。

この敗北が、いずれ私たちのためになる。必ずまた這いあがって、今度は勝ってみせる。

それからしばらくして、一九九五年に起きたことを思い返すたびに勇気づけられるようになった。神の安らぎとご慈悲によって、自分がどこへむかうのかはわからなかったが、神のお導きをひしひしと感じ、孤独はまったく感じなかった。怪我に悩まされ、3Aでずっと投げることになるのかと不安をかかえながら始まった年が、終わってみれば、かつて砂浜でおぼえた野球を楽しみながら、世界有数の都市でメジャー球団ニューヨーク・ヤンキースの選手としてプレーオフに登板し、五回三分の一を投げて無失点、八奪三振という結果を残せたのだ。すべてが神の計画だ。とてもありがたかった。

第7章 救援と信念

一九九六年、私に新しい根城ができ、ここでメジャーでの残り千九十六試合[1]を過ごすことになる。ブルペンだ。誰かに胸ぐらをつかまれて壁に押しつけられ、白状しろと問いつめられたら、本当は先発で投げたかったと小さな声で答えるかもしれないが、球団に求められたことなら、なんでもベストを尽くす。

この年、ヤンキースは体制を大きく入れ替え、新監督にジョー・トーリを迎えた。新しいエースピッチャーが、二十四歳のアンディ・ペティット。遊撃手に二十一歳のデレク・ジーター、一塁手にマリナーズから移籍してきたティノ・マルティネス、捕手に頭がよく、体格のいいジョー・ジラルディを起用した。これでチームとしてまとまるのかどうかは誰にもわからなかったし、ジョージ・スタインブレナー自身、自信がなかったのだろう。そのため球団は、私とマリナーズの遊撃手フェリックス・ファーミンをトレードしようと、相手球団と交渉を進めていた。スタインブレナーはデレクに遊撃手をまかせていいか疑問に思っていて、保険としてファーミンを欲しがっていた。交渉がどう転ぶのか、私には見当もつかなかったし、知りたいとも思わなかった。

▼1　リベラのレギュラーシーズン通算登板数は1115試合（うち、ルーキーイヤーの1995年が19試合）。これは、メジャーリーグ歴代第4位の記録である。

この手のことを執拗に知りたがり、最新のトレード話の噂や飛び交う憶測に耳をそばだてる選手もいるが、私は正反対だ。私にとって、そういった噂は雑念にしかならない。投手にとって、雑念は禁物だ。

そんなことを気にしても、打者を打ちとるための役には立たない。わざわざ意識する必要はない。

春、私が最も気になっていたのは、新監督ジョー・トーリだ。名前をきいたこともなく、彼の選手時代の経歴や、最優秀選手に選ばれたことがあること、ブルックリン育ちで、何度も監督を解任されたことがあることも何も知らなかった。前監督のバック・ショーウォルターは、この数年で私の顔をおぼえてくれていたし、私の最大の理解者だった。球団がバックを解任し、ミスターT——私は今でもトーリをこう呼んでいる——を監督に迎えると決めたとき、私はブルペンでの激しいライバル争いに張りきっていた。春季キャンプには、大勢のリリーフ投手が集まっていた。私は下っ端の投手に過ぎない。前年のプレーオフでたまたま好投しただけで、春季キャンプでもシーズン中も、妙な勘ちがいをしないようにしていた。

レギュラーシーズンでの初登板となったレンジャーズ戦、二イニングを無失点に抑え、三振を二つ奪い、いつものように調子がよかった。恥ずかしながら、私の球種はいぜん、基本的に一つで、数年かけて切れのいいスライダーや実戦で使えるチェンジアップの習得を試みてはいたものの、まったく使い物にならないままだった。私の決め球は、フォーシームの速球だけだ。

投球に緩急をつけたいときも……フォーシームを投げる。

シーズンを通して、スライダーは十球も投げていない。これは大して問題ない。打者の手元でのびる速球があるし、たいていは狙った場所に投げこめる。

シーズン六週目に入った時点で、私の防御率は〇・八三。十五イニング連続で無失点に抑えたときもある。シーズン中盤の九連戦の、チームが八連勝を決めた試合では、私はレッドソックスの打者トロイ・オレアリー、リー・ティンズリー、ジェフ・フライを十二球で三者三振に切ってとり、リードを守ったままウェッテランドにボールを渡した。それからしばらくして、マーク・ハーグローブ監督が率いるオールスターのメンバーに私を指名しろと、ひと騒動起きた。だが、ハーグローブは私を推薦しなかった。ヤンキースファンはそのことに憤慨したが、私は平然としていた。とくに何も気にならない。これもまた神が私に与えてくださった贈り物の一つだ。私はそういうふうに熱くなったりしない。

オールスターゲームが開催されているあいだにパナマに帰り、二人目の子ども、ハフェを身ごもったクララに会いたかった。

一九九六年は、開幕当初の好調を維持したままシーズンを終えた。防御率が二・〇九、百七回三分の二を投げて、奪三振百三十。リーグ最優秀投手に送られるサイ・ヤング賞の投票で三位に選ばれた。チームはアメリカンリーグ東地区で優勝し、地区シリーズでテキサス・レンジャーズと対戦することになった。ヤンキー・スタジアムで行なわれた第一戦は二対六で負けたため、敵地テキサスで連勝しなければならない状況を避けるには、第二戦を落とすわけにはいかなくなった。

先発のアンディが七回のマウンドに上がったあと、私はミスターTから登板を告げられた。二対四と二点差でリードされていたが、私はイバン・(パッジ)・ロドリゲスを速球で三球三振、次のラスティ・グリアを内野ゴロに打ちとった。その後、打者八人と対戦し、無安打に抑えた。そのなかには、この年のリーグ最優秀選手に選ばれたファン・ゴンザレスもいる。この試合で、すでに二本のホームランを放って四打点を挙げており、第一戦も含めると、三本のホームランを打っていた。このときのゴンザレスは絶好調で、ボールがメロンのように大きく見え、無心になれた。この状態の打者は、どんな球でも打てる。だが、私も絶好調だった。一球一球に精神を集中でき、狙ったコースに球を投げこむことができた。前年、ゴンザレスにはホームランを一本打たれていたから、彼が危険な打者であることはちゃんと頭に入っていた。これまで対戦した多くの長距離打者とちがって、いつもきっちりボールをミートしてくる。通算二十四回の対戦で、三振を取れたのは一度だけだ。ゴンザレスは低めの速球に強い。私は外角高めにボールを集めて、彼をショートゴロに打ちとり、八回を投げきった。

八回裏、こちらはセシル・フィルダーのタイムリーヒットで同点に追いつき、延長十二回には、先頭打者デレクがヒットで出塁、その後、悪送球がらみでホームに生還した。

チームはシーズンを通して粘り強さを発揮し、決してあきらめず、先行されても必ず反撃に転じていた。テキサスで行なわれた第三戦で、私たちは実力を見せつけた。一点リードされて迎えた九回、ゴンザレス並みに絶好調だったバーニー・ウィリアムズの大きな犠牲フライとマリアノ・ダンカンのシングルヒットで二点が入り、ウェッテランドが一点のリードを守りきった。次の第四戦、私は二イニングを無失点に抑えて、五対四のリードで九回に入った。バーニーがこの試合二本目となるホームランを放ち、九回裏、ウェッテランドが最後の打者ディーン・パーマーから三振を奪って、シリーズを締めくくった。

私たちは、アメリカンリーグのチャンピオンシップシリーズに進んだ。相手はボルチモア・オリオールズ。さっそく昨年の借りを返す機会が巡ってきた。第一戦、二点のリードを許したが、デレクがアーマンド・ベニテスから流し打ちのホームランを放ち、八回裏に同点に追いついた。ヤンキー・スタジアムが生んだ特別なホームラン、いや、ジェフリー・マイヤーが生んだ特別なホームランだ。ルール上は、ホームランではない。十一歳のジェフリー少年がフェンスからグラブを出して、ボールを横取りしてしまったのだ。オリオールズが抗議するのは当然だが、私たちにはどうしようもない。戦いつづけるだけだ。マイク・デヴェローを内野ゴロに打ちとって、私は延長十回のピンチを切り抜け、その後、ロベルト・アロマーを空振り三振に切ってとり、十一回のマウンドを下りた。その数分後の十一回裏、バーニーがランディ・マイヤーズの投じた球をレフトポール際に運ぶホームランを放ち、五対四でサヨナラ勝ちした。

第二戦はオリオールズが勝って一勝一敗となり、舞台はカムデン・ヤーズに移った。第三戦は、ジミー・キーの好投で私たちが勝ち、第四戦に突入。先発ケニー・ロジャーズが序盤から打ちこまれたが、五回以降は、リリーフ陣デイヴィッド・ウェザーズ、グレイム・ロイド、私、ウェッテランドの継投で無失点に抑えた。三勝一敗としたものの、私はかなり危ないイニングがあった。シングルヒットを三本連打されて無死満塁。その後、高めの速球に食らいついてくるブレイディ・アンダーソンとクリス・ホイルズからなんとか三振を奪い、次のトッド・ジールを内野フライに打ちとった。第五戦、アンディが八回を投げて三安打とオリオールズ打線を抑え、ジム・レイリッツ、セシル・フィルダー、ダリル・ストロベリーの三人が相手投手スコット・エリクソンからそれぞれホームランを放って、三回だけで六得点をあげ、チームはアトランタ・ブレーブスとのワールドシリーズに勝ち進んだ。

ワールドシリーズ初出場となれば、今まで体験したことのない緊張感に飲まれただろう、と思う人がいるかもしれないが、そんなことはない。シーズンが進むにつれ、ワールドシリーズに出られるんじゃないかという期待が高まっていた。もしワールドシリーズに進めなかったら、大変なショックだっただろう。だから、むしろ地区シリーズやリーグチャンピオンシップシリーズのほうが、重圧を感じていたくらいだ。

だが、ワールドシリーズの序盤戦を見た人は、まったくそうは思わなかっただろう。前年のワールドシリーズ優勝チームのブレーブスが大型トラクターなら、ヤンキースはそのトラクターに掘りおこされる土のかたまりだ。私たちは、ホームゲームとなった最初の二試合を落とした。この二試合の得点を合計すれば、一対十六という大差だ。第一戦では、キュラソー島（カリブ海に浮かぶ島で、オランダの自治領。中央アメリカの、パナマのご近所だ）からきた弱冠十九歳のアンドルー・ジョーンズに二本のホームランを打たれ、ブレーブスの球界屈指の先発投手陣は定評どおり最高の出来だった。第一戦では先発ジョン・スモルツに、第二戦ではグレッグ・マダックスに完全に抑えられた。二人のピッチングを見て、私はあいた口がふさがらなかった。とりわけ、マダックスには目を見張った。球界を代表する名投手だ。手元で曲がる変化球で打者を翻弄し、あっというまにヤンキース打線を料理してしまった。八イニングで、投球数が八十二。試合中、ボールカウントが三までいったのは、二度だけだ。四回には、ヤンキースのクリーンアップの三人をたった六球で片づけた。まさしく名投手だ。

それを何食わぬ顔でやってのける。

舞台はアトランタに移った。先発デイヴィッド・コーンの好投で第三戦は制したが（この試合で、私はポストシーズン初失点を許している）、第四戦の八回、私たちは一人がアウトになって三対六とリードされていた。あとアウト五つを取られて一勝三敗になれば、追いつきたくても次の二試合では、相手投手にスモルツとグラビンが控えている。八回に入ったとき、私はブルペンで肩を作っていた。先頭打者はチャーリー・ヘイズ、相手投手はマーク・ウォーラーズ。圧倒的な強さを誇る速球派の抑え投手だ。

止めたバットに当たったぼてぼてのゴロが三塁線に転がり、ヘイズがなんとか出塁する。次のダリル・ストロベリーがライナー性の当たりでレフト前ヒット、走者が二人出た。私はブルペン捕手マイク・ボルゼロを相手に肩を慣らしていた。次のマリアノ・ダンカンの打球は、ダブルプレーになりそうなショートゴロ。ブレーブスの遊撃手はラファエル・ビリヤードだ。

だが、ビリヤードは捕球にもたついて、ダブルプレーを逃した。次の打席に立つレイリッツは速球に強く、チャンスの場面で頼りになる。一年前のプレーオフでも、マリナーズ戦で特大ホームランを放っているし、リーグ優勝を争ったオリオールズとの接戦でも打っている。ただ、レイリッツはウォーラーズと対戦したことがなかった。

「ウォーラーズの得意球は？」レイリッツが打撃コーチのクリス・チャンブリズにたずねた。

「百六十キロの速球だ」

レイリッツはダリル・ストロベリーのバットを持って、打席に入った。初球は話のとおりの豪速球、二球目のスライダーがはずれてボール。カウント一―一から、ウォーラーズはもう一球スライダーを投げた。高めのストライクコース。レイリッツはバットを豪快に振り抜いて、打球はレフト後方に飛んだ。アンドルー・ジョーンズがフェンスに登ったが、ボールは取れない。同点に追いついた。レイリッツがガッツポーズをしながらベースをまわるなか、私は思った。なんとしても同点のまま守りきらなきゃいけない。

私は八回を無失点に抑え、九回にアウト一つ取ったところでマウンドを下りた。私に代わってマウンドに上がったグレイム・ロイドが、フレッド・マグリフをダブルプレーに打ちとり、私たちは十回に決勝点を挙げて第四戦に勝った。

第五戦は、両投手とも甲乙つけがたい好投だったが、アンディがスモルツに投げ勝って、一対〇で勝利。私たちは三勝二敗と王手をかけて、舞台はヤンキー・スタジアムに移った。第六戦の三回、相手先発マダックスから三点を奪い、三対一とリードしたまま、私が七回のマウンドに上がった。いつものとおり、狙ったコースに速球をコントロールして、二イニングを投げきった。七回の先頭打者テリー・ペンドルトンを歩かせたあと、きっちり六人で締め、最終回のマウンドをウェッテランドに託した。三本のヒットで一点を返され、同点の走者が二塁にいたが、マーク・レムキーが三塁後方にファウルフライを打ちあげ、チャーリー・ヘイズがボールをキャッチ。私たちはワールドシリーズを制した。

私はダグアウトから飛びだし、喜んでジャンプしたチャーリーが着地するより早くマウンドに駆けよった。十八年ぶりのワールドシリーズ制覇、私にとっては初めてのワールドシリーズ優勝だ。コロンバスから昇格した三人――デレク、アンディ、私――は、しっかりと役目を果たし、優勝に貢献した。昨シーズンに悔しい思いをしたあと、ブレーブスのような強敵に勝てたとあって、選手全員が集まってのお祭り騒ぎは、最高にうれしかった。

シーズンが終了したあと、球団は私をクローザーに指命し、フリーエージェントとなったウェッテランドをテキサス・レンジャーズに移籍させた。「役目としては、今までと大して変わらないから、とくにプレッシャーはない」と人前ではいってきたが、正直、かなりの重圧を感じていた。球団の判断が正しいことを証明してみせたかったし、クローザーの役目が務まることを世間に見せつけたかった。ジョン・ウェッテランドの代役ではなく、彼をしのぐクローザーになりたかったんだ。

一九九七年のシーズン開幕当初、チームはあまり調子がよくなかった。十五試合でたったの五勝。私は六試合に登板して三セーブ、九イニングで十四安打、四失点を許した。

直近の失投は、ヤンキー・スタジアムでのエンゼルス戦。ジム・レイリッツにつかまった。ウォーラーズからホームランを放った六週間後、エンゼルスに移籍していたレイリッツに、二点タイムリーツーベースをレフト線に持っていかれた。試合終了後、私はミスターTの監督室に呼びだされた。投手コーチのメル・ストットルマイヤーもいた。三人で株式相場の話をするつもりじゃなさそうだ。開幕から仕事ができていないのはわかっている。このまま不調が続けば、クローザーからの転向もありえる。

「何試合もセーブを失敗して、すみません。何が悪いのか自分でもわからなくて。調子はいいんですが、どうしても結果がついてこないんです」二人に伝えると、ミスターTが答えた。

「モー、何が求められているか、わかっているか？　マリアノ・リベラになること、それだけだ。

それ以上でも以下でもない。私たちの目には、きみが完璧を追いかけているように見える」

「去年までの活躍がうそのようだな」メルがいった。「余計なことを考えすぎて、押しが弱いし、コントロールも悪くなっている」

「きみはこのチームのクローザーだ。このチームの選手であり、このチームの選手であり続けてほしいと思っている。変えるつもりはない、いいな？」とミスターT。

とたんにほっとした。ミスターTを見て、メルに目をやった。

「ありがとうございます」私はいった。「こんな結果なのに信用してもらっていると思えば、大きなはげみになります」

スポーツに関する皮肉の一つだ。うまくやろうと考えすぎると、必ず失敗してしまう。ジョーとメルのいうとおりだ。腕が太くなったわけでもなく、球種が増えたわけでもないのに、以前よりも速く投げよう、うまく投げようと自分を追いこめば、苦しくなるだけだ。自分で自分の邪魔をしてはいけない。力を入れすぎず、自然に体を動かすことが必要だ。

監督室を出ると、体が軽くなったような気がした。ミスターTとメルにいわれたことを忘れないようにしようと心に誓った。そして、今後のためにちょっとしたコツを思いついた。何回に登板するかは、気にしないようにしよう。去年のように七回や八回にマウンドに上がろうと、今年のように九回に登板しようと、私がボールを持ち、打者がバットをかまえていることに変わりない。私の仕事は一球一球投げ、打者を打ちとることだ。

一九九五年の終わりから、メジャーの打者を打ちとって、それなりの成績を残してきた。だったら、何を変える必要がある？　余計なことは考えなくていいはずだ。私はそう自分にいいきかせた。

その効果は、すぐにあらわれた。ウェッテランドを意識したり、完璧を求めるのをやめたことで、十二試合連続でセーブを挙げ、クローザーという新たな役目を楽しめるようになっていった。六月の終わり、タイガー・スタジアムでの三連戦に向かう頃には、不安はすっかり消えていた。

　だが、このあと私の身に起こることは、誰も予想できなかった。


　ある日の試合開始の二時間前、私はラミロ・メンドーサとキャッチボールをしていた。チームメイトであり、パナマ出身の投手だ。ダグアウト前のキャッチボールは、今まで何百回もやってきた試合前のキャッチボールと何も変わりはなかった。ウォーミングアップをしながら、少し強めにボールを投げはじめた。調子はいい。ラミロの返球を受け、体が温まってきたところで、再び速球を投げ返した。

　私の球に驚いたのか、ラミロはボールを取る瞬間にグラブをさっと横に動かした。

「おいおい、冗談はやめてくれ」ラミロがいった。

「えっ？　なんのことだ？」

「今、投げた球だ。もう少しで体に当たってたぞ」

「ふつうに投げただけだ」

「あれがふつうなもんか」

　そのままキャッチボールを続け、私がボールを投げると、また同じことが起こった。ボールがラミロの手前でわずかに曲がり、ラミロはまたボールを取り損ねそうになった。

「だから、やめろって」ラミロがいった。

「本当に何もしてない」

そのあとも何球かラミロに投げたが、どの球もラミロの手元で同じように曲がった。

「ほかのやつとキャッチボールしてくれ」しまいにラミロがいった。「怪我するのはごめんだ」

ラミロは真顔だった。キャッチボールは終わった。

どういうことなのか、さっぱりわからなかった。どうしてボールがあんなふうに曲がるのだろう。何か変わったことをしたおぼえはない。私はブルペンに向かい（かつてのタイガー・スタジアムには、フィールド内にブルペンがあった）、マイク・ボルゼロを相手に投球を始めた。ふつうのフォーシームを投げたつもりなのに、ボールがラミロのときと同じようにわずかに曲がる。

「うわっ！　なんだ、このボール」ボルジはボールを見つめたあと、おかしいと思ったようだ。擦《こす》れた跡があって、そのせいでボールが曲がったのだと考えたらしい。ボルジはそのボールをわきにおいて、新しいものを手に取った。

同じようにまた曲がる。ボルジは両手を挙げた。

「どうなってる？　どういうつもりだ？」ボルジが声をかけてきた。

「さあ。ふつうのフォーシームを投げてるだけだ」私は右手を見せながらいった。

試合のあとにもう一度二人で話し、翌日早めにブルペンに入って、どういうことなのかたしかめた。やっぱりボールが、打席のあたりで急に横に曲がる。私は不安になってきた。

「ボルジ、これはまずい。まっすぐ投げられるように修正しないと、コントロールできない」

メル・ストットルマイヤーが話をききつけ、私の投球を見てくれた。三人でボールの握り方や腕の角度、あらゆることを確認する。ところが、どうしてもまっすぐに投げられない。

二、三週間ほど、そんな状態が続いた。握り方やリリースポイントをあれこれ変えてみた。それでも、ボールに意思があるかのように、打席近くで横にふっと曲がる。左打者の胸元をえぐるように、右打者から逃げるように。試合に登板し、修正を続けながらこの球を投げていくうちに、コントロールができるようになり、ストライクも狙えるようになった。

まっすぐ投げようとするのも、なんだかばかばかしくなってきた。

ボールが曲がらないように練習する投手なんて、きいたことがない。ばかげている。

こうして、私のカットボール、カッターは生まれた。突然、空から降ってきたようなものだ。父の漁船に乗っているとき、ふいに魚群探知機が赤く光り、大量の魚が網にかかったように。

神が、またとんでもない贈り物を授けてくれたとしかいいようがなかった。

何年もこれを探し求めてきたわけじゃない。この球種が欲しいと頼んだこともなければ、祈ったこともない。気づいたときには、投げていた。すばらしい武器になる。昨日まで投げていなかったのに、今日いきなり投げていて、おそらく生涯投げつづけるだろう。指を縫い目に交差させて握り、中指にふつうよりほんのわずかに力をこめてボールを投げると、速球が打者の手元で少し曲がる。どうしてできるようになったのか？　なぜ曲がるのか？　なぜほかに投げる投手がいないのか？　私にはわからない。ただ一ついえるのは、神の計らいにちがいないということだ。神は常に計画を持っておられる。すばらしい計画を。

その計画によって、私の成績はがらりと変わった。

シーズン中盤までに二十七個のセーブを挙げ、防御率は一・九六。ミスターTは私をオールスターのメンバーに推薦してくれた。オールスターゲームが行なわれたのは、クリーヴランドのジェイコブズ・フィールド。私は、三対一とリードした九回に登板した。この三点は、地元クリーヴランドのヒーロー、インディアンスのサンディ・アロマーのツーランホームランと、エドガー・マルティネスのソロホームランでの得点だ。エドガーが同じチームでほっとした。彼はどんな投手よりも私との相性がいい。私はいいカモで、彼が引退するときは、うれしくてパーティーを開いてやりたいくらいだった（彼の引退時の通算打率が三割一分二厘、私との対戦の通算打率は五割七分九厘だ）。

九回の先頭打者チャールズ・ジョンソンを三振に切ってとり、マーク・グレースを内野ゴロ、モイゼス・アルーを内野へのライナーと次々に打ちとり、気持ちよくセーブを挙げた。

翌日、球団が用意してくれたチャーター機で地元にもどった。搭乗したのは、ミスターT、コーチ、ポール・オニール、バーニー、私の父、クララと私。ただ、ミスターTの現役時代にもどったのかと錯覚するようなプロペラ機だ。やれやれ、せめて小型ジェット機にしてくれ。プロペラを眺め、まさか動力は輪ゴムじゃないだろうなと不安になった。

これはまずい。

飛行機に対する不安がなくなるように祈ったが、それはなかなか消えなかった。このときのフライトでも、その後の何百回ものフライトでも。アメリカ各地を飛びまわるヤンキースのチャーター機の機内で、私は二十九列の真ん中の席に座って、赤い革表紙の聖書を手に、イヤホンで教会音楽を聴いていた。チームメイトは？　彼らは情け容赦ない。私の引退時にブルペンコーチをしていたマイク・ハーキーが、一番たちが悪かった。こちらをじっと見ながら通路を歩いてきて、いかにも大事な知らせがあるかのように、イヤホンをはずせと私に身ぶりで伝えるのだ。

「おい、モー。今、機長と話してきたんだが、今日は悪天候で飛行機がかなり揺れるらしい。シートベルトはちょっときつめに締めておいたほうがいいかもな」

クララは私以上に不安そうだった。かなり年季の入ったプロペラ機に乗って、私のすぐ隣に座っている。二人ともお化けのキャスパー並みに真っ青だ。クリーヴランドを発って二十分ほどたった頃、空が暗くなり、機体が高度約九千メートルの上空でジェットコースターのように揺れだした。いきなり上昇したり、急降下したり、左右に揺れたりする。私はパニックで、クララと二人で祈りを唱えながら手を握り合い、無事に着陸できますようにと神に懇願した。

向かっているのは、ニューヨーク市北部のウェストチェスター・カウンティー空港。唯一の救いは飛行時間が短いことだ。機体が高度を下げはじめると、やがて揺れがおさまって、私も落ちつきを取りもどした。あと少しだ。私は目を閉じて、着陸の衝撃がくるのをひたすら待った。着陸すれば、息がつける。ほどなく、タイヤがパンクするような衝撃があったかと思うと、機体がかたむき、がたがた揺れながら滑走路を走って、やがて止まった。

「大丈夫か?」私はクララに声をかけた。

顔は真っ青だったが、クララはうなずいた。

「主よ、無事に着陸できたことを感謝します」クララがいった。

私は肘掛けからなかなか手を離せなかった。クリーヴランドから飛んできたんじゃなく、地球を一周してきた気分だ。ターミナルビルに入ったとき、ほとんどすべての旅客機が、天候のせいで地上に待機しているのに気づいた。飛行機で降りたったのは、私たちだけだった。

シーズン後半は、あの日のフライトにくらべれば、ずっと気が楽だった。オールスターゲームでのペナントレース中断後、四十八勝二十九敗でリーグ上位につけ、シーズン最後の九試合では八勝を挙げた。最終的に九十六勝で、オリオールズに二ゲーム差の東地区二位、地区シリーズで対戦することになったのが……クリーヴランド・インディアンスだ。第一戦はヤンキー・スタジアム。メジャー・ディーガン高速道路がまだ渋滞している時間帯の初回、デイヴィッド・コーンがインディアンスにいきなり五点を奪われた。コーンは制球が定まらず、四球、死球、暴投がそれぞれ一つに、被安打三、そのうちの一本はサンディ・アロマーのスリーランホームラン、とさんざんな出だしだった。だが、前年のリーグチャンピオンシップシリーズのときと同じで、私たちは決してあきらめなかった。

コーンに代わってリリーフ登板したラミロ・メンドーサが、三回三分の一をぴしゃりと締める一方、ヤンキースの猛攻が始まった。ティノ・マルティネスのホームラン、さらに細かくヒットなどをつないで一点を返し、五回に相手先発オーレル・ハーシュハイザーをマウンドから引きずりおろすと、ティム・レインズ、デレク、オニールの三者連続ホームランが飛びだし、六回に八対六と逆転。ジェフ・ネルソンが八回二死まで相手の攻撃を抑えたあと、私が残りをきっちり締めた。最後の打者マット・ウィリアムズは見逃しの三振だった。

レギュラーシーズンを四十四本塁打、百四十一打点、打率二割九分六厘という成績で終えたティノの怪物ぶりは、第二戦でも発揮され、初回の三得点のうち、二点は彼の二塁打から生まれた。

アンディの先発でこのままリードを保てるかと思ったが、四回に二死からインディアンスに五点を奪われ、次のイニングでは、アンディがウィリアムズにツーランホームランを打たれて、終わってみれば、五対七で敗れてしまった。

厳しい五回戦制で、第三戦はきわめて重要だ。舞台はクリーヴランドに移ったが、ポール・オニールの満塁ホームランとマダックスを彷彿とさせるデイヴィッド・ウェルズの快投で、この試合はこれ以上ないすばらしい出来だった。六対一と大勝し、リーグチャンピオンシップシリーズ進出まであと一勝で迎えた第四戦、先発投手のドワイト・グッデンが申し分ない立ちあがりを見せ、二対一のリードで八回に入った。マイク・スタントンがデイヴィッド・ジャスティスから見逃しの三振を奪ったところで、ミスターTが私をマウンドに上げた。残り五つのアウトを取るためだ。マット・ウィリアムズを外野フライに打ちとり、次の打者はサンディ・アロマー。

カウントを二—〇と悪くしてしまった。同点に追いつかれたくないから、歩かせるわけにはいかない。かといって、下手にストライクを取りにいって、甘い球を投げるわけにもいかない。アロマーはホームベースから離れて立ち、腰を少し曲げて、クローズドスタンス気味にかまえている。ジョー・ジラルディがミットを外側にかまえた。外角低めだ。私は投球モーションに入り、思いきりカットボールを投げた。だが、ボールは肩の高さくらいに大きく浮いてしまった。これは痛い。カウントが三—〇になってしまう。

ところが驚いたことに、アロマーが振ってきた。

打球がライトスタンドの最前列に飛びこみ、私は愕然とした。

同点になり、スタジアムは騒然となった。私はしばらくうなだれて、ロジンバッグを拾いあげた。インディアンスは、九回裏にタイムリーヒットが出て第四戦にサヨナラ勝ちし、さらに第五戦も取って、前年のワールドチャンピオンを早くも敗退させた。

あそこでホームランを浴びたのは、若手時代で最悪の大失投だ。私がこれをどう受けとめるか、ジョーとメルが気にしていたのは知っている。マーク・ウォーラーズはレイリッツにホームランを打たれたあと、すっかり変わってしまった。大事な場面で一発を浴び、同じ道をたどったリリーフ投手はほかにもいる。だが、打球がライトを守っていたポール・オニールのグラブの上を越えていったあの瞬間、私はこの一発で自分がだめになるとは思わなかったし、むしろこれでもっと強くなれると思った。

あの失投は勉強になった。ビデオでよく見ると、しっかり腕を振りきっていないのがわかるし、リリースポイントがかなり高い。サンディにホームランを打たれたあのコースにあと百回投げても、またホームランを打たれる確率は低いかもしれない。それでも、きっちり投げることが大事なのだ。しっかり集中し、決まった投球フォームを絶対にくずさず、狙ったコースからボールが逸れないように投げなければならない。

神の祝福によって、私は自分を高めることに全精力を注ぎこむ能力に恵まれた。神経も図太くて、ちょっとやそっとのことではあわてたり、戸惑ったり、くじけたりしない。サンディ・アロマーに投げた一球は、取り返しがつかない。地区シリーズの結果も変えられない。それでもあの夜、ジェイコブズ・フィールドのマウンドからとぼとぼ立ち去ったときのあんな思いは二度としたくない。あんなことが二度と起きないように、できることはなんでもするつもりだった。

第8章

一九二七年の再来

神がもたらす安らぎが、いつ人の人生を変えるか、誰にもわからない。この安らぎが私にもたらされたのは、オフシーズン中のある日曜日の朝だった。クララと私は、家を購入しようとウェストチェスター郡の一軒家の下見に出かけた。落ちついた街に立つ立派な家だ。教会で知り合った友人に付き添ってもらった。交渉をしたり、細かな確認事項を通訳したりしてもらうためだ。約束の時刻は、午前八時。早すぎてめかしこむ時間がなく、私はスウェットパンツにTシャツ姿、クララも同じような格好で出かけた。ベルを鳴らすと、女性がドアをあけ、私たちを見てぎょっとした。

「おはようございます。お伺いする約束をしていた者です」友人がいった。

女性は私たちをじろじろ眺めて、嫌そうな顔をした。

「そう」女性が素気なく答えた。「靴は脱いでください。八時半から別の方がお見えになるので、下見はざっとでいいですよね」

彼女の表情や態度は、どうやら私たちのことを麻薬の売人か、冷やかしでやってきた庭師だと

でも思っているようだ。

下見は九十秒で切りあげられた。長くて二分。うそじゃない。ヤンキー・スタジアムのグラウンドキーパーたちがYMCAの曲をバックに踊るダンスショーと同じくらいの時間だ。

「次の方がお見えになるので、今日はこのへんで」

「主寝室とクローゼットを見たいのですが」友人がいった。

女性はもはや呆れ顔で、ご立腹のようだ。庭師を主寝室に案内し、彼女の靴のコレクションをお披露目してくれるわけがない。

女性は友人をわきのほうに連れていった。

「どういうつもりか説明して。この人たちは何？　どうして連れてきたの？」

「彼は――」友人がいった。「ニューヨーク・ヤンキースのマリアノ・リベラですよ。あちらの女性は奥さんのクララ。二人は真剣に購入を考えていて、こちらのお宅にとても興味を持っているんです」

女性は、玄関で見せた以上にぎょっとした顔をした。

「それはそれは、大変失礼しました。まったく気づかなくて。本当に申しわけありません」女性は地方公務員の夫を連れてきたかと思うと、「コーヒーとお菓子を用意するからお掛けになって」といった。八時半からの約束はそっちのけだ。

「名前をきいたらびっくりするわよ……ヤンキースのマリアノ・リベラと奥さんがいらしたの」

女性は夫に伝えた。

私はその夫と握手し、家を見せてもらったお礼を伝えた。楽しく話しながら、私は思った。この夫婦は、クララと私が二人の家を買えるはずがないどころか、ここに立ち入ることさえふさわしくないと考えたのだ。

神の恩恵があったからこそ、この出来事をよく考えることができたし、二人に悪意があって私たちをばかにしたわけじゃないこともわかった。早とちりしただけで、悪意はなかったのだ。

神は、人を見た目で判断するな、どんな人にも扉を閉ざすな、とおっしゃる。人はみんな神の子だ。私が野球選手なのか、マチェーテで仕事をする庭師なのか、あるいは私が漁師の息子なのか、ニューヨーク・ヤンキースの一員なのか、そんなことにちがいがあるはずがない。あの日、あの家を飛びだしてもよかった。怒りをぶちまけてもよかった。だが、どちらもしなかった。私だって完璧な人間じゃない。だから、許すことにした。神が私を許してくれるように。

それで、すべてが丸くおさまった。クララと私は、その家を購入した。


一九九八年のシーズンは、初登板でのセーブ失敗と故障者リスト入りで始まった。脚のつけ根の筋肉を痛めたのだ。チームは開幕の五試合で四敗を喫し、そのときの総得点十五点に対して、失点は三十六点。

だがその後は、ほぼ順調だった。

前半戦を終えて、チームは六十一勝二十敗。後半戦は少し調子を落として、五十三勝二十八敗。チーム打率は二割八分八厘で、リーグトップの打点を叩きだし、チーム防御率も三・八二でリーグトップ――リーグ平均より一ポイント近く差のあるいい数字。私は三十六セーブを挙げ、防御率は一・九一、奪三振数は三十六――現役時代で最も少ない数[1]だった。この数字は想定どおり

▼1　故障のため9試合にしか登板していない2012年を除く。

のものだ。メル・ストットルマイヤーは、三振を取ることで投球数が増え、そのせいでシーズンが終了する頃に疲労が蓄積してしまうのを心配していた。例えば、一イニングに一人のペースで三振を奪っていた一九九七年は、一シーズンの投球数が千二百十二球。一年後の今年は昨年よりいい結果を出しながら、三百球ほど少ない球数（九百十球）ですんだ。

私の腕の疲労がもう少し軽かったら、サンディ・アロマーはあのホームランを打てただろうか。私のカットボールに伸びがあって、少しは当たりがつまっていただろうか。神にはわかっても、私にはわからない。だが理屈でいえば、その可能性が高い。

「腕の負担を減らしたらどうだ？」メルがいった。

「そうですね」

カットボールの切れがよくなるにつれ、打者のバットを折ることが多くなったが、直球が減るとともに三振の数も減った。メジャーでデビューした当初、とくに一九九六年、打者の膝元に、腰の高さに、そして胸元に直球を投げると、打者はつられて最後の高めの球にバットを出してきた。だが、打者も慣れてくる。その高さの百五十四〜六キロの速球を打ち返せないとわかると、バットを出さなくなった。こうなると、打者を打ちとる別の手段が必要になる。私にとって、その手段が打者の手元で動くカットボールだった。

チームは二位のレッドソックスに二十二ゲーム差をつけ、百十四勝四十八敗で地区優勝を果たした。

この年、球界にとんでもない数字が飛び交った。とりわけすごかったのが、ホームランの数だ。マーク・マグワイアとサミー・ソーサの二人がホームラン王を争っていた。結果的にそれぞれ七十本と六十六本のホームランを放ち、ほかにも多くの打者が好成績をあげた。ケン・グリフィー・ジュニアが五十六本、グレッグ・ボーンが五十本。アンドレス・ガララーガは四十四本も打ったにもかかわらず、かろうじてナショナルリーグのトップファイブに入れただけだ。当時、私は筋肉増強剤《ステロイド》のことは興味もなかったし、まったく無知だった。ホームラン争いをした打者全員が黒だとはいわないが、大勢が薬を使っていたのはたしかだろう。私自身は、注射器の束を踏んだとしても、いったい何なのかわからなかっただろう。ステロイドを使ったこともなければ、実際に誰かが使っているところを目撃したこともないし、人目につかないところに呼ばれて「モー、これを使ってみろ。絶対、役に立つ」といわれたこともない。

これについては、大いに疑わしいと思う人もいるかもしれない。実際、一九九五年に球速が急に増したこともあって、私の名前もささやかれた。正直、そういう疑惑は理解できる。とりわけ、ベン・ジョンソンをはじめ、ランス・アームストロング、マーク・マグワイアといった多くのスター選手が、あちこちで疑惑を否定しながらも、薬の力で肉体強化を図っていたことがわかったのだから。しかし、私についていえば、決してうそはつかない。薬に手を出したことはないし、出そうとも思わなかった。それくらい野球を愛していたし、野球に敬意を払っていたからだ。

こうしたことがマスコミで取り沙汰され、物議をかもしていた頃を思いだしてほしい。連邦議会でまで取りあげられ、スポーツ選手たちがちょこんと頭を下げて、いい逃れをしたり、英語を話せないふりをしたりする姿を見たことがあるだろう。じつにみっともない。

近年の野球の歴史から一つだけなにかを消し去ることができるとしたら、ステロイドを消し去りたい。選手がまっとうに――正々堂々とプレーできるようにするためなら、私はなんでもしたい。精神的に追いつめられ、そこから逃れるには薬に手を出すしかないと思ってしまう選手がいるのは知っている。選手が夢を叶えるのは応援したいが、まっとうな方法でがんばってほしい。メジャーリーガーになれる資質があるなら、それはすばらしいことだ。その資質がないのなら、自分の能力を最大限に引きだすために、できることをなんでもしなければならない。それでだめでも、道を踏みはずし、試合を汚すようなことをしてはいけない。

　これに関しては、選択するのは本人だ。ステロイドはそこらじゅうで売っている。すぐそこにある。その気になれば、たった今この本を閉じて、ステロイドを入手し、自分の血管に流しこむこともできる。誰も頭に銃を突きつけられて、そうしろといわれるわけじゃない。結果がどうなるかは、わかっている。筋肉が盛りあがり、スウィング時のヘッドスピードが増して、ボールを強く打てるようになる。投手なら、筋肉がついて速球を投げられるようになる。

　だが同時に、人目につかないところで薬に手を出しても、その事実は一生自分につきまとう。いくら否定しても、どんなに弁護士が優秀でも、言葉巧みにいいわけしようとも、いずればれる。今年、来年はばれなくても、いつか必ず見つかってしまう。

　そうなったら――自分で名を汚すことになる。新聞の一面やスポーツ欄に名前が載り、スポーツ情報番組では司会者よりもたくさん顔が映ることになる。記者たちに追いまわされ、自分のマネージャーやチームメイトがコメントを求められる。マスコミにこき下ろされ、子どもがいれば、いじめられて恥をかかされ、とんでもない騒ぎ《リオ・ノルメ》になる。

　こういうことがすべてわかったうえで、それでもステロイドに手を出す人がいたら？　その人は問題をかかえているのだろう。大きな問題をかかえている。現実から目を背けているか、自暴自棄になっているか、自分は金持ちで有名なプロ野球選手だから非難されることはないと思いこんでいる。

ステロイドに手を出すのは、はっきりいって卑怯だ。スポーツから品位と権威を奪ってしまう。逮捕されたら、罪を償わなくてはならない。黙って罰を受け入れるべきだ。当然、説明責任もある。代理人を隠れ蓑にしたり、口先だけの声明でそれとなく謝罪したり、何に対する謝罪なのかを明言しないようではいけない。

チームメイトが薬を使っていたら？　私は甘やかしたり、見て見ぬふりをしたりしない。絶対に。かといって、見捨てるわけでもない。薬が一番必要なときに、そばにいてやる。卑怯なことをして、ひどいまちがいを犯したと思うかもしれないが、何もいわずに立ち去ったりはしない。自分の弟や妹が失敗したとき、背を向けられる人がいるか？　私にとって、チームメイトは家族だ。だから、その行為は憎むが、自分が品行方正な人間であるかのように、偉そうに叱りつけたりはしない。「マタイの福音書」七章一―三節の山上の垂訓で、イエスはこういわれる。

人を裁くな。あなたがたも裁かれないようにするためである。あなたがたは、自分の裁く裁きで裁かれ、自分の量る秤で量り与えられる。あなたは、兄弟の目にあるおが屑は見えるのに、なぜ自分の目のなかの丸太に気づかないのか。

じつにシンプルなことだ。私たちはみな人間で、誰でも過ちを犯す。なかにはとんでもない過ち、とても許すことのできない過ちを犯す者もいる。だが、私にそれを裁く権利はない。

首位に立って百五十二日も過ぎれば、ペナントレースの熾烈さはほぼなくなっている。それでも毎日、すべきことをしなければならない。三十歳の誕生日が近づくにつれ、今まで以上にきちんと準備することが大事だと思いはじめた。

私は習慣を大事にし、決まった日課をこなすことに安らぎを見出すタイプだ。試合のある日は、とくに気をつかう。打撃練習の球拾いやピッチングを終えたあと、腹ごしらえをする。たいていフライドチキンかパスタだ。うそじゃない……よくポパイズの宅配を頼んでいた。（想像すると、ちょっとおもしろいかもしれない。フライドチキンを持った宅配係の青年がヤンキー・スタジアムのセキュリティゲートの前にやってきて、こう叫ぶのだ。「リベラさんからの注文で……」）。腹を満たして、試合前に温かい湯につかるのが、ナイターのときでだいたい午後六時五十分。首までつかって、体をよくほぐす。十五分くらいで風呂から上がると、体を拭いてからマッサージルームへ向かい、ストレッチをしたり、マッサージ師に脚や筋肉の張っている場所をほぐしてもらう。これが、三十分くらい。その後、ユニフォームに着替えて（もちろん、きちんと順番がある）、トレーナールームにいく。これはだいたい四回が始まる頃で、ジーン・モナハンにさらに腕や脚のストレッチをしてもらう。具合によっては、肩をスチームで温めてもらったり、腕を温かいタオルでさすってもらったりする。そのあいだ、私はテレビで試合を見ながら、相手打者の癖や弱点を研究する。

ジーノと過ごすこの時間が、マウンドに立っているときを除けば、一日で一番好きな時間かもしれない。落ちつける有意義な時間だ。本当にゆっくりできる。自分の体の声をきき、ジーノの話に耳をかたむける。二人で家族の話や若い頃の話をしたり、世間話もする。お互いに腹を割って話せたし、気が合った。こうして、準備を整えていく。トレーナールームを出る頃には、全身にアドレナリンがみなぎっているように感じる。六回の途中、あるいは六回裏に入る頃にブルペンに向かい、臨戦態勢に入る。

八月上旬の日曜日、場所はヤンキー・スタジアム。私はいつものとおり準備して、ロイヤルズを相手に一イニング無失点で三十個目のセーブを挙げ、防御率を一・二五とした。チーム成績は八十四勝二十九敗。数日後、連勝が九で途切れて、八十九勝三十敗。

やるべきことをやり、しっかりと準備をした結果だ。


シーズンを通して首位に立っていたため、ヤンキースはワールドシリーズの優勝候補と期待され、チームにはそれなりのプレッシャーがかかっていた。第一ラウンド、地区シリーズの対戦相手はテキサス・レンジャーズ。だが、相手の重量打線は三試合で一点しか取れなかった。二年前の地区シリーズでの対戦で打ちまくったファン・ゴンザレスが、打率〇割八分四厘。ウィル・クラークとラスティ・グリアが二人とも〇割九分一厘、パッジ・ロドリゲスが一割。ヤンキースのクローザーとしての私の前任であり、よき助言者でもあるジョン・ウェッテランドは、一試合しか登板がなかった。私は三試合すべてに登板し、二セーブを挙げて、許したヒットは一本。そして、昨年のリーグ優勝チームのインディアンスとの雪辱戦に臨んだ。

デイヴィッド・ウェルズの先発で第一戦に勝利したあと、インディアンスに二連勝され、第四戦は絶対に落としたくない試合になった。一勝三敗にされると、負ければおしまいという試合を敵地ジェイコブズ・フィールドで迎えることになる。ポストシーズン初登板のオーランド・ヘルナンデス（愛称は公爵《エル・ドゥーケ》）が七回三分の一を三安打に抑える快投を見せて、私たちは四対〇で勝利し、二勝二敗のタイに並んだ。

第五戦、シリーズ二度目の登板となったウェルズがすばらしく、十一個の三振を奪って八回頭でマウンドを下りた。五対三とリードしており、一死から私がマウンドに上がった。同点の走者が塁に出ている。一年前、アロマーに同点ホームランを打たれたときと同じ、ジェイコブズ・フィールドでの八回のマウンドだ。打席には、インディアンスの左翼手でスイッチヒッターのマーク・ホワイトン。前年は、チームメイトとしていっしょに戦っていた。彼はハードヒッターと呼ばれると気をよくした。凄まじいパワーがある。リーグチャンピオンシップシリーズでなくても、大事な打席だ。カウントは二―二、決め球を投げこむことだけに集中する。思いきりカットボールを投げた。狙いどおり、打者の手元で内角に曲がる。ホワイトンをぼてぼてのセカンドゴロに打ちとり、ダブルプレーでピンチをしのいだ。

九回、ジム・トーミとブライアン・ジャイルズをあっさり打ちとり、エンリケ・ウィルソンを三振に切ってとって、ワールドシリーズ進出まで残り一勝とした。

第六戦、二十勝投手デイヴィッド・コーンの立ちあがりは上々、スコット・ブロシアスのスリーランホームランで、チームは六対〇とリードした。ヤンキー・スタジアムはお祭ムードにつつまれたが、トーミに満塁ホームランを打たれて一点差までつめよられた。しかし、私とキャッチボールをしてくれなくなったメンドーサが、リリーフに上がった三イニングをきっちり抑え、デレクの三塁打で二点を追加するなどして、チームに少し余裕ができた。

八対五のリードで迎えた九回、私はマウンドに上がった。九球目、オマー・ビスケルのピッチャーゴロをティノにトスし、リーグ優勝を達成した。チームメイトにもみくちゃにされ、喜びもひとしおだった。汚名返上にこだわったわけじゃない。アロマーに打たれたホームランを挽回しようとマウンドに上がったわけじゃない。いい球を投げて、アウトを取る、それしか考えなかった。

うそじゃない。すんだことを引きずらず、先のことをあれこれ考えずに、目の前のことに集中することこそ、クローザーに必要な資質だ。登板イニングの少ないリリーフ投手の選手生命が、どうして短いのか。あれだけ打ちくずせなかった投手が、どうして一、二年でいなくなってしまうのか。打者との一瞬の勝負に身をおいて、気持ちが乱れないようにするには、並々ならぬ集中力と自分を信じる力を必要とするからだ。神は私に強い肩と、それ以上に強い精神を授けてくれた。失敗しても、迷ったり、くよくよしたりしないでいられることが、すべての鍵だ。アロマーの悪夢から一年、インディアンスとの五試合中四試合に登板し、五回三分の二を投げて無安打、五奪三振、防御率は〇・〇〇。プレーオフの二シリーズで九イニングを投げたが、ヒットは一本しか許していない。

次の相手はサンディエゴ・パドレス、いよいよワールドシリーズだ。親族との対戦という別の楽しみもある。いとこで元チームメイトのルーベン・リベラはこのとき、パドレスにいた。私より四歳下で、体格もよく足も速く、長打力のある中堅手だ。そのたくましさと技術に、スカウト連中は目を見張った。パナマのミッキー・マントルといったところか。少なからぬ野球関係者が、彼にはそれくらいの素質があると考えていた。一九九五年、ルーベンはヤンキースだけでなく、球界全体から期待される若手選手だった。私がメジャーに昇格した一年後の一九九六年、彼も活躍するようになり、打撃と守備でヤンキースの勝利に貢献したが、その後、彼のプレーは輝きを失いはじめた。

「おまえならオールスターの常連になれる。その素質がある」私はルーベンによくいっていた。「とにかくもっと野球に専念しろ。本気でオールスターに選ばれたいなら、腹をくくれ」

「そりゃ、選ばれたいよ」ルーベンは答えた。「ちゃんとがんばってる」

「それはわかっているが、ほかにも問題はある。自己管理もしっかりしなきゃいけない。正しい判断も身につけなきゃいけない。おまえにはそのチャンスがあるってことを自覚するんだ」

ルーベンは、メジャーリーガーになれて有名になり、まわりから賞賛されて少し慢心しているふしがあった。遊びにいく頻度も少し多かったし、帰りも遅く、その才能を開花させるのに必要な忍耐力がまったくなかった。つい昨日までスター選手に憧れていた彼は、ストライクだろうとボールだろうと、どんな球でもぶんぶんバットを振りまわした。何もかも今すぐ手に入れたがり、思いどおりにいかないと、不満をつのらせた。数年がたつうちに、苛立《いらだ》ちだけが膨れあがっていった。結局、ルーベンはメジャーで十回も移籍をくり返した（ヤンキースとは三度も契約している）。

パドレスのレギュラー選手としてほぼ全試合に出場した一九九九年、彼は二十三本の本塁打、十十八個の盗塁を記録している。一方で、打率は一割九分五厘で、三振数は百四十三。ルーベンには、どこでもいいからメジャー球団のレギュラーに定着してほしかった。そうすれば、落ちついて才能を開花させられるはずだ。だが、しっかり腰を落ちつけたのは、メキシカンリーグの球団に移籍してからだ。この七年、彼はレギュラー選手としてプレーし、四十歳になった今（二〇一三年）も、リーグ有数の強打者としてがんばっている。

ワールドシリーズが始まったら、ルーベンの活躍を期待したい、そう思っていた。ただし、四勝するのは私たちだ。

デイヴィッド・ウェルズがポストシーズン、三シリーズすべての初戦に先発したが、今回はパドレスのエース投手ケビン・ブラウンの調子がよく、二対五とリードされて七回裏に入った。七番から始まったヤンキース打線に対し、ブラウンがヒット一本とフォアボールで走者を二人出したところで、パドレスの監督ブルース・ボウチーはリリーフ投手ドン・ウォールをマウンドに上げたが、その直後、チャック・ノブロックがスリーランホームランを放った。それからウォールに代わってマーク・ラングストンに継投するものの、ティノの満塁ホームランが飛びだし、私たちは一イニングで一挙に七点を挙げた。シーズンを通して、こんな調子だった。どの打順からでも出塁し、長打で大量得点を挙げる。九番打者スコット・ブロシアスでさえ、十九本塁打、九十八打点。初めてシーズンを通して出場したスイッチヒッターで捕手のホルヘ・ポサダが十七本塁打、六十三打点を挙げているが、その彼も下位打線だ。三十本塁打の打者はチームに一人もいないが、十七本以上の打者が八人いて、打点が八十を超える選手が五人もいる。バランスのよさは最高だ。

私は八回からマウンドに上がり、四人を打ちとってセーブを挙げた。パドレスの不振は深刻で、第二戦では、立ちあがりの三イニングで、私たちは七点を入れた。こちらの先発はキューバ出身のルーキー、オーランド・ヘルナンデス。チームとしては大きな不安要素だったが、九対三で二勝目を挙げた。あと二つ勝てば優勝だ。

この時点で、チームの自信は揺るぎなかった。第三戦、元ヤンキースのスターリング・ヒッチコックが六回までヤンキース打線を抑え、〇対三でリードされたまま七回に入ったときも、私はブルペンのベンチに座ってこう思っていた。

このチームは、ここぞというときに必ず点を取る。

シーズン中も、負けている試合を何度もひっくり返してきた。いろんなチームメイトが、チャンスで期待に応えてきた。だから、ワールドシリーズで打ちまくったブロシアスが、七回の先頭打者でホームランを打ったときも、次のシェーン・スペンサーが二塁打で出塁したときも、私は驚かなかった。ヒッチコックを引きずり下ろして一点差までつめより、八回に再びブロシアスが打席に入った。相手投手はトレバー・ホフマン。球界きってのクローザーだ。ブロシアスの打球がまたフェンスを越えた。しかも、今回は走者が二人いた。

逆転して、五対三。その後、私がマウンドに上がり、一点を許しながらもピンチを切り抜け、五対四で試合を締めくくった。同点の走者を三塁において、アンディ・シーツから三振を奪っての勝利だ。勝てば四戦全勝で優勝が決まる第四戦、先発のアンディが相手投手ブラウンに投げ勝ち、七回三分の一を無失点に抑えたところでマウンドを下りた。三対〇でリードしているが、走者が二人出ている。リリーフ登板したジェフ・ネルソンがグレッグ・ボーンを三振に切ってとると、ミスターTから私に声がかかった。ブルペンから駆け足でマウンドに向かっていくとき、優勝の瞬間もシャンパンファイトも一切、頭をよぎらなかった。私が思ったのは、このひとことだけだ。

アウトを取れ。

ケン・カミニティにヒットを打たれ、満塁になった。次の打者は、あのジム・レイリッツだ。彼はヤンキースの投手陣と相性がよく、速球が甘いコースに入れば、誰の球でも弾き返す。カウント一―二で、私は外角高めにカットボールを投げた。レイリッツは打ちにきたが、バットの芯でとらえられず、センターにふらりと上がった打球をバーニーが楽々キャッチした。

九回の先頭打者は、私のいとこだ。最初で最後の対戦となったその打席で、センター前にヒットを打たれたが、すぐに塁上から消えた。次の打者、捕手カルロス・ヘルナンデスを六―四―三のダブルプレーに打ちとったからだ。次のマーク・スウィーニーに目をこらす。左の代打だ。直球二球で一気に追いこむと、カットボールでサードゴロに打ちとった。ブロシアスがティノに送球。さあ、みんなにもみくちゃにされるぞ。ジラルディが真っ先に駆けてきて、私に飛びついた。私は両手を突きあげながら、神に感謝した。ほどなく、ワールドシリーズで最優秀選手に輝いたブロシアスに抱きつかれ、ほかのチームメイトも駆けよってきて、もみくちゃにされた。十三回三分の一を投げて無失点で、六セーブ。私のポストシーズンは終わった。最後の打者を打ちとってシーズンを終えたのは、それが初めてだ。病みつきになりそうなくらい爽快だった。

第9章 聖霊と頂上

これは、『夏の夜の夢』じゃない。現実だ。聖霊が私に語りかけてきた。クララがキッチンから話しかけてくるようなふつうの声じゃない。まちがいなく聖霊の声だった。

一九九九年七月の金曜日の暑い夜、アトランタ・ブレーブスをヤンキー・スタジアムに迎えた一戦は、初回から波乱含みだった。両チームの先発は、グレッグ・マダックスとエル・ドゥーケ（オーランド・ヘルナンデス）。マダックスが九安打五失点、エル・ドゥーケが八安打六失点と打ちこまれ、二人とも五回をもたずにマウンドから引きずり下ろされるとは――誰も予想できなかった。

この年、現役生活で最も輝かしい成績を挙げたデレクが、十五号ホームランにヒット三本と打ちまくり、打率を三割七分七厘に上げた。リリーフに上がったラミロ・メンドーサは圧倒的なピッチングで、三回三分の一を無失点。私がマウンドに上がるためにブルペンを出ると、メタリカの「エンター・サンドマン」のギターリフが球場に響きはじめた。球団スタッフが選んでくれた私の入場曲だ。事前に知らされていたわけでもなく、正直、入場曲のことはあまり気にもしていなかった。一九九八年のワールドシリーズでサンディエゴ・パドレスと対戦したとき、サンディエゴのファンがトレバー・ホフマンの入場曲、AC／DCの「ヘルズ・ベルズ」に興奮するのを見てから、ヤンキースの球団スタッフは私にぴったりの入場曲を探していた（私に選ばせたら賛美歌「見よや十字架の」になって、球場の熱が冷めてしまったかもしれない）。しばらくは、ガンズ・アンド・ローゼズの「ウェルカム・トゥ・ザ・ジャングル」をかけて、ファンにも好評だった。ある日、スコアボード・スタッフのマイク・ラジーが「エンター・サンドマン」をかけたところ、ファンが熱狂した。曲選びはそこでやめた。相談されたこともないし、その必要もない。ファンが気に入ってくれれば、それでいい。

ウォーミングアップをすまし、マウンドの後ろに立って、右手でボールを握りながら頭を下げ、いつものように祈りの言葉をつぶやく。

主よ、私をお守りください。チームメイトを、全員をお守りください。私の盾となり、力をお与えになるよう、アーメン。

精神を集中させると、心が開かれ、ふいに聖霊の存在を強烈に感じた。私の英語では、あの感覚をどういいあらわせばいいのかわからない。スペイン語でも不可能だ。聖霊が胸に宿り、魂に底知れない力がみなぎった。

「あなたをここに導いたのは、私です」聖霊の声がした。

はっとして、スタンドの五万人の観客を見まわした。たしかに声がした。私にだけ、聖霊の声が届いた。その声は喜びに満ち、それでいて戒めるような響きがあった。私はこの頃、マウンドで自分がやることに関しては、自分がすべてを仕切っているような感じがしていた。口にこそ出さないが、自信と気迫に満ち、すべてが自分の思いどおりになるような万能感につつまれていた。だがそのとき、神にこういわれたような気がした。「クローザーとして、少し思いあがってはいないか。よく思いだしなさい。万能なのは私であって、あなたではない」

観客を前にして、ヤンキー・スタジアムのマウンドに立ちながら、胸がつまった。神にいきなり、心の目を開くように諭されて、うぬぼれと慢心から醒め、うち震えた。

大物気取りでおごりたかぶってきたことを、心から恥じた。神のご意志を探し求めるのではなく、勝手に道を逸れてきた自分をさらに恥じた。神がここに私を導いてくれたのだ。神がいなければ、私には何もできない。私がこの場にいて、この仕事をできているのは、神が私に力をお与えになったからだ。

そろそろ、仕事の時間だ。

こまった。心のなかでつぶやいた。**これからどうなるのか、さっぱりわからない。**

精一杯投げるつもりだが、このとき、目の前の仕事に対する集中力にとてつもない不安を感じた。プロ野球の世界に入って、これほどの不安は初めてかもしれない。これもまた、神が望まれる試練なのか。

ブレット・ブーンを外野フライに打ちとり、ひとまず気持ちが落ちついた。

だが、そう長くは続かなかった。

チッパー・ジョーンズに対してワンバウンドのボールを投げてしまい、そのあとストライクゾーンから大きくはずれた球を投げて、彼を歩かせてしまう。ブライアン・ジョーダンに投げた初球は、ライト前に運ばれ、ヒットエンドランを決められた。次のライアン・クレスコにもボールが先行したところで、メルがマウンドまでやってきて、声をかけてくれた。「落ちついて、いつものようにストライクを投げろ」私はうなずいて、なんでもないふうを装った。

もちろん、状況はまずいままだ。

クレスコにセンター前に弾き返された。同点とされてセーブは失敗。それから一人打ちとったあと、アンドルー・ジョーンズの打球が左中間のフェンスを越え、私たちはこの試合を落とした。

クローザーになって以来、最低の登板だった。

チームメイトには何もいわなかったが、いい教訓になった。私は人間で、人間はいつか慢心しはじめ、ときに道を見失う。この暑い夏の夜、神が私に再び道を示してくださったのだ。

それ以降、調子が上がったのは偶然だろうか。残りのシーズンで、相手チームに一点しか許さなかったのも、三十回三分の二を連続無失点に抑え、二十二個の連続セーブを記録したのも、偶然だろうか。わからない。私にいえるのは、残りの三か月、謙虚さを持ち続けることを胸に刻んで、それまで以上に集中し、自信を持って試合に臨んできたということだけだ。

チームの勝ち星は昨シーズンより十六個少なかったが、それでも九十八勝六十四敗で勝率はリーグ一位となり、この四年で三度目となるレンジャーズとの地区シリーズに進出した。レンジャーズはとてもいいチームだが、私たちの姿を見るなり、テキサスの強い日差しにさらされてしおれてしまった花のように、すっかり元気をなくしてしまうようだった。私たちは三連勝し、昨年に引きつづき、レンジャーズの重量打線を三試合で一失点に抑えた。私は第二戦に登板して、ラファエル・パルメイロとトム・グッドウィンを三振に切ってとり、トッド・ジールを外野フライに打ちとった。第三戦では二イニングを無失点に抑えて、地区シリーズに勝利し、リーグチャンピオンシップシリーズに進出したのだ。対戦相手は、レッドソックス――ファン期待の好カードとなった。

キューバから漁船で亡命してきて以来、エル・ドゥーケは、大舞台に強い先発投手であることを証明しつづけてきた。このシリーズでも、彼のピッチングは冴えわたり、第一戦で八イニングを好投して、三対三で迎えた九回、私がマウンドに上がった。二イニングを投げて、許したヒットは一本。延長十回裏、バーニー・ウィリアムズがロッド・ベックからサヨナラホームランを放って試合を決めたときは、深夜〇時を少しまわっていた。

初戦の勢いは止まらない。第二戦の終盤、チャック・ノブロックの二塁打、ポール・オニールのシングルヒットで逆転。八回の満塁のピンチでは、ラミロが打者二人を見事に打ちとり、リードを守りきった。九回、マウンドに上がった私は、同点の走者ノマー・ガルシアパーラを三塁においきながらも、デイモン・ビュフォードを三振に切ってとり、セーブを挙げた。

二勝〇敗で、敵地ボストンに舞台は移る。第三戦は、レッドソックスの猛攻を受け、一対十三の大差で一つ取り返された。長年レッドソックスでエースを務め、この試合で大観衆の敵となったヤンキースの先発ロジャー・クレメンスは、それまでの実績からは考えられないほど打ちこまれてしまったが、レッドソックスの勢いもここまで。第四戦、アンディが八回途中まで好投し、九回裏、リッキー・レディが相手投手ベックから満塁ホームランを放って、私たちは九対二で勝利した。そして第五戦、再び先発エル・ドゥーケが好投し、六対一で一気に決着をつけると、私たちはフェンウェイ・パークのグラウンドで歓喜にわいた。

二年連続で進出したワールドシリーズの対戦相手は、あろうことかアトランタ・ブレーブスだ。第一戦の両チームの先発は、エル・ドゥーケとグレッグ・マダックス。三か月前、ヤンキー・スタジアムで聖霊の声をきいたときと同じだ。二人がマウンドに上がった。この試合では、聖霊の声はきこえなかった。私は対照的な二人の投球に見入っていた。エル・ドゥーケは、体をひねりながら、ばね仕掛けのように左足をきゅっと上げて投げる。腕の角度もその時々でわざと変え、持ち球の種類も多く、どの球種もすばらしい。一方、マダックスは、メトロノームのように安定したリズムで投げる。制球力が抜群によく、まさに職人芸だ。レギュラーシーズンでの対戦のときとちがい、二人とも絶好調で、八回に入って一対一の同点。均衡を破ったのが、ポール・オニールだ。

この年のワールドシリーズは、これといって劇的なものではなかった――昨年に引きつづき、私たちの四連勝で、目を見張るような試合もなければ、ハイライト集に組まれそうなしびれる瞬間もなかった。優勝が決まる最終回、私がライアン・クレスコのバットを三本も折って、それを見たクリッパー・ジョーンズがダグアウトで笑っていたのをおぼえている人もいるだろうが、私にとって、この年のワールドシリーズの主役は、なんといってもポール・オニール、愛称ポーリーだ。

ポーリーがヤンキースに移籍してきた一九九三年、チームは急に勝ちはじめた。事実、彼の入団後、ヤンキースは負け越した年がない。この転機がすべて彼のおかげだといえば、ばかばかしいと思われそうだが、単なる偶然だといいきってしまうのも、どうかと思う。

ポーリーに初めて会ったのは、春季キャンプのときだ。会ってまず驚いたのは、彼のパワーとその体格（肩幅が広く、がっちりしていて、身長は百九十三センチ）だけじゃない。熱心さと目的意識の高さだ。無口で、決して目立とうとしない。練習に打ちこんで、勝ちにこだわる。打率三割五分九厘を打ったことがあっても、先発からはずされないようにと練習を欠かさなかった。

会ったときから、彼のそういうところがすばらしいと思った。メジャーに上がるとすぐに気づくことがある。カメラを意識してプレーする選手と、カメラを嫌う選手がいることだ。ポーリーは後者。四打数四安打の活躍をしたり、ファインプレーでチームを救ったりしても、マイクを向けられるのをひどく嫌がった。見逃し三振でヘルメットを放り投げたり、ウォーターサーバーを叩きこわしたりして注目されるのも、本当は大嫌いだ。ポーリーは驚くほど自分に厳しい。筋金入りの完璧主義者だ。一九九九年のシーズン序盤、ヤンキー・スタジアムでエンゼルスと対戦したとき、ポーリーは五打数一安打、三打席が三振だった。最後の打席は、九回裏、同点の走者がいる場面で、トロイ・パーシバルに見逃し三振を喫した。球審のグレッグ・コスクに三振をコールされ、ポーリーはダグアウトに下がったかと思うと、次の瞬間、ウォーターサーバーをグラウンドに放り投げた。かっとなると、判断力が鈍ってしまうのだ。打ちにいってジャストミートできなかったことに腹を立て、バットを放り投げたこともある。打球はライトフェンスを越えたというのに。全員で彼を叱りつけた。

それでも、彼はどこにいても期待を裏切らない。マリナーズの元監督ルー・ピネラとは、シンシナティ・レッズ時代以来、長い確執があった。ルーは弱みにつけこんだり、わざと怒らせるようなことをしたり、内角を攻められるたびに泣きごとをもらすポーリーのことを公然と〝弱虫〟と呼んだりした。勝つための駆け引きなのかもしれないが、本当のところはわからない。私はそういうことを一切しないからだ。長い投手生活でも、審判を騙そうとしたり、大声で長々と抗議して判定を覆そうとしたり、ボールをよける準備をしておけといって打者をおどしたり、そういう類《たぐい》の駆け引きをしたことは一度もない。

スポーツマンらしくないし、そんな勝負はしたくない。プレー以外で駆け引きなどしなくても、ボールを握りしめ、打者を打ちとれると信じていた。

どのみち、策を弄したところで、ポーリーには通用しない。頑固にわが道をいくだけだ。一九九五年の地区シリーズ、彼はマリナーズ戦の五試合で三本のホームランを放ち、ピネラ率いるマリナーズが百十六勝した二〇〇一年のチャンピオンシップシリーズでは、二本のホームランを打った。彼のこういうところが好きだ。チームに必要なときに、必ずポーリーがいる。一九九九年六月のインディアンス戦は、少し荒れた試合になった。インディアンスのウィル・コルデロがロジャーからホームランを放ち、その後、ヤンキースのリリーフ投手ジェイソン・グリムズリーから死球を食らった。まもなく今度は、デレクがインディアンスのリリーフ投手スティーヴ・リードから死球を食らった。塁に出たデレクがリードをにらみつけるかつけないかのうちに、ポーリーがライトスタンドにホームランを放ち、試合を決定づけた。

「すごいな、自分のバットで決めるなんて」あとで、彼にいった。

ポーリーは笑みを浮かべた。

「ピッチャーに仕返しするには、ホームランを打つのが一番だ」彼はいった。

ポーリーは守備も抜群だ。一九九六年のワールドシリーズ第五戦ほど頼もしかったことはない。先発アンディの一対〇のリードを守るため、ウェッテランドが九回裏のマウンドに上がった。走者一、三塁で、ブレーブスの代打ルイス・ポローニアが打席に立った。ファウルで六球粘ったあと、右中間の深いところに打球が飛んだ。

私は打球が右中間を抜け、ブレーブスのサヨナラ勝ちで先に三勝目をあげられるのを覚悟した。ところが、ポーリーが打球を追って、フェンス際に走っていく——フェンスに激突するのを恐れもせずに。ポーリーの捕球でこの試合に、いや、ワールドシリーズに勝利できた。一九九八年のワールドシリーズでも、第二戦の初回、走者一、二塁で、ウォーリー・ジョイナーの大きな当たりをポーリーがフェンスにぶつかりながらジャンピングキャッチして、チームに弾みをつけた。

一九九九年のワールドシリーズは、しんどかった。シーズンの開幕当初、ミスターTがガンの治療を受けるため戦列を離れ、さらにスコット・ブロシアスとルイス・ソーホーの父親が亡くなった。ルイスは父親を亡くしたばかりだったので、ワールドシリーズの最初の二試合を欠場している。

ポーリーの父親チャールズ・オニールも、故郷のオハイオ州で重い心臓病と闘っていた。シーズン中、ポーリーはずっとそのことを気にかけていて、ポストシーズンに入ってからは、とくにつらそうだった。父親の病状が悪化したからだ。私はライトを守る彼を見ると、落ちついてピッチングができた。打者を打ちとるために、彼が必死にがんばってくれているからだ。私は何かやさしい言葉をかけてやれないかと思っていた。

一九九九年、ブレーブスとのワールドシリーズ第四戦を控えた早朝、ポーリーの父親が亡くなった。ミスターTが先発メンバーを発表し、いつものように二番打者デレクと四番打者バーニーのあいだにポーリーの名前があるのを知っても、私はまったく驚かなかった。試合前、ポーリーに目をやると、クラブハウスの奥のロッカーの前に座っていた。父親を亡くした今、彼がどんなにつらいか、私には想像もできなかった。いっしょに父親の冥福を祈り、いたわってあげたかったが、試合前でそんなことをしている場合じゃない。五時間後、私がクレスコのバットを三本折って、キース・ロックハートをレフトフライに打ちとり、チームが四連勝でワールドシリーズを制してから、そのときがやってきた。

チームメイト全員が、マウンドにいる私のまわりに集まった。ポーリーが一人遅れて駆けよってきた。うれしさと悲しみに感極まって、ポーリーはミスターTに抱きつきながら泣いていた。彼は涙を浮かべてグラウンドをあとにし、ダグアウトに向かった。ミスターTがいうように、ポーリーは一日のうちに最高の喜びと最悪の悲しみを味わったのだ。こんなことになるとは、思いもよらなかっただろう。ごった返すクラブハウスにシャンパンのしぶきが舞うなか、私はロッカーの前にいるポーリーに歩みよった。

「お父さんのことは、本当に残念だ。神がどうして今日、お父さんを天に帰したのかわからないが、お父さんはおまえのことを誇りに思っているはずだ」

「モー、ありがとう」ポーリーが答えた。「親父もむこうでずっと試合を見ていたさ。おれたちの勝利を誰よりも喜んでいるはずだ」

一九九九年のポストシーズン、全三シリーズで、私は四十三人の打者と対戦し、一点も許さなかった。最後に失点したのは三か月ほど前、タンパベイ・デビルレイズの捕手ジョン・フラハティにタイムリーツーベースを打たれたときだ。セーブ数（四十五）が被安打数（四十三）を上まわった。私はワールドシリーズの最優秀選手に選ばれた。プエルト・カイミトに帰ると、家族や友人から、パナマじゅうが私の話題で持ちきりだときかされた。有名になるのはいいが、それは私の求めていることじゃない。私が望むのは、道筋を照らしてくれる神の光と慈愛だ。七月の暑い夜、ヤンキー・スタジアムのマウンドに立つ私に思い知らせてくれたとおり、神が私をここまで導いてくださったのだ。

ニューヨーク市での紙吹雪が舞う優勝パレードは格別だった。ゆっくりと進む高層ビルの谷間には、紙吹雪に負けないくらい大勢のファンがつめかけ、自分がちっぽけな存在に思えるほど壮大な眺めだった。驚くような歓喜と賞賛の声につつまれながら、つめかけたファンと喜びを分かち合った。一九九九年の優勝記念行事で最も記憶に残っているのは、ニューヨーク市庁舎で行なわれた優勝セレモニーだ。マイクを持ったミスターTが、隣に立てとホルへ・ポサダを手招きした。

「ホルへ、ミーティングの締めのかけ声をみなさんに教えてさしあげろ」ミスターTがいった。

「何がなんでも勝て《グラインド・イット・アウト》！」ホルへは手を差しだし、声を張りあげて微笑《ほほえ》んだ。

ポストシーズンを戦った球団のなかで、ホルへ・ポサダ以上に何がなんでも勝ちにこだわった者はいない。彼ほど必死に野球に取りくんだ者もいない。その話をしよう。ドラフトで入団した当初、二塁手だったホルへは何年もかけて、捕手のフットワーク、ショートバウンドの捕球処理、スローイングの練習をし——二〇〇〇年にようやくその努力が報われた。ジョー・ジラルディが移籍し、正捕手として出場機会が増えたのだ。二十八本塁打、八十六打点、打率二割八分七厘を記録し、オールスターゲームに出場。百七個のフォアボールを選び、出塁率（四割一分七厘）はチーム一位だ。三振（百五十二）も最も多かったが、これには目をつむろう。ホルヘは、ここ一番で頼りになる。

ホルヘは感情的になって、一歩も引かなくなるときがある。正捕手を張る体格そのままの揺るぎない意志を持っている。まちがいなく味方につけておきたい男だ。二〇〇〇年七月初め、私たちはタンパベイ・デビルレイズ戦に臨むためセントピーターズバーグにいた。チームは低迷中で、五戦四敗、九戦七敗と負け越しが続き、貯金たった二つの三十八勝三十六敗。その日、エル・ドゥーケは好投していたが、投球モーションに入る直前に打者ランディ・ウィンが打席をはずし、怒ったエル・ドゥーケとデビルレイズの選手たちがいい合いになった。ホルヘがエル・ドゥーケを落ちつかせた——皮肉な光景だ。ホルヘがけしかけて（ジュークボックスに小銭を入れるかのように）、エル・ドゥーケの闘争心に火をつけることはよくあるからだ。その後、こちらはティノの走者一掃のタイムリーツーベースで三点を追加した。七回裏、デビルレイズのボビー・スミスがジェフ・ネルソンの前に三振に倒れ、ホルヘが三塁手のブロシアスに送球しようと立ちあがったとき、スミスがバットのヘッドを軽くぶつけた。

ホルヘがスミスにボールを投げつけ、つかみ合いのけんかになった。スミスのヘルメットが飛び、ヤンキースの球団社長ランディ・レビーンのような金髪のアフロが露わになる。試合は中断、ホルヘとスミスは退場させられ、のちに出場停止処分を受けた。スミスとやり合ったりして、どういうつもりだったのか、いちいちホルヘにききはしなかったが、彼なりに低迷しているチームの士気を上げたかったのかもしれない。そういう試合だったからこそ、五点もリードしていたのに、九回裏、ミスターTは私を登板させた。その後、チームは八試合で七勝を挙げて首位に返り咲き、そのままシーズン終了まで首位をキープした。

そうやって長いシーズンをいっしょに過ごしていると、必然的にチームメイトの好不調が目に入る。私が誰よりも同情したのは、チャック・ノブロックだ。一九九八年と九九年のワールドシリーズで、彼が見せた活躍を忘れてしまった人もいるかもしれない。十年近くにわたって、彼は球界を代表する一番打者だった。ミネソタ・ツインズ時代は、打率三割四分一厘と三割三分三厘を記録した二年間がある。[▼1] ヤンキースに移籍する前年は打率二割九分一厘で、スリーベースヒットが十本、六十二盗塁――彼のようなスピードとパワーを兼ね備えた選手は、試合の流れを一気に変えられる。守備力のある二塁手として、ゴールドグラブ賞を受賞したこともある。[▼2] それだけに、送球の悪さに悩まされる彼を見るのは、とてもつらかった。はっきりいってしまえば、チャックはイップスにかかってしまったのだ――イップスというのは、それまでふつうにできていた単純なプレーが、突然できなくなってしまう運動障害だ。投手なら、ストライクゾーンに球が入らなくなり、捕手なら、投手にまともに返球できなくなる。一塁に送球できなくなる投手もいる。二塁手のチャックの場合は、すぐ近くの一塁への送球ができなくなった。ダイビングキャッチして、起きあがってすぐ投げるような場合は、まったく問題ない。ところが、ちょっと考える余裕があったりすると、イップスに襲われる。イップスに苦しむ選手がチームメイトにいるのは初めてで、目の当たりにすると本当にぞっとした。超一流のスポーツ選手がこの悪夢のような障害に冒され、精神をやられてしまい、華麗なプレーが鳴りを潜めてしまうのだ。その姿を見るのは――痛々しかった。最悪なのは――自尊心を傷つけられ、惨めな思いをするのはもちろんのこと

▼1　1995～96年。
▼2　1997年。この年がミネソタ・ツインズに在籍した最後のシーズン。

――野球をする楽しみをすべて奪いとられてしまうことだ。

ゴールドグラブ賞を受賞した年、チャックの失策数は一だった。ところが、翌年が十三、その翌年が二十六。二〇〇〇年のシーズン開幕当初、チャックの悪送球はあまり目立たなかったが、三対十二で敗れたヤンキー・スタジアムでのホワイトソックス戦で、いきなり再発した。一塁手ティノへ二度の悪送球。その後、確実に六―四―三のダブルプレーを取れる当たりで、デレクからのトスを受けてから、二塁に向かってグラブを出すティノへの送球が、五、六メートル逸れてしまう。観客からは容赦ないブーイングが起こった。その回が終わり、ダグアウトに駆けこんだチャックがミスターTと話をしたかと思うと、ベンチから消えたばかりじゃなく、球場からいなくなった。

単なるスランプや不運ではなく、心理的な障害で、チームメイトが目の前で苦しんでいるとき、どう声をかけていいのか、何をしてあげればいいのか、まったくわからない。自分の無力さを痛感する。明るく振る舞って、いつでもそばにいることをそれとなくわからせるくらいしかない。

チャックはなんとか耐え抜いて、シーズン終盤になるにつれ、調子がもどりはじめているように見えた。ただ終盤は、彼の障害よりチームの成績のほうが深刻だった。先発ロジャーがブルージェイズ打線を抑え、私が三十四個目のセーブを挙げて、貯金二十五の八十四勝五十九敗となった九月十三日以降、父の漁船の錆《さび》だらけの錨《いかり》が海中に沈んでいくときの勢い以上に、チームは一気に沈んでいった。

次の九試合で八敗、最後の十八試合で十五敗。三試合で三十五失点したこともあり、全敗した最後の七試合のスコアを合計すれば、十五対六十八。メジャーに新規加盟したチームでも、こんなひどい成績を残すのは珍しい。まして、私たちは二年連続のワールドシリーズ覇者だ。

それでもなんとか地区シリーズに進出し、オークランド・アスレチックスとぶつかることになったが、チームの誰もが首をひねった。私たちは本当に、過去二年のポストシーズンの二十五戦で二十二勝をあげた球団なのか？　本当に過去四年のワールドシリーズで三度の優勝を誇る球団なのか？

二週間以上、投げては打たれ、守ってはエラーをし、チャンスで打席に入ってもほとんど打てなかったチームじゃないのか？

先発ロジャーが六回を投げて四失点、私たちはオークランドでの初戦を落とした。一九九七年以降、チームが経験したことのない壁にぶち当たっていたのはまちがいない。第二戦の九回を必死に戦って勝利をもぎとれなかったら、かつてトーナメントを勝ち進んだ力はもうなくなってしまったということだ。今年の秋は、ナショナルリーグで戦っているメッツが、ニューヨークで優勝パレードをすることになるのかもしれない。

ミスターTほど勝負勘のある監督は少ない。だから、彼が第二戦のラインアップを変えてきたときも、いよいよ正気を失ったのだとは思わなかった。頭の切れる監督が、自慢の勘を働かせたのだ。一九九八年のパドレスとのワールドシリーズで、監督は鋭い嗅覚を働かせて、シーズン中ほとんど使ったことのないリッキー・レディを先発に起用し、レディは三試合で六安打を放った。ポストシーズンでは、ラミロ・メンドーサをロングリリーフ投手として使ったのも、監督の鋭い直感のなせる業《わざ》で、この采配も見事に成功した。

アスレチックスとの第二戦、悪送球の問題をかかえて指名打者になっていたチャック・ノブロックが先発からはずれ、グレナレン・ヒルが指名打者として先発起用された。腰痛に苦しんでいたポーリーを下位打線に移し、ホルへを二番打者に、その前を打つ一番打者にデレクを起用した。ヒルと二塁手ルイス・ソーホーが、ここぞという場面でヒットを打ち、二番打者のホルへは三度出塁した。先発のアンディが、七回三分の二を無失点と好投したところで、ミスターTは私をマウンドに上げた。私が四人の打者を打ちとり、チームは四対〇で勝利した。地区シリーズの対戦成績は一勝一敗のタイとなり、私たちはようやく勝利の味を思いだした。

舞台はヤンキー・スタジアムにもどった。エル・ドゥーケがティム・ハドソンに投げ勝ち、八回からマウンドに上がった私が無安打に抑えて、第三戦を四対二で勝利。リーグチャンピオンシップシリーズ進出まであと一勝となった。私は「第一戦を落としたものの、第四戦では、ロジャーがアスレチックス打線をぴしゃりと締めるさ」と金を賭けてもいいくらい確信していたが、実際にそんなことをしていたら、大損していたところだ。ロジャーは初回から、パナマ出身の指名打者オルメド・サエンスにスリーランホームランを打たれ、終わってみれば、一対十一の大敗だった。それから再びオークランドに場所を移した。チームは初回に打線が爆発して六得点、リードを守ったまま、私が最後の打者エリック・チャベスをファウルフライに打ちとって、ピネラ率いるマリナーズ[3]とのリーグチャンピオンシップシリーズに進出した。

マリナーズと対戦したのは五年前だ。あの年、私は打者を圧倒できる投手としてようやく認められるようになった。一度、突破口が開けると、よそのチームからの受けとめられ方が変わるし、同時に自分自身の受けとめ方も変わる。通用するだろうと思ってはいた。だが、シリーズの行方を左右する大事な場面で、マイク・ブロワーズを三振に切ってとってマウンドを下りたとき、初

▼3　この年のマリナーズは佐々木主浩がルーキーイヤーのMLB記録（当時）となる37セーブをあげ、アメリカンリーグの新人王に輝いている。

めてそれが強い確信となった。

リーグ優勝を目指してマリナーズと六試合を戦うなかで、今まで見たことがないようなすばらしいピッチングを見せたのが、第四戦に登板したロジャー・クレメンスだ。被安打一、奪三振十五。その一本のヒット――アル・マーティンの二塁打――も、七回に入ってのものだ。ロジャーはそのあと、アレックス・ロドリゲス、エドガー・マルティネス、マイク・キャメロンを三振に切ってとった。単にマリナーズ打線を抑えただけじゃない。打者を手玉に取り、ここぞという試合で相手打線をねじふせたのだ。ロジャーの活躍で、チームは三勝一敗の王手。そして第六戦、シリーズの最優秀選手に選ばれたデイヴィッド・ジャスティスの特大ホームランなどで、七回に六点を追加して九対四とリード。その後、九対五と一点返された八回、私がマウンドに上がった。二点を許し、九対七と点差をつめられて迎えた九回、五球で打者二人を打ちとったものの、アレックス・ロドリゲスが内野安打で出塁した。これはまずい。

次の打者は、私が最も苦手とするエドガー・マルティネスだ。

ストライクを一球投げ、もう一度ストライクを取りにいった。内角を攻めれば、得意の流し打ちはできても、強振はできないはずだ。内角をえぐるカットボールがエドガーの手元で、鋭く曲がる。エドガーがバットを振ったが、当たりは弱く、ショートゴロだ。デレクが打球をすくいあげ、一塁手のティノに送球した。

驚いた！

エドガー・マルティネスを打ちとったのだ。

その直後、ホルへが抱きついてきた。そこにデレクも駆けつけて、うれしそうに体当たりしてきた。

「エドガー・マルティネスを内野ゴロだ」デレクがいった。

「次はメッツだ！」観客が一斉に叫びだした。ファンが望むなら、私たちも望むところだ。ワールドシリーズが、ニューヨーク市内の二チームがぶつかるサブウェイシリーズとなるのは、一九五六年以来だった。▼4

▼4　1956年のワールドシリーズは、ニューヨーク・ヤンキース対ブルックリン・ドジャース（現ロサンゼルス・ドジャース）。当時ドジャースはニューヨークを本拠地としていた。

第10章 ニューヨーク、ニューヨーク

同じニューヨーク市のヤンキースファンとメッツファンの激しいライバル意識は、私には思いもよらないものだった。私はそういう環境で育っていない。漁船の乗組員の半分がメッツの帽子をかぶり、もう半分がヤンキースの帽子をかぶっていたなんてことはなかったし、キース・ヘルナンデスとドン・マッティングリーのどっちがいい選手か議論を戦わせる人々もいなかった。

だが、三度経験した今までのワールドシリーズとは、まったくちがうシリーズになりそうなことは、すぐに察しがついた。先に四勝するという目標は変わらないし、次々にアウトを取るという私の姿勢も変わらない。私は興奮してわれを忘れたり、スーパーボウルのような熱狂に浮かれたりするタイプじゃない。

それでも――

飛行機での移動がなく（すばらしい）、自宅のベッドでゆっくり眠って、毎朝、家族といっしょに目ざめる（じつにすばらしい）ワールドシリーズであり、数えきれないほどの記者に囲まれ、往年のヤンキースとドジャースの記録フィルムが脳裏をよぎるワールドシリーズとなれば、まった

くちがう。そんなふうにも思った。

レギュラーシーズンの終盤、チームはさんざんな成績だったが、プレーオフに入ってから最初の二つのラウンドで、チームにも勝てそうな兆しが見えてきた。私たちのやる気をそぐ人がいるかもしれない。私たちをこき下ろす人がいるかもしれない。ヤンキースはもう落ち目だと思う人がいるかもしれない。だが、おぼえておいてくれ。必ず劣勢を挽回して、最後まで戦い抜いてみせる。

それだけじゃなく、私たちが思いあがったりしないことも、ニューヨーク・ヤンキースだから勝つのは当然だと思ったりしないことも忘れてはいけない。そう思えるのは、すべてミスターTとチームスタッフのおかげだ。自分たちの力を強く信じ、それでいて慢心はしないチーム文化を作りあげてくれた。傍目《はため》にはわからないだろうが、私たちは一歩まちがえば慢心に陥ってしまいかねない細い道を歩んできた。マウンドに上がった私が「こんな打者に打たれるわけがない。私がマリアノ・リベラだ」と頭のなかでつぶやいたことは……

一度もない。

打席に迎える選手は錚々《そうそう》たるメンバーだ。マイク・ピアッツァ、ババ・トランメル、ベニー・アグバヤニ、全員メジャーで活躍する強打者だ。こちらも必死に抑えようとするが、むこうも必死に打とうとする。それを甘く見てはいけない。エドガー・マルティネスであろうと、私の球を一度も前に飛ばしたことのない打者であろうと、どんな打者にも私は敬意を払う。

ワールドシリーズが開幕した。第一戦の舞台は、ヤンキー・スタジアム。メッツの先発は、私が尊敬する――アル・ライター。歴戦の闘士だ。一九九七年のワールドシリーズでは、フロリダ・マーリンズの先発投手として、第七戦の六イニングを危なげなく投げ抜いた。ライターとアンディが五回まで無失点で抑え、六回、シーズン終盤にメッツの得点に大いに貢献した強打者で、足の速い外野手ティモ・ペレスが、センター前ヒットで出塁。

私はまだクラブハウスにいて、ジーノのマッサージを受けながら、テレビで試合を見ていた。ブルペンに向かおうとしたとき、トッド・ジールが二死からレフトに大きな当たりを放った。ホームランかと思ったが、ほんのわずかに届かず、打球はフェンスの縁にぶつかって、跳ね返った。

左翼手デイヴィッド・ジャスティスが、ウォーニングゾーンに転がったボールを拾って、中継に入ったデレクに送球。デレクがレフト線のライン際でボールを受け、中継に入った勢いが止まらずファウルグラウンドにバランスをくずしながらも、ホルへにジャンピングスロー。ホルへはホームベースをブロックしながら、ペレスにタッチした。

「ジーノ、今の見たか？　すごい！」私は大声をあげた。「いいぞ！」

デレクの送球は見事だった。バランスをくずしながらのスローイングだったから、なおさらだ。たしかに、ペレスの走塁はまずかった。彼はスタンドに入るものと思いこみ、二塁ベースをゆっくりとまわっていたのだ。もう少し速く走っていたら、一点入っていたかもしれない。

六回裏、こちらはジャスティスの二塁打で二点が入り、残り三イニングを抑えれば逃げきれると思ったが、メッツも簡単にはあきらめない。代打トランメルが二点タイムリー。アンディに代わってジェフ・ネルソンがマウンドに上がったが、エドガルド・アルフォンゾのぼてぼてのサードゴロの隙に、さらに一点追加された。

ブルペンに出ていた私は、内線が鳴るのを待った。せりふはいつも同じだ。

モーの準備を。

すぐに内線が鳴り、ブルペンコーチのトニー・クロニンジャーが受話器を取った。

「モー」トニーがいった。

それだけきけば充分だ。私はウォーミングアップを始めた。重いトレーニングボールを持ち、腰を曲げて肩を回す。そのあとは、ブルペン捕手マイク・ボルゼロといつもの調整だ。マイクがベースの後ろに立つと、三球だけ軽くキャッチボールをしてから、しゃがんでくれと合図する。それから、右打者の内角を攻めるように五、六球、そのあと左打者の内角をえぐるように五、六球投げて、また右打者の内角に投げこむ。十五球ほどで体が温まると、試合を見守った。

私は九回からマウンドに上がった。最初の打者ジェイ・ペイトンをライトフライに打ちとり、次のトッド・プラットにデッドボール、そしてカート・アボットに二塁打を浴びてピンチを招いたところで、打席にはペレス。三振か内野ゴロに打ちとりたいところだ。カウント一—二から、内角ぎりぎりのカットボールでペレスをセカンドゴロに打ちとり、二死。次の手強い打者アルフォンゾは、三振に切ってとった。

九回裏、同点に追いつくか、できれば逆転したい最後の攻撃。相手投手はクローザーのアーマンド・ベニテスで、メッツは当然、試合を締めにきた。ホルへは七球粘ったが、大きなセンターフライに倒れ、ポーリーが打席に入る。ポーリーは、このところあまり当たっていない。三十七歳になり、腰を痛めてスランプが続いているが、あきらめずに何かとんでもないことをしでかす男がいるとしたら、ポーリーくらいだ。カウント一—二、ベニテスにあっさり追いこまれた。巨体から凄まじい豪速球を投げこんでくるベニテスは、百五十キロ台後半の速球で攻め、ポーリーはなんとかバットにボールを当てて、ファウルで粘った。ファウルが二本続いたあと、ベニテスの投球が逸れてカウント二―二、再びはずれて三―二になった。相手もプレッシャーを感じている。ポーリーがまたストライクの球をファウルで二球粘り、スタンドがどよめきだす。ベニテスは苛立ちを募らせた。

十球目、ベニテスの投球が外角にはずれると、ポーリーはバットを放った。しぶとくフォアボールで出塁した。見ていて背筋がぞくぞくした。スタジアムが盛りあがった。ブロシアスに代わって打席に立ったルイス・ポロニアがライト前ヒット、次のホセ・ビスカイーノがレフト前ヒットで続いたが、当たりが浅く、ポーリーは生還できない。そのあと、ノブロックのレフトへの犠牲フライでポーリーがホームに還り、同点に追いついた。

十回表、私はピアッツァとジールを三振に切ってとり、ロビン・ベンチュラを外野フライに打ちとった。私に代わって十一回からマウンドに上がったマイク・スタントンが二イニングをぴしゃりと締め、第一戦は十二回裏に入った。午前一時になろうかという時刻で、試合開始から四時間半がたっていた。

ここで勝てば、粘り強く勝ちを取りにいけるチームになる。

タイミングを見て、ダグアウトで声をあげた。私が声をあげるのは本当に大事な場面、大事な試合のときだけだ。まさにこのときのように。

「さあ、いよいよだ」ダグアウトをいったりきたりしながら、私はいった。「さっさと決着をつけよう」

一人倒れたあと、ティノが相手投手ターク・ウェンデルからヒットを放って出塁し、次のホルへが二塁打。メッツはポーリーを敬遠で歩かせて塁を埋め、本塁でのフォースアウトを狙ってきた。次のルイス・ソーホーがファウルフライに倒れ、ビスカイーノに打順がまわってきた。この試合、すでに二安打を放っている。ミスターTの勘がまた的中した（これまでソーホーがほぼ全試合で二塁手を務めてきたが、メッツの先発がライターだったことから、ミスターTは成績を考慮してビスカイーノを二塁手に起用していた）。

ビスカイーノは、ウェンデルの初球を叩いた。打球はレフト前へ。ティノが生還。ビスカイーノは一塁ベースを蹴って飛び跳ねた。日付が変わった日曜日の午前一時四分のことだった。ビスは、ダグアウトから飛びだした私たちにもみくちゃにされた。チームが第一戦を勝ちとれたのは、デレクのすばらしい中継プレー、ポーリーが十球粘って選んだフォアボール、そして、メジャー七球団を渡り歩いてきたドミニカ出身の、熟練の仕事人ビスが叩きだした三安打のおかげだ。

ビスはチャンスをものにした。勝ち方を知っていたのだ。

ビスのサヨナラヒットで勝利した十九時間後の一回裏、私はトレーナールームのバスタブの熱い湯につかっていた。浴室にテレビはないが、ロジャー・クレメンスが三番目に対決するのがマイク・ピアッツァであることは知っていた。メディアの話題を鵜呑みにするなら、二人の対決はモハメド・アリ対ジョー・フレイジャー以来の世紀の対決らしい。私は、メディアが騒ぎたてることを真に受けたりはしないのだが、どんな対決になるかは気になっていた。六月上旬、インターリーグ（交流戦）でメッツと対戦したとき、ピアッツァはロジャーから満塁ホームランを放った。七月上旬の対戦では、ロジャーはピアッツァの頭にボールをぶつけている。ロジャーがどういうつもりでぶつけたのか、私にはわからない。彼とそのことについて話はしなかったが、ロジャーがピアッツァにかなり打ちこまれていたのは知っている。マイク・ピアッツァの頭にボールをぶつけた日、ロジャーがどんな心境だったかは、彼と神のみが知るところだ。私は打者の頭にボールをぶつけたことは一度もないし、ぶつけようと思ったこともない。頭を狙って投げたりはしない。打者相手にデッドボールぎりぎりの球を投げて、相手をびびらせるくらいのことはするが、相手の体や選手生活、ましてや命を脅かすような真似は絶対にしてはいけない。たしかに容赦のない危険球をぶつけることは昔からあった。しかし、打者の頭を狙って百六十キロ近い速球を投げるなんて、今でも昔でも卑劣なことに変わりはない。打者も人の子だ。誰かの夫かもしれない、子を持つ父親かもしれない。それは否定できないし、無視することもできない。誰にも負けないほどの闘争心をむきだしにして打者と戦ってもいいが、それはフェアプレーの範囲内での話だ。打者の頭を狙うのは、フェアじゃない。

バスタブからあがると、ロジャー対ピアッツァの対戦は終わっていたので、すぐにVTRを再生した。ロジャーがあっさりストライクを二つ取り、三球目の速球を内角に投げる。ピアッツァが打ちにいった瞬間、バットが折れ、その先端がマウンドのほうに跳ねてきた。打球はファウルになったが、ピアッツァはとっさに一塁へ走りだした。ロジャーが飛んできたバットを拾って、ピアッツァめがけて放り投げた。それが地面に当たって跳ねあがり、鋭い棘《とげ》になったバットの先がピアッツァの足元をかすめた。

「どういうつもりだ？」ピアッツァがいいながら、マウンドのほうに向かう。何がどうなっているのか、ロジャーがどうしてあんなことをしたのか、さっぱりわからなかったが、人はかっとなるとあんなことをしてしまうのかと、私は唖然とした。ロジャーはいつも闘争心むきだしだ。あのとき何を考えていたのか、私はロジャーにきいていない。私以外の全員がたずねていたからだ。

　メッツの先発マイク・ハンプトンは、立ちあがりにコントロールが定まらず、私たちは初回に二点を挙げ、二回には、先頭打者のブロシアスがレフトスタンドにホームランを放った。チームはその後のイニングで三点を追加することになるのだが、クラブハウスにいた私はジョージ・スタインブレナーにばったり出くわした。当時、私はもう三十歳を過ぎていたのに、彼はいつも私に「おい、おまえ《キッド》」と声をかけてきた。

　こっちが声をかけるときは、ミスター・ジョージだ。

「おい、おまえ《キッド》、ホットドッグを食べるか？　用意させるぞ」

「いえ、結構です。腹は減ってないので」

「いらないのか？」

「ええ、ミスター・ジョージ。ありがとうございます」

「おい、おまえ《キッド》、おれたちは優勝するかな？　どうだ？」

「優勝しますよ。ミスター・ジョージ、賭けてもいい。優勝したら、妻と子どもを連れてパナマに帰省するとき、お宅の自家用ジェット機に乗せてください。優勝できなかったら、好きなレストランで夕食をご馳走します」

「いいだろう」

　ミスター・ジョージが立ち去ると、私はブルペンに向かった。ロジャーが八イニングを無失点に抑え、六対〇とリードして九回に入った。この試合は楽勝だと思っていたが、そうはいかなかった。ネルソンがピアッツァにツーランホームランを浴び、次の打者にヒットを許す。そこから私がマウンドに上がった。守備固めでレフトの守備についたクレイ・ベリンジャーが、あと数センチでホームランになっていたトッド・ジールの大きな当たりを落ちついて捕球し、私の失投を救ってくれた。次のアグバヤニにヒットを打たれたが、その後、レニー・ハリスの内野ゴロで三塁走者を刺した。二死となり、あとストライク二つで試合終了と思った矢先、メッツの中堅手ペイトンに投げた外角のカットボールを流し打ちされ、ライトスタンドに運ばれた。

一気に六対五と点差がつまり、スタジアムじゅうに不穏な雰囲気が漂いはじめた。カート・アボットが打席に立つ。彼には第一戦で二塁打を打たれている。私は頭のなかでつぶやいた。

この打者で試合を絶対に終わらせる。

惨めなイニングは大嫌いなのに、すでにとんでもないことになってしまった。カウント〇―二と追いこんで、カットボールを投げた。狙いすましたコース、内角のやや高めだ。アボットは見送り、球審チャーリー・レリフォードが三つ目のストライクをコールした。アボットがすぐさま球審に食ってかかるのを尻目に、私は、駆けよってきたホルヘと握手した。五万六千人のファンがほっと息をついた。その後、引退するまで、ポストシーズンで延べ三百人以上の打者と対決しているが、ペイトンのあとは誰にもホームランを許していない。

次の日は移動日で、トライボロ橋を渡ってクイーンズ区へ。一点差のゲームを二つ落としたメッツが、ホームのシェイ・スタジアムにもどってきた。ラガーディア空港に離着陸する旅客機が頭上を行き来する、海辺の球場だ。大勢のヤンキースファンがシェイ・スタジアムに駆けつけたことに驚いたが、その観客をしても、エル・ドゥーケを打ちくずすメッツ打線は止められなかった。第三戦は、リック・リードが先発したメッツが四対二で勝利した。それでも、エル・ドゥーケは立ちあがりの二イニングでの六個の三振にはじまり、七回三分の一を投げて十二個の三振を奪った。

一番打者の得点力があまりに貧弱なため（過去三試合での全十二得点中、〇点）、ミスターTは第四戦の一番打者をデレクにした。メッツの先発投手はボビー・ジョーンズ。デレクはその初球をシェイ・スタジアムの右中間スタンドに運んだ。十得点に匹敵するソロホームランで、メッツの出端《でばな》を挫いた。デレクは絶好調で、期待される場面で必ず結果を出してくれた。ジョーンズの投球がまだ落ちつかない序盤のうちに、私たちはさらに二点を追加したが、こちらの先発デニー・ネーゲルがピアッツァにツーランホームランを浴びて、三対二と一点差につめよられた。五回二死、走者なしの場面で、再びピアッツァが打席に立った。ネーゲルは、勝利投手の権利を得る五イニングの投球まで、あとアウト一つ。ミスターTはマウンドに出てネーゲルを降板させると、デイヴィッド・コーンをマウンドに上げた。ミスターTはミスターTと目を合わせようとしなかった。三十七歳のコーンは、世間から忘れられた元エース投手だ。このときの彼は、長い現役生活のなかでも絶不調でシーズン開幕から苦しみ、レギュラーシーズンは四勝十四敗、防御率は六・九一に終わった。この年のワールドシリーズでは、まだ一球も投げていない。

これもまたミスターTの勝負勘だった……デイヴィッドならピアッツァを打ちとれる。カウント一―二と追いこんで、デイヴィッドは鋭いスライダーを投げ、ピアッツァをセカンドフライに打ちとった。

ジーノとクラブハウスにいた私は、監督の采配の妙にただ驚いていた。

私はブルペンで黙々とボールを投げて肩を温め、八回と九回のマウンドに上がった。ポーリーが、八回の先頭打者アルフォンゾの取りにくいライナーをうまく捕球し、私は次のピアッツァを内野ゴロに打ちとったあと、ジールにヒットを打たれた。それでも、ロビン・ベンチュラを内野フライに打ちとってピンチを切り抜け、九回もあっさりと打者二人を打ちとった。

次の打者はマット・フランコ。前年、彼にはサヨナラヒットを打たれている。初球はボール。二球目がファウルになって、カウントは一―一。ホルへも私も、フランコが内角のカットボールを待っているのがわかった。内角の球を弾き返そうと、ホームベースから離れて立っている。

ホルへが目配せしてきた。

わかってるよな？　彼の目がそういっている。

もちろん。私はうなずいて、外角すれすれに速球を投げた。フランコは振ってこない。カウントは一―二。フランコの狙い球はカットボールだ。ホルへも確信した。もう一球、外角低めに速球を投げこんだ。

フランコはまた見送った。

試合終了。

四試合を終え、私たちの総得点が十五点、メッツが十四点。一つのプレー、一つの投球で、どの試合も展開がころころ変わった。こういう展開は嫌いじゃない。第五戦で一気に決めてしまおう。両チームの先発投手は第一戦と同じ、ライターとアンディ。

このシリーズで十六打数無安打と不振に喘《あえ》ぐバーニーが、二回にホームランを放ち、そのお返しとばかりに二回裏、メッツからツーランホームランを食らった。六回、デレクがライターに二球続けて速球で攻められたあと、二試合で二本目となるホームランを放ち、同点に追いついた。アンディとライター、二人の左腕はどちらも一歩も譲らない快投を見せ、八回はアンディに代わってマイク・スタントンが継投、ライターは九回のマウンドにも上がり、三振を二つ奪った。

ライターの球数が百四十近くになってきたとき、チーム随一の選球眼を誇るホルヘが、第一戦の九回のポーリーのようにファウルで粘り、九球目でついにフォアボールを選んで塁に出た。次のブロシアスがレフト前ヒット。そして、このシリーズで決定的な仕事をしてきたルイス・ソーホーが初球を叩き、二遊間をしぶとく抜けるセンター前ヒット。ペイトンのバックホームの送球よりわずかに早くホルヘがホームインし、スライディングしたホルヘにボールが当たって横に逸れ、その隙にブロシアスも生還。

四対二となり、あとアウト三つ。マウンドで肩ならしの投球をしながら、心のなかでつぶやいた。初球から最高の球を投げよう。

代打ダリル・ハミルトンが打席に立った。初球は見逃しのストライク、二球目はファウルでツーストライク、三球目の高めのカットボールで空振り三振。次は左翼手アグバヤニ。打ちとるつもりが、私のコントロールミスで歩かせてしまう。失敗してしまったが、しかたない。気にしないようにしよう。次の打者アルフォンゾに集中する。カウント一―二と追いこんで、カットボールを投げた。アルフォンゾはライトに高く打ちあげ、ポーリーがなんなくキャッチした。

次はマイク・ピアッツァ、球界屈指の強打者だ。デレクとソーホーがマウンドに駆けよってきた。少し離れて立つソーホーの前で、デレクが声をかけてきた。

「ここは油断しないほうがいい。やつのこわさは知ってるよな。ボールを散らして、カットボールでなんとか打ちとってくれ」

デレクは私の脚をグラブで軽く叩くと、守備位置にもどった。私は右手に息を吹きつけた。ホルへのキャッチャーミットを見つめて、いつものトンネルのなかに身をおく。余計なことは考えるな。最高の球を投げるだけだ。

シンプルにいこう。

ピアッツァは流し打ちでもかなり飛ばす。外角を攻めるのはやめたほうがいい。初球は内角にカットボールで、ストライク。ホルへがまたミットを内角にかまえ、やや高めのボールを要求してきた。投球モーションに入り、カットボールを投げたが、狙いよりやや真ん中寄りの甘いコースに入ってしまう。ピアッツァが強打して、打球がセンターに飛んだ。私は振り返ってバーニーを見た。ゆっくりさがりながら、打球を追っている。フェンスの手前で、バーニーがボールをキャッチ。二〇〇〇年十月二十七日のちょうど深夜、バーニーはひざまずき、頭《こうべ》を垂れて祈りを捧げた。私は両手を突きあげて飛び跳ねた。ティノに抱きつかれ、チームメイトがマウンドに駆けよってくる。さっきまでの大勝負の張りつめた空気と緊張感が、一瞬のうちにパナマの太陽に照りつけられた水たまりのように消え、周りが歓喜につつまれた。それからしばらくして、シャンパンファイトが始まった。

ワールドシリーズを制覇した翌日、ミスター・ジョージの秘書から電話があった。

「おはようございます」秘書がいった。「スタインブレナー様からお電話を差しあげるようおおせつかりました。パナマへ帰省される準備はおすみですか?」

第⓫章

世界が変わった日

ボルチモアでの八回裏、ホームランが出れば同点という場面で、今季かぎりで長い現役生活を終える二十世紀の鉄人を打席に迎えた。二〇〇一年シーズンが開幕して、ひと月ほどたっていた。暑い夜で、私の好きなコンディションだった。相手はカル・リプケン・ジュニア。彼のいるオリオールズは五対七で負けている。私は彼をカウント一―二に追いこんだ。マウンドに上がってまだ数球しか投げていないが、気合は充分だ。三塁走者デライノ・デシールズをちらっと見て、百五十キロのカットボールを内角に投げこむ。デッドボールになりそうな、少なくとも背番号8のユニフォームをかすめてしまいそうな球筋だ。カルがボールをよけようと仰け反ったとき、ボールが鋭く左に曲がり、内角いっぱいに決まった。

球審チャーリー・レリフォードが、さっと右手を挙げた。カルはバットを下ろし、首を振りながら打席を出ていった。私はカムデン・ヤーズのマウンドを下りるとき、顔には出さなかったが、かなりの手応えを感じていた。カットボールがウィッフルボール[▼1]のように曲がるし、思いどおりのコースに決まる。

▼1　野球をもとにして1950年代に作られたスポーツ。ボールは穴のあいたプラスチック製で、空気抵抗により大きく変化する。

「あんなに曲がるカットボールは、絶対に打てないよ」試合が終わったあと、デレクが記者に話していた。

シーズン中、チームはアメリカンリーグ東地区でほぼ首位を走っていて、九月上旬にはヤンキー・スタジアムでレッドソックスに三連勝し、二位とのゲーム差が十三になった。レッドソックスとの連戦は、月曜日のナイターまでの四連戦の予定で、ロジャー・クレメンスが古巣相手に勝ち星を挙げ、二十勝一敗に成績を伸ばそうとしていた。大勢の観客とポストシーズン前の独特の雰囲気につつまれた試合が予想されたが、土砂降りの雨でスタジアムが使えず、試合は中止になった。

それが、九月十日。

翌朝には雨があがり、肌寒い秋晴れの空が広がっていた。登校日だったため、子どもたちといっしょに私も早起きして、歯磨きをしていたとき、たまたま遊びにきていた義理の母がとんでもない声をあげて私たちを呼んだ。

「クララ！　ピリ！　きて！　テレビを見て！」

階段を駆け下りてダイニングキッチンにいき、旅客機がワールド・トレード・センターに突っこんだというおそろしいニュースに耳をかたむけた。午前八時四十五分を少しまわっていた。くわしいことはほとんどわからないが、ビルの一棟から火の手が上がり、煙がもくもくと立ちのぼっている。いったい何が起こったのか、ビルで働く人たちが無事に逃げだせるのか、気になってならなかった。二機目の旅客機がもう一方のビルに激突したとき、ようやく事態がつかめてきた。

テロだ。

その後も痛ましい報道が続いた。旅客機が国防総省にも突っこみ、ユナイテッド航空九三便がペンシルヴェニア州郊外に墜落。あまりにおそろしい映像に頭がまともに働かなかった。その背後にある悪意は、なおさらわからない。私は犠牲者とその遺族のために祈りを捧げた。私たち家族の無事を、国中の人々の無事を祈った。ニューヨークの街は悲しみに沈み、私たちも不幸な事件に心を痛めた。そして一週間、メジャーリーグの全試合が中止になった。

私は自宅から一歩も出ずに、多くの犠牲者を出した一連の事件が明らかになっていくのをテレビで見ていた。何度も祈り、とにかくクララと子どもたちのそばにいたかった。試合再開に合わせてシカゴへ飛行機で移動するときは、球団のチャーター機だったから、とくにこわい思いはしないですんだ。乗り慣れたチャーター機で、私たちは次の試合に向かった（ただ、シーズン終了後、一般の旅客機でパナマに帰省するときは、いつも以上にこわかった）。

九月十八日、コミスキー・パークでの試合からシーズンが再開し、ホワイトソックスに十一対三で勝利、そこから敵地での連戦を経て、あのおそろしい事件以来初めて、ニューヨークでのホームゲームにもどってきた。午後、ニューヨーク市の消防署を訪問したロジャーが、ナイターに先発で登板。大勢の観客がつめかけ、犠牲者と命を落とした救急隊員の冥福を祈った。スタジアムは教会さながらで、今シーズン百五十試合目の節目の日というより、徹夜の祈りの会に集まっているかのようだった。デビルレイズには〇対四で敗れたが、その日、二位で追うレッドソックスも敗れたため、過去六年間で五度目のアメリカンリーグ東地区の優勝が決まった。ただ、シャンパンボトルのコルクを抜くことはなかった。私たちはニューヨーク・ヤンキースだ。ホームの街が大きな悲しみに傷ついていれば、私たちも同じだ。祝杯を挙げる気にはならなかった。

二〇〇一年のレギュラーシーズンでは九十五勝を挙げたが、アメリカンリーグ一位の球団の足元にも及ばない。シアトル・マリナーズは、一九九八年に私たちが挙げた勝利数をも上まわり、百十六勝四十六敗でシーズンを終えた。同地区二位で百二勝を挙げたオークランド・アスレチックスに十四ゲーム差という、とんでもない数字だ。

ワールドシリーズを三連覇している私たちが、アメリカンリーグ全体では三位。これを楽観視する人がいたら、その人は野球を知らない。アスレチックスをヤンキー・スタジムに迎えての地区シリーズ第一戦、こちらはマーク・マルダーに抑えられ、テレンス・ロングに二本、ジェイソン・ジアンビに一本のホームランを食らって三対五で完敗。第二戦は、相手先発ティム・ハドソンに完璧に抑えられて〇対二で敗れ、二勝リードされた。舞台は西海岸に移った。あと一敗すればポストシーズン敗退だ。チームの命運はマイク・ムッシーナの右腕に託された。ホームゲームで十七連勝中のアスレチックスは、十八勝目を狙って、二十二歳の左腕バリー・ジトを先発マウンドに上げた。四回まで両チームとも無得点。五回表、一死、カウント一—〇から、ホルへの放った打球がレフトフェンスを越え、一対〇とリード。私は、ベースをまわるホルへをほれぼれと眺めた。

どうしたら、いつもと変わらないプレーができるのか——どうしてあんなに試合に集中できるのか、不思議でならなかった。

ホルへの二歳の息子ホルへ・ジュニアは、頭蓋骨縫合早期癒合症という重い病気にかかっていた。頭蓋骨が通常よりも早い時期に癒合してしまい、脳や神経の発達に深刻な影響を及ぼす恐れがある病気だ。病状は日ごとに悪くなっていった。九月十日、ホルへの息子は八時間に及ぶ手術を受け、数週間後にさらに二時間以上の手術を受けていた。ホルへの息子は、しょっちゅう手術を受けているようだった。それでも、ホルへはこれまでと変わらないプレーで長いシーズンを乗りきり、オールスターにも選ばれた。打率二割七分七厘、二十二本塁打、九十五打点を記録し、そのうえ、投手陣をうまく引っぱってくれた。

「おまえみたいに精神力の強いやつは、見たことがない」私は彼にいった。「かわいい息子の無事を祈ってる。いつか息子がおまえを見て、自分の父親がものすごい男でよかったと思う日がくるさ」

一方、ムッシーナは無失点の好投を続け、六回にはジョニー・デイモン、ミゲル・テハダ、ジェイソン・ジアンビを三者凡退に抑えた。七回裏、ジャーメイン・ダイとエリック・チャベスをあっさり打ちとったが、次のジェレミー・ジアンビがライト前ヒット。さらにテレンス・ロングがカウント二─二から内角の球を一塁線に強打、打球は飛びついたティノのグラブをかすめて、ライト線のフェンス際に転がった。右翼手シェーン・スペンサーがボールを拾って送球したが、中継に入ったアルフォンソ・ソリアーノとティノの頭上を越える悪送球。そのあとのプレーは、私の目の前で起こった。ビジター用のブルペンは一塁側のファウルゾーンにあって、私たちはバス停から持ってきたような質素なベンチに身を寄せ合って座っていた。ジアンビが三塁ベースを蹴る。このままあっさり同点にされてしまうかに見えた。スペンサーの送球は、誰もいない一塁のライン際、ホームベースのはるか手前でワンバウンド。

そのとき、遊撃手のデレクが内野を走り抜けて、こっちに向かってきた。

一塁線のほうへ。

どうするつもりだ？　ライトからの中継プレーにデレクは関係ない。

デレクが一塁線に駆けてきて、ワンバウンドしたボールを追う。

そこでようやくぴんときた。

デレクが一塁線にたどりつく。ホームベースまで約五、六メートル。走りこみながら、バウンドしたボールをつかむと、ホルへにバックハンドで送球した。

ジアンビは、なぜかスライディングしないでホームに突っこんできた。

ホルへが反転して、ジアンビにタッチ。ホームインする寸前だった。

ジアンビはアウト。こちらは一対〇のリードを守りきった。デレクがガッツポーズを決める。ムッシーナも。私も思わずブルペンを飛びだして、ガッツポーズをしたい気分だった。ダグアウトにいたほとんどのチームメイトがグラウンドに出て、デレクのとっさのファインプレーに歓声を上げた。

　これほど機転のきいたファインプレーを、私は見たことがなかった。

　私は八回裏からマウンドに上がり、三人を無難に打ちとると、九回にクリーンアップとの対戦がまわってきた。まずはジェイソン・ジアンビ。前年のアメリカンリーグ最優秀選手で、ジェレミー・ジアンビの――私にいわせれば、偉大な――兄。そのジアンビをカウント一―〇から、セカンドゴロに打ちとって一死。次のジャーメイン・ダイに二塁打を許したあと、エリック・チャベスを三振に切ってとり、七回にホームにスライディングをしなかったジェレミーが打席に立った。カウント一―一から、彼をセカンドゴロに打ちとって、私たちはなんとか敗退を免れた。

第四戦では、エル・ドゥーケとバーニーがそれぞれすばらしいピッチングとバッティングを見せてくれた。バーニーは三安打五打点の活躍で、私たちはこの試合を九対二で制すると、翌日の第五戦に備えて、四千八百キロ離れたニューヨークにもどった。まだ一球も投げないうちから、街の雰囲気が九・一一以前とまったくちがうように思えた。言葉でいいあらわすのはむずかしいが、目に映るものすべてに熱がこもっているように見えた。異様に鮮やかで、なぜか、急きたてられるような——私たちに語りかける声が、街のいたるところからきこえてくるような気がした。

ついにこの日がきたな。おれたちもいっしょに戦おう。

ヤンキー・スタジアムは、いつも熱気に満ちている。だが、いつも以上のことを期待されているのがわかった。私たちの使命は、もう一度ワールドシリーズを制することだけじゃない。この街のために勝利するんだ、といわんばかりだった。

両チームの先発のロジャーもマーク・マルダーも好調とはいえなかったが、私たちはデレクの犠牲フライ、デイヴィッド・ジャスティスのホームランなどで、六回を終わって五対三とリードした。ラミロが七回を三者凡退に抑えたあと、残り六人の打者を打ちとる役目が私にまわってきた。八回の先頭打者ジェイソン・ジアンビにヒットで出塁されたが、エリック・チャベスの内野ゴロで、二塁でジアンビを封殺した。次のテレンス・ロングの打球は、三塁後方のスタンドのほうに上がった。ここでまたデレクが見せてくれた。打球を追いかけて低いフェンスからスタンドに身を乗りだし、見事にキャッチして客席に転がり落ちたのだ。デレクはボールをしっかりとつかんでいた。その後、ロン・ガントをサードゴロに打ちとって、八回を締めた。

九回、オルメド・サエンスをセカンドゴロに打ちとり、アスレチックスの捕手グレッグ・マイヤーズを三球三振に切ってとった。最後の打者、代打エリック・バーンズが打席に入ると、スタンドの観客が立ちあがった。バーンズが上体をかがめ、オープンスタンス気味にかまえる。カウント二―二、ホルへは内角にミットをかまえた。思いきり速球を投げこむ。バーンズのバットが空を切り、私は思わずジャンプしてくるりと一回転した。どうしてそんなことをしたのか、自分でもわからない。今までそんなことをしたおぼえはないし、それ以後もしたことはない。ホルへがガッツポーズをしながら飛び跳ね、私のもとに駆けよってきた。握手すると、首に腕を回してきた。ミスターTが、テロ事件以降、街の復興に熱心に取り組んでいるニューヨーク市長ルドルフ・ジュリアーニをグラウンドに連れてきた。この日の夜は、スタジアムにいろんな思いが満ち満ちて、息がつまりそうだった。私たちは強敵のアスレチックスに三連勝で逆転し、ちょっとやそっとのことではめげないニューヨーク魂を形にしてみせた。次の相手は、アメリカンリーグ最強のマリナーズだ。インディアンスに二勝一敗とリードされ、ファンをひやひやさせながらも、見事に勝ちあがってきた。

最初の二試合の舞台は敵地シアトル。望むところだ。マリナーズが手強いのは、よくわかっているし、今シーズンの彼らの成績には敬意を払うが、私たちはこれまで以上に、彼らと渡り合える自信があった。

第一戦で先発マウンドに上がったアンディは、またもや大事な試合で粘り強い好投を見せてくれた。三安打一失点に抑え、三振を七つ奪った。アンディのカーブは、初回から思いどおりのコースに決まっていた。そのうえ、こちらは二回、ノブロックのタイムリーヒットで先制し、四回には先頭打者ホルへが、マリナーズの先発アーロン・シーリーからライトフェンス直撃の大きな当たりを放った。ホルへはイチローの強肩を恐れず、一塁ベースをまわった。イチローの送球はすばらしかったが、ホルへはタッチをかいくぐり、二塁を陥れた。その直後、ポーリーがツーランホームランを放ち、アンディは三対一のリードを守って、八回のマウンドを下りた。

　九回、アルフォンソ・ソリアーノが相手リリーフ、ホセ・パニアグアの球をジャストミート。ホームラン級の当たりで、ソリはバットを高々と掲げ、打席に立ったまま打球を見送った。ところが、ボールはフェンスに当たり、ソリは慌てて一塁に走った。ミスターTは激怒した。ソリは才能のある若い打者だが、走塁もせずに自分のホームランボールをほれぼれと眺めるのが、ヤンキースの流儀じゃないことを知らなかったらしい。そのミスを挽回するかのように、彼は二塁に盗塁し、デイヴィッド・ジャスティスのタイムリーヒットで生還して、四対一とリードを広げた。

　私は九回のマウンドに上がった。一人打ちとったあと、バットをまるで魔法の杖のように使いこなすイチローに、レフト線への二塁打を許してしまう。イチローはアメリカンリーグの首位打者（三割五分〇厘）であり、二百四十二本ものヒットを放っている。この年のアメリカンリーグ最優秀選手となる、走攻守そろった天才プレーヤーだ▼2。次のスタン・ハビアーをピッチャーゴロに打ちとって、残りアウト一つ。ただ、ゴロの処理をしたとき、ひと月ほど前から違和感を感じていた足首を捻《ひね》ってしまった。次のブレット・ブーンへの初球がワイルドピッチとなり、イチローが三塁へ。三球目もまたワイルドピッチで、イチローがホームイン。それ以降、ポストシーズンでのワイルドピッチは一度もないが、このときはさすがにまずいと思った。ブーンをフォアボールで歩かせてしまう。見るからに制球力が落ちていた。オールスターゲーム以降、歩かせた打者は四人だけだ。そして、打席にエドガーを迎えた。一発出れば、同点だ。

▼2　この年マリナーズに加入したイチローは、首位打者とアメリカンリーグMVPのほか、盗塁王と新人王も獲得している。

初球にストライクを取り、二球目に投じた外角のカットボールをエドガーが引っかけてファーストゴロ。ティノがさばいて、私がベースカバーに入り、第一戦を取った。

アスレチックス戦で目のさめるような好投を見せたムッシーナは、第二戦では球の切れがよくなかったが、それでも初回から力のこもった投球を見せてくれた。こちらはブロシアスの二塁打で二点を追加し、序盤に三対〇とリードしたが、マリナーズ打線もこちらと同じ作戦を仕掛けてきた。相手投手の球数を増やす手だ。二回裏、ハビアーに九球目でしぶとくフォアボールを選ばれ、次のダン・ウィルソンが七球連続ファウルで粘ってヒットで出塁。ムースはそれでもうまくしのいでいたが、四回、ハビアーにツーランホームランを浴びて、一点差につめよられた。だがその後、ムースは粘り強く力投し、エドガーとマイク・キャメロンを三振に切ってとり、ジョン・オルルドを内野フライに打ちとって、六回でマウンドを下りた。同じ投手として、投球に理想どおりの切れがないときでも――懸命に投げて結果を残してくれるチームメイトの姿を見ることほど、いい刺激になるものはない。

ラミロが七回からリリーフに上がり、同点の走者をおいて二死としたところで、ミスターTが思いきった作戦に出た。次の打者イチローの敬遠を指示したのだ。本来、逆転される可能性のある走者を出してはいけない場面だが、それでも、イチローの打撃センスを考えれば、彼との勝負は危険だ。そして、次のマーク・マクレモアが力のないセカンドゴロに倒れ、ミスターTの読みどおりの結果になった。

八回、一人倒れ、エドガーが一塁に出塁したところで、私がマウンドに上がった。オルルドを内野ゴロに打ちとって二塁フォースアウト、キャメロンを三振に切ってとって八回を締め、そして九回は、最後の打者デイヴィッド・ベルを速球で三振に切ってとった。私たちは東海岸へもどり、ワールドシリーズ進出への折り返し地点にたどりついた。

第三戦は、エル・ドゥーケの調子が悪く、リリーフ陣もさんざんに打たれて、マリナーズに三対十四で完敗。ここまでの三戦、両チームとも敵地で勝利している。この流れを止めることができれば、セーフコ・フィールドにもどらなくてすむ。第四戦、こちらの先発はロジャー。昨シーズンのプレーオフでマリナーズと対戦したとき、ロジャーは十五個の三振を奪っている。マリナーズの先発はポール・アボット。レギュラーシーズンで十七勝していたが、地区シリーズでのインディアンス戦では、目も当てられないほど打たれまくった。コントロールがあまりよくない。

手足の長いアボットの登板は、評判どおりの乱調ぶりで、五イニングを投げて八人を歩かせた。ストライクが四十九球に対し、ボールが四十八球と多いが、それでも要所を締めて、五イニングで一本もヒットを許していない。

一方、ロジャーは膝裏に痛みをかかえながらも、五イニングを投げて許したヒットは一本、六回からはリリーフのラミロがマウンドに上がり、〇対〇のまま八回に入った。ラミロが二人打ちとって、三イニング目も無安打に抑えるかと思った矢先、ブレット・ブーンにチェンジアップをスタンドに運ばれた。マリナーズが一対〇とリード——二勝ずつのタイに持ちこまれるまで、あとアウト六つだけだ。

八回裏、左腕アーサー・ローズがマリナーズのブルペンからあらわれた。彼はほかのチームには強いが、どういうわけかヤンキースとは相性がよくない。一死、フルカウントからバーニーに対し、ローズは渾身の力をこめて、真ん中外寄りに速球を投げた。バーニーが重心を後ろにずらして、バットを振り抜いた。打球はライトに高々と上がり、ジャンプしたイチローのグラブをかすめて、スタンドに飛びこんだ。試合が振りだしにもどった。次にマウンドに上がるのは私だ。セーブを挙げるためじゃない。同点を守りきるための登板だ。

九回、先頭打者オルルドは、初球に手を出してファーストゴロ。ハビアーはセーフティーバントを試みるも、結果はセカンドゴロ。マウンドに上がって、二球で二人を打ちとった。三球目でキャメロンがファーストへのファウルフライ。マウンドにいたのは九十秒か、いや、もっと短かったかもしれない。驚いたのは、キャメロンが一球も見送らなかったことだ。「相手投手に、たった三球で終わるイニングを与えてはいけない」――野球規則のどこにも、そんなルールは書かれていないが、それは鉄則だろう。

もちろん、不満だったわけじゃない。

九回裏、マリナーズのクローザー、佐々木主浩がマウンドに上がった。先頭打者のシェーン・スペンサーがサードゴロに打ちとられたあと、ブロシアスが二遊間に弾き返した。遊撃手マクレモアがなんとかボールに追いつき、一塁に投げたがアウトにはできなかった。ソリアーノが打席に入る。佐々木はフォークボールを投げた。ソリアーノはどんな球でも打ちにいくタイプだが、この球には手を出さなかった。佐々木にしてみれば、ボールが先行するのは避けたいし、得点圏に逆転の走者は出したくない。次は速球できた。腰よりやや高め、コースはほぼど真ん中だ。前かがみのクローズドスタンスから、ソリアーノが強振した。右中間への大きな当たりだ。マイク・キャメロンがフェンスに登ったが、むだだ。メジャーデビューを果たしてまもないわれらがスター選手、レギュラーシーズンに十八本塁打、七十三打点を挙げたソリアーノが、試合を決めた。あと一勝でワールドシリーズ進出だ。スタジアムは熱狂の渦につつまれた。試合終盤に誰かが決定的なプレーをするたび、歓声はますます大きくなっていくようだった。

翌日の第五戦。私たちの合言葉は――さっさと決めてしまえ《ホワイ・ウェイト》。百十六勝も挙げたチームに、逆転のきっかけを与えたくなかった。マリナーズの先発はアーロン・シーリー。レンジャーズとマリナーズ、どちらのユニフォームを着ていても、ヤンキース戦では惨めなほど打たれている投手だ。シーリーは二イニングを無失点に抑えていたが、三回にヤンキース打線が爆発。バーニーのツーランホームランが飛びだして、一挙四得点のビッグイニングとなった。四回にはポーリーがホームラン。アンディの好投もあって、危なげない展開。さらに、マリナーズのリリーフ陣から四点を追加した。観客がマリナーズの選手たちに「評判倒れ！」と声をそろえて叫びだした。シアトルでの決戦を約束していたマリナーズの監督ルー・ピネラには「第六戦はないぞ！」

この手の野次は、昔から好きじゃない。うれしくてたまらないファンの気持ちはわかるが、相手を揶揄《やゆ》して何が楽しいのだろう？　そんなことをして気分が晴れるのか？　そんなことをされても、私たちの士気は上がらない。私はいつも思う……どうしてそんな野次を飛ばすのだろう？だが、くどくど説教するつもりはない。私はただ、この雰囲気を気持ちよく味わいたかった。再びワールドシリーズに進出し、四年連続のタイトルをニューヨークの街に持ち帰りたかった。

理由はわからないが、十二対三と九点もリードしているのに、ミスターTは私を最終回のマウンドに上げた。十二球目、マイク・キャメロンの打球はライトへの緩いライナー。終盤、ポーリーと交替したスペンサーが打球を追って、試合が終わった。あっというまにチームメイトがマウンドに駆けよってきた。まわりには、ピンストライプのユニフォームしか見えない。私たちはかわるがわる抱き合った。プレーオフの連戦で、私たちは今シーズン最強の二チームを撃破した。

あと四勝すればいい。

ワールドシリーズの開幕地はアリゾナ州フェニックス。右中間の外野席にプールがある球場だ。ひと泳ぎしたわけでもないのに、チームの打線は湿っていた。一回表、バーニー一人だけが気を吐いて、相手先発カート・シリングから二塁打を放ち、一点を先制する。初回に先制できたのはすばらしい。というのも、シリングとランディ・ジョンソンに、往年の名投手サンディ・コーファックスやドン・ドライズデイルの生き写しのようなピッチングをされると、こちらは手も足も出ない、というのが大方の見方だったからだ。

ただ、バーニーの二塁打のあと、ヤンキース打線は完全に沈黙。二回にブロシアスの二塁打、四回にホルへのシングルヒット、その夜、ヤンキース打線から快音がきけたのは、この三本だけだ。一方、相手先発シリングは七回を投げて八奪三振、ポストシーズンに入ってから負けなしの四勝目（ダイヤモンドバックスは、カージナルスとブレーブスを倒して、ナショナルリーグを制覇していた）を確実なものにして、マウンドを下りた。対するムッシーナは、ポストシーズンに入ってからのひと月、チーム内で最も信頼できる先発投手だったが、クレイグ・カウンセルとルイス・ゴンザレスにホームランを浴びるなどして、私たちは一対九の大敗で第一戦を落とした。

第二戦、ダイヤモンドバックスは、こちらの先発アンディに対して、ランディ・ジョンソンを当ててきた。まずいのは、ジョンソンがシリング以上に打ちづらい投手だということだ。彼はヤンキース打線を無得点、ヒット三本に抑え、十一個の三振を奪って完投した。七回、アンディがマット・ウィリアムズにスリーランホームランを打たれ、結果はダイヤモンドバックスが四対〇で勝利。相手投手はジョンソンだ。四十対〇の大差があるようなものだった。

ニューヨークにもどり、シリーズの行方――悲願の四年連続ワールドシリーズ制覇――はロジャーの右腕に託された。二回裏、ホルヘがダイヤモンドバックス左腕の先発ブライアン・アンダーソンからホームランを放ち、序盤でリードする。四回表、ロジャーは満塁のピンチをしのぎ、六回にも得点圏に二人の走者をおくが、マット・ウィリアムズに強打されたライナー性の当たりをシェーン・スペンサーがダイビングキャッチして、二失点のピンチをなんとか抑えきった。六回裏、こちらはブロシアスのタイムリーヒットで二対一とリードする。ロジャーは最後まで踏んばり、二つの空振り三振を奪って七回を三者凡退に抑えると、八回から私がマウンドに上がった。

八日ぶりの登板だったが、体は充分温まり、球威もあるし、変化球の切れもいい。セーフティーバントで揺さぶりをかけてきた先頭打者カウンセルをアウトにしたあと、スティーヴ・フィンリーとゴンザレスを三振に切ってとった。九回は、二人を三振に仕留めてから、最後の打者ウィリアムズを内野ゴロに打ちとって、試合を締めた。第四戦にシリングが再登板することを考えると、喉から手が出るほどほしい勝利だった。

そして第四戦、シリングは第一戦と同様、好調だったが、エル・ドゥーケも同じくらいの好投を見せた。一対一の同点で迎えた八回、マウンドにはリリーフ投手マイク・スタントン。ダイヤモンドバックスはゴンザレスのシングルヒット、指名打者エルビエル・デュラーゾの二塁打などで三対一とリードすると、八回裏から韓国出身のアンダースロー投手、金炳賢《キムビョンヒョン》をマウンドに上げた。金は鋭く落ちるシンカーと非常に打ちづらいサブマリン投法を武器に、プレーオフに入ってから無敵のピッチングを続けていた。彼はスペンサー、ブロシアス、ソリに対し、三人ともフルカウントから三振を奪った。

九回、ラミロが危なげなく三者凡退に切ってとり、いよいよヤンキース最後の攻撃。デレクがセーフティーバントを試みるも、三塁手ウィリアムズが一塁に送球してアウト。次のポーリーがレフト前ヒットで出塁し、バーニーが三球三振に倒れたあと、ティノが打席に立った。あとアウト一つで三勝一敗となり、王手をかけられてしまう。相手先発はランディ・ジョンソンかシリングだろう。勝つ可能性はなくはないが、きわめて低い。金が一塁走者ポーリーをちらっと見て、投球に入った。外寄りのベルトの高さ。引っぱれば、セカンドゴロか右中間への緩いフライだ。だが、ティノは引っぱらなかった。バットをうまく残し、金の頭上、センターへ弾き返した。打球はやや右中間寄りにぐんぐん伸びていく。フィンリーが必死に下がり、スパイダーマンのようにフェンスをよじ登ったが、打球はスタンドに入り、試合は振りだしにもどった。

十回表、私は打者三人をあっさり打ちとり、いざとなったら十一回も登板するつもりでマウンドを下りた。十回裏、先頭打者ブロシアスのレフト線への強烈な打球は三メートルほど左に逸れてファウル。次の球を思いきり強振したが、ライトフライに終わった。続くソリも果敢に打ちにいったが、レフトフライに倒れた。次の打者はデレクだ。デレクはこの四試合でヒットを一本しか打っておらず、ワールドシリーズでの打率は〇割六分七厘。時計が深夜をまわり、スコアボードの日付が十一月に変わった。レギュラーシーズンのスケジュールが九月十一日から一週間延びたため、MLB史上初めて十一月に行なわれた試合になった。デレクはカウント〇—二と追いこまれながらも、ファウルで粘った。トレードマークともいえる独特のスウィングで、ライト方向を狙っているようだ。

フルカウントから金が投じた球をデレクが捉えた。流し打ちで弾いた打球は、ライト線にぐんぐん伸びて……スタンドに飛びこんだ。デレクが腕を直角に曲げたガッツポーズ――これも彼のトレードマーク――を決め、スタジアムがどよめくなか、私たちはダグアウトを飛びだし、彼を迎えるためホームベースのまわりに集まった。

十一月一日、ワールドシリーズは二勝二敗のタイとなった。私は車で自宅に帰り、ベッドでぐっすり眠った。自宅で眠るのは格別だ。

第五戦、二度目の先発マウンドに上がったムッシーナは本来の調子を取りもどし、四回までダイヤモンドバックスを六奪三振、ヒット一本に抑えた。だが、こちらの打線も相手先発、ベテラン右腕のミゲル・バティスタにきっちり抑えられた。五回、ダイヤモンドバックスの先頭打者フィンリーの打球がフェンスを越え、この試合最初のホームランが飛びだす。その後、二人倒れて迎えた捕手ロッド・バラハスもホームランを放った。

試合が進むにつれ、バティスタは調子を上げていく。六回裏、私はブルペンに向かった。

かかってこい、ワールドシリーズに逆境はつきものだ。

ムッシーナは果敢に投げつづけ、八回表、走者を二人背負いながらも、ウィリアムズを内野フライに打ちとって、その日の仕事を見事に終えた。八回裏、私たちは走者を二人出したが、得点にはつながらず、九回からラミロがマウンドに上がった。私がブルペンでウォーミングアップを始めると、一塁側のスタンドやライトスタンドからファンの声援がきこえてきた。「ポール・オニール！　ポール・オニール！」この日は一晩中、ポーリーへの声援が止まなかった。延長に持ちこまないかぎり、ポールがヤンキー・スタジアムのライトの守備につくのは、この九回表で見納めになってしまう。ポールは今季かぎりでの引退をほのめかしていた。ファンの声援は、ブルペンにいる私たちをも圧倒するほどだ。その大合唱をきいて、鳥肌が立った。ポーリーはどうすればいいのか戸惑っているようで、グラブに唾をつけて、何もきこえないふうを装っていた。別れを惜しむ声援が、ポーリーにこんなに送られていて、私はうれしかった。ポーリーはそれにふさわしい男だ。

ラミロが九回表を打者三人で締め、私たちは前夜と同じ状況を迎えた。二点リードされて、マウンドには金炳賢。先頭打者ホルへがレフト線へ二塁打を放つも、後続のスペンサーが内野ゴロ、ノブロックが三振に倒れ、スコット・ブロシアスが打席に入った。初球はボール。金は二塁走者のホルへをちらっと見てから、セットポジションに入った。カウント一―〇からの二球目。ブロシアスがバットを振る。快音が響いた。打球はレフトスタンドに吸いこまれ、ブロシアスは右手を突きあげた。

こんなことがあるだろうか。

二日連続で、二点リードされた九回裏、二死からの最後の打者が、同点のツーランホームランを放ったのだ。ブロシアスがベースをまわるなか、金はまるで捕手のようにマウンドにしゃがみこんだ。バックスクリーンに映しだされた金は、今にも泣きだしそうな顔だ。ダイヤモンドバックスの監督ボブ・ブレンリーが出てきて、金をマウンドから連れ帰り、マイク・モーガンを登板させた。

延長十回、私は三人を簡単に打ちとったが、モーガンも十一回まで打者七人を無安打に抑えた。

私は十一回に二本のシングルヒットを許し、送りバントで二、三塁とされたあと、フィンリーを敬遠で歩かせた。満塁のピンチ。第六戦にジョンソンが登板することを考えると、絶対に追加点を与えたくない場面だ。次の打者レジー・サンダースを相手に必死に投げ、カウント〇―二に追いこむと、セカンドライナーで退けた。

その次の打者は、マーク・グレース。再びカウント〇―二に追いこんでから、三振を狙っていた私は考えを変えた。打たせて取ることにしよう。そして狙いどおり、彼をサードゴロに打ちとり、三塁でフォースアウトにしてマウンドを下りた。

試合はまだ終わっていない。スターリング・ヒッチコック（レギュラーシーズン中盤、彼はパドレスから古巣のヤンキースにもどっていた）が私のあとを継ぎ、十二回を無失点に抑えると、ダイヤモンドバックスのマウンドにはアルビー・ロペスが上がった。こちらの先頭打者ノブロックがセンター前ヒットで出塁、ブロシアスの送りバントで、ノブロックは二塁に進んだ。そして、ソリアーノが打席に立つ。カウント二―一からの打球がライト前に落ち、ノブロックが三塁ベースを蹴って、サヨナラのホームイン。私たちは三試合連続で一点差ゲームを制し、ホームスタジアムでの三戦を一つも落とさなかった。あと一勝すれば、四年連続のワールドシリーズ制覇だ。

ヴィクトリアナ・チャコン小学校、卒業の日。すっかり背が伸びて、得意気な私——握手しているのは、プエルト・カイミトのエウヘニオ・カスタニョン町長。

子どもの頃の夢は、パナマのペレになることだった。当時、18歳——このあと、目に大怪我を負って、サッカーを断念。

1991年11月9日、結婚式でのクララと私。彼女と結婚したのは、人生で最良の決断だ。

クララと二人で2日間の新婚旅行でパナマ市へ。このあと、インストラクショナル・リーグに参加するため、アメリカに出発する。

初めてパナマを離れる日——そして、初めて飛行機に乗る日。何食わぬ顔をしているが、内心は不安でいっぱいだ。パナマ市のトクメン国際空港で、両親との１枚。後ろにいるのは、いとこのアルベルト。クララが写真を撮ってくれた。

パナマ市のトクメン国際空港を歩く私。チケットを片手に、フライトがこわくてたまらないのを悟られないようにしながら、シーズン開幕に向けて出発するところ。

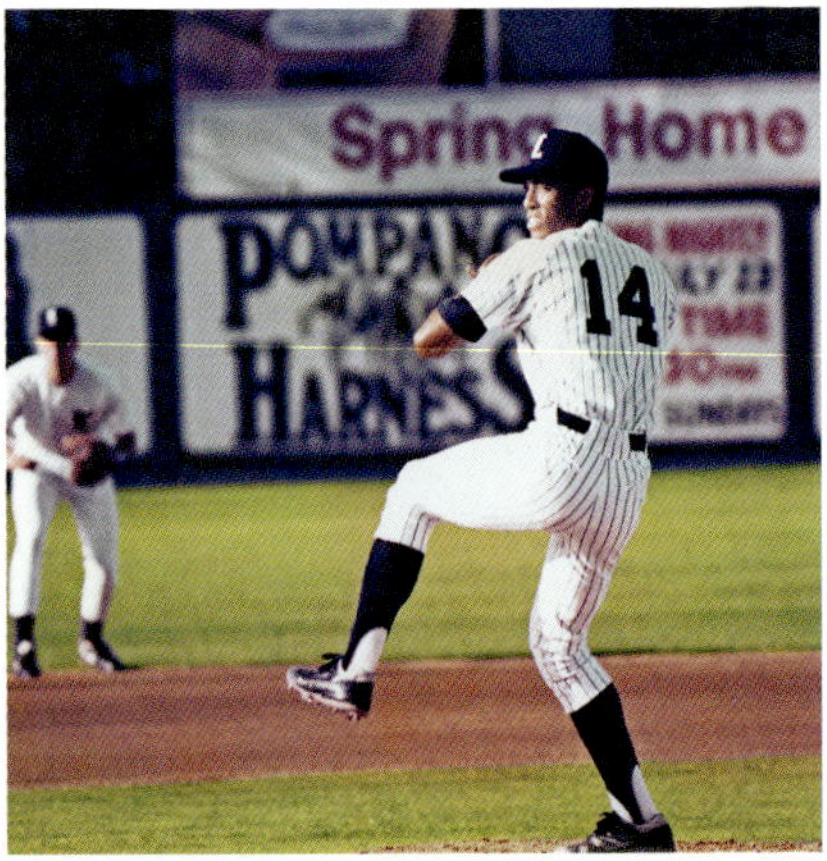

1992年、1Aのフォートローダーデール・ヤンキースで、先発投手として充実した1年を過ごした——が、このあと、肘を故障して、将来への期待が不安に変わってしまう。

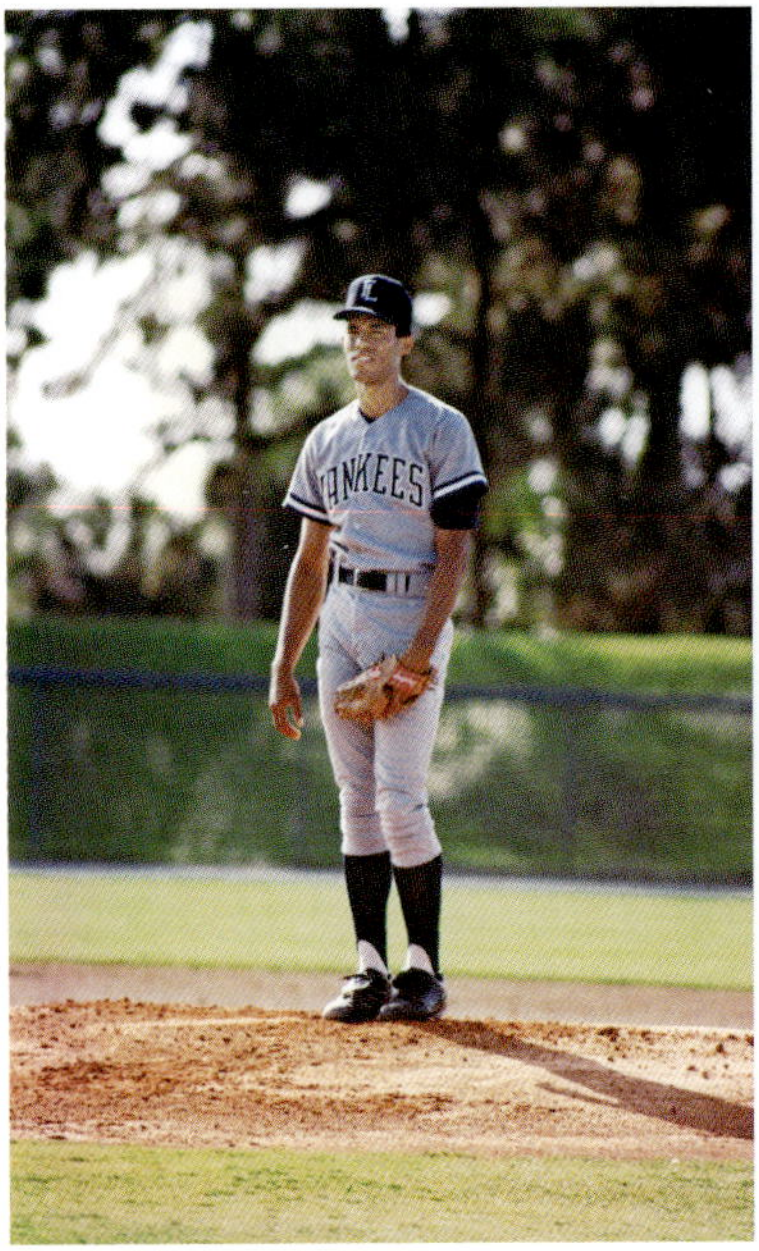

1999年、ブレーブスを相手に全勝し、4年間で3度目となるワールドシリーズ制覇。スコット・ブロシアス（左）とホルヘ・ポサダが飛びついてきた。（撮影：ジェイミー・スクワイア／Getty Images）

トレバー・ホフマンの記録を抜いて、メジャー最多記録となる通算602セーブを挙げ、ファンの声援に応える。（撮影：ロブ・トリンガリ／Getty Images）

カットボールを投げこむところ。

（撮影：ロナルド・C・モドラ／Sports Imagery／Getty Images）

最後の打者を打ちとるのは、決して楽じゃない。1998年のワールドシリーズで、マーク・スウィーニーを打ちとり、パドレスに4連勝した歓喜の瞬間。（撮影：ヴィンセント・ラフォーレ／Getty Images）

勝利の記憶は、決して色あせない。(Getty Images)

いつも変わらない投球モーションをくり返せることは、投手にとって計り知れない財産だ。現役最後の投球でも、私のモーションは変わらなかった。(撮影：ジム・マッキザック／Getty Images)

引退試合の9回、2アウトを取ったところで、昔からの戦友アンディ・ペティットとデレク・ジーターがマウンドにやってきた。私はアンディに抱きつき、顔をうずめて泣いた。長い現役生活中ずっと感情を抑えてきたが、このときは、抑えきれなかった。（撮影：アル・ベロ／Getty Images）

2013年9月26日の引退試合、スタンドの観客が立ちあがって声援を送り、タンパベイ・レイズの選手（私の後方）とヤンキースのチームメイトも立ちあがって拍手してくれるなか、私は現役最後のマウンドを下りた。感動的で、胸が熱くなる瞬間だった。（撮影：ジム・マッキザック／Getty Images）

第12章 トロフィー

私たちは第六戦に向けて、砂漠の広がるアリゾナにもどった。まるでサボテンの上に座ってしまったかのようなひどい夜になった。一九九六年、アンディは同じようにワールドシリーズ第六戦に登板し、期待どおりの実力を発揮してみせたが、この日、彼にその輝きはなく、攻撃陣も精彩を欠いていた。ダイヤモンドバックスは初回に一点を先制し、二回に三点、三回に八点、四回に三点を追加した。ダイヤモンドバックスの先発はランディ・ジョンソン。同点に持ちこむか、再び九回に飛びだすホームランで逆転勝利をおさめるか、はっきりいって、どちらも無理だ。

結果は二対十五の惨敗。ダイヤモンドバックスは二十二本のヒットを放った。ワールドシリーズ最初の四戦で放ったヤンキースの安打数よりも二本多い。その二十二本のうち十本は、一回三分の一を投げたロングリリーフ、ジェイ・ウィタジックからのものだ。私は彼の心中を察した。ワールドシリーズでの一度きりの登板で、彼の仕事は敗戦処理と、ほかの投手を休ませることだった。この試合は見るにたえないものだったが、それでも一敗したに過ぎない。私はこう考えることにした。

今年のワールドシリーズは、一回戦制だ。

第七戦の両チームの先発は、誰もが予想したとおり……球界屈指のエース、長身右腕の二人……カート・シリングとロジャー・クレメンスだ。レギュラーシーズンの二人の勝敗数を合計すると、四十二勝九敗。

楽勝とはいかないだろう。

ミスターTは、試合前のロッカールームで私たちにかける言葉を決めかねて、いいよどんだ。彼が、きみたちのことを誇りに思う、このチームのメンバーやスタッフのことは決して忘れない、と話したあとのことだ。

「あとは、きみから話してもらおう」ミスターTがジーン・モナハンにいった。「ここにいる連中にとって、きみ以上に尊敬できる人物はいない」

ジーノは、ジョークだと思って、にやっと笑った。

「本気だっていわれたときは、腰が抜けるかと思ったよ」あとでジーノがいっていた。

ミスターTの粋な思いつきだった。ジーノは私たちにとって、トレーナー以上の存在だ——私たちの体を癒し、肉体的にきつい長いシーズンを通して、私たちの面倒を見てくれる。それに、ジーノほどやさしく、度量の広い男にこれから先、会うことはないだろう。彼の心は与え、奉仕することでいっぱいだ。私たちが安心して、気持ちよくプレーできるように。ジーノはかけがえのない男だ。

打撃練習を終えて、グラウンドから引きあげてきた私たちは、ロッカールームに集まっていた。ミスターTが中央に進みでた。

「ジーノ、話してくれないか?」ミスターTがいった。

ジーノは一瞬ぎょっとした。**うそだろ、何を話せっていうんだ?** そんな顔だった。

彼はヤンキースで四十年を過ごしてきた。注目を浴びるのは、決して好きじゃない。だが、全員の注目が集まっている。ジーノはみんなの視線に誘われるように口を開いた。

「今夜、どんなことが起きようとも、われわれはここまで大変な一年を過ごしてきた。春季キャンプに始まり、九・一一の事件を経て、ポストシーズンのタフな二つのシリーズを勝ち抜いて……必死に戦ってきた。堂々と戦い、勝利を重ねてきた――われわれは本物のヤンキースだ。今年ほど自分がチームのスタッフであることを誇らしく思ったことはない。それくらい毎日の活躍はすばらしかった。今夜、球場でどんなことが起きようとも、われわれはこのクラブハウスにもどってくる。この一年、トップを走りつづけたわれわれのままで。どんなことが起きても、それは変わらない」

ジーノが口を閉じると、ロッカールームがしんと静まり返った。ベンチコーチ、ドン・ジマーのすすり泣きがきこえるだけだ。私たちの多くが、泣きそうになった。

私も少し話したくなった。

「この試合には勝つ。必要なのは、信頼すること。自分自身を信頼し、仲間を信頼しよう。私がここにいるのは、神のおかげだ。チームが再びここまでこられたのも、みんなでこの場に集まっているのも、すべて神の恩恵に預かっているからだ。どんな結果になっても、私は神を信じる」

私がいいたかったのは、神のご意志が私にセーブを挙げさせるだとか、神はダイヤモンドバックスじゃなく、ヤンキースに味方してくれるとか、そういうことじゃない。神はいつも私たちを見守っている、ということをいいたかったのだ。神の恩恵と慈悲は、計り知れない。私たちは死ぬまで、神の恩恵と慈悲によって見守られている。だから、恐れるものは何もない。どんな結果が出ても、それは神の決められたこと。私たちは神の腕に抱かれて生きている。そう信じているからこそ、私はこの瞬間を自由に生き、この瞬間にボールを投げられるのだ。

ロジャーもシリングも立ちあがりから絶好調だった。ロジャーは序盤の四イニングで八つの三振を奪い、シリングはいつにもまして切れがよく、六イニングを投げて、許したヒットは一本、八人の打者を三振に切ってとった。

六回裏のダイヤモンドバックスの攻撃、先頭打者フィンリーがセンター前に落ちるヒットで出塁すると、右翼手ダニー・バティスタが速球を弾き返し、打球は左中間を深々と破った。フィンリーがホームインして、この試合の先制点が入る。その直後、中継に入ったデレクがすばらしい送球で、三塁を狙ったバティスタを刺した。ロジャーが次の打者を打ちとって、試合は七回に入る。先頭のデレクがライト前ヒット、次のポーリーもセンター前ヒットで出塁。一人倒れたあと、ティノがライトへ痛烈なヒットを放ち、デレクが生還して同点に追いついた。次のスペンサーの当たりで二点が追加されるかと思ったが、右中間に飛んだ打球をフィンリーがキャッチして、私たちの攻撃は終わった。

試合は八回に入った。先頭打者ソリがカウント〇—二と追いこまれたあと、二球ファウルで粘る。そして、シリングが投げた低めのスプリット、ソリはその球を待っていた。すくいあげるように打った打球は、左中間のフェンスを越えた。バンク・ワン・ボールパークでリードするのは、第一戦の初回に先制して以来だ。ソリの打球がスタンドに飛びこんだ直後、ブルペンの内線が鳴った。

「モー、この回からだ」ブルペンコーチのリッチ・モンテレオーネがいった。

シリングのリリーフに上がったミゲル・バティスタとランディ・ジョンソン[▼1]が打者二人を打ちとって八回表を締め、私は八回裏のマウンドに上がった。先頭打者はルイス・ゴンザレス。私はマウンドの後ろに立ってボールを握りしめながら、目を閉じて祈った。

　主よ、私とチームメイトをお守りください。そして、自分の仕事を果たすため、力をお貸しください。いつもずっと私を見守ってくださるあなたに感謝します。アーメン。

　ゴンザレスを内角いっぱいのカットボールで三振に切ってとったあと、次のウィリアムズからは速球で三振を奪った。フィンリーにセンター前ヒットを打たれたが、外に逃げるカットボールでバティスタを三振に切ってとり、ダイヤモンドバックスの攻撃を食いとめた。

　ジョンソンは、バーニー、ティノ、ホルへを淡々と打ちとり、いよいよ九回裏。あとアウト三つ。三人打ちとれば、王座に輝く。四年連続のワールドシリーズ優勝というだけじゃない。ニューヨーク市に捧げる優勝だ。ホルへのキャッチャーミットに投げこむことだけを考えた。自分の仕事をまっとうする。一球一球カットボールを投げていく。

　さっさと三人を打ちとって、ここから引きあげよう。

　今まで感じたことがないような力がみなぎり、勝てる気がした。私にとって、五十二回目になるポストシーズンでの登板だ。二十三連続セーブを挙げ、ワールドシリーズ史上、防御率も最も低い。自惚《うぬぼ》れているわけじゃない。ただ、チームとして、立派に仕事を果たせるはずだと心から思えた。今まで見てきたどの球団よりも、すばらしい成績をあげてきたのだから。

▼1　前日に先発し、104球を投げて勝利投手になっている。

投球練習での球筋はいい。最高の球を投げることだけ考えた……最後のイニング、私はホルへと彼のミットしか見えないトンネルのなかに身をおいた。

先頭打者のベテラン一塁手マーク・グレースが、カウント一―〇から内角の球を打ってきた。バットを折りながら、センター前へのポテンヒットで出塁する。グレースの代走にデイヴィッド・デルーチが出てきた。彼の足を活かして、次の打者、捕手ダミアン・ミラーは送りバントだろう。バントのかまえからミラーが転がしたボールは、私のほぼ正面。二塁で楽にフォースアウトを取れる。素早くボールをつかんで、ベースカバーに入ったデレクに送球した。ところが、送球が右に逸れ、センターへ転がった。ヤンキースに入団して、二つ目のエラーだ。

簡単なプレーをしくじった。

私はマウンドにもどった。さっきまで葬儀場のように静かだったバンク・ワン・ボールパークが突然、唸《うな》るような歓声と熱気につつまれた。ミスターTがダグアウトから出てきて、内野手もマウンドに集まってきた。

「とにかくアウトを一つ取れ――確実にアウトを取るんだ」ミスターTの声がきこえたが、私はほかのことを考えていた。

次もバントでくる。まかせてくれ。バント処理をミスった私が、なんとかしてみせる。

代打のジェイ・ベルが打席に立った。投げる前、心のなかで前に突っこむ備えをした。ベルはバントがうまい。だが、うまく処理すれば、二人の走者の進塁を阻止できる。

ベルが初球をバント。勢いのある打球が、やや三塁寄りに転がる。よし、これはいける。私はボールを拾い、反転しながら三塁のスコット・ブロシアスに送球した。フォースアウト。スコットが三塁ベースから足を離し、ボールを握る。ベルはまだ一塁まで半分も走っていない。私は、スコットが一塁のティノへ送球するのを待った。まちがいなくダブルプレーだ。そうすれば、二死、走者二塁にできる。

ところが、スコットは送球しなかった。彼は強気で、抜け目がない。サードの守備も一流で、逆境にめげない選手だ。「確実にアウトを取れ」——監督にそういわれたから、投げなかったのか？　私にはわからなかった。だが、そんなことを気にしている場合じゃない。予想外のイニングになってしまった。だが、それも気にしていられない。いやなことは考えない。悪い予感を頭のなかに引きずったまま投げたりはしない。神は私にその能力を存分に授けてくれた。

一死で、走者一、二塁。次の打者を打ちとる。そのことにだけ集中した。次は——トニー・ウォマック。コンパクトなバッティングに定評のある遊撃手だ。そのウォマックが、左打席に立った。最高のカットボールを投げれば、打ちとれる。三振か、バットが折れて内野ゴロだ。初球はボール、二球目もボールでカウントを悪くする。コントロールがきかない。狙ったコースからボールがはずれてしまう。なんとか踏んばってカウント二—二とし、もう一球カットボールを投げた。だが、内角にあまく入ってしまい、ライト線に二塁打を打たれた。同点に追いつかれ、走者二、三塁。

ダイヤモンドバックスの勝利を期待して、スタンドの観客はもはや狂乱状態だ。その興奮をさらにあおっているのは、相手が強敵ヤンキースであり、おそらく彼らが無敵と考えているヤンキースのクローザーだからだ。

だが、そうはいかない。ここで屈するつもりはないし、あきらめるつもりもない。

絶対に。

次の打者はクレイグ・カウンセル。また左打者だ。カウント〇―一からの二球目、内角いっぱいのカットボールが相手の懐をえぐる。打ちにきたカウンセルがバットを止めた次の瞬間、彼の右手にボールが当たった。これで、すべての塁が埋まった。

私は深呼吸をした。

打順は一番にもどって、再びルイス・ゴンザレス。ダイヤモンドバックスの首位打者だ。このシリーズで対戦した前の二打席では、三振とぼてぼてのセカンドゴロに打ちとっている。ゴンザレスは左打席に入り、極端なほどのオープンスタンスでバットをかまえた。ミスターTの指示で、内野手はバックホーム態勢。ぼてぼての内野ゴロでワールドシリーズの決着がついてしまうのは、絶対に避けたい。ゴンザレスは、それまでうまくバットに当てることができていなかったため、少し短めにバットを握っている。あとで知ったのだが、この年、彼がバットを短く持ったのは、このときだけだったらしい。

いい球を投げて、アウトを一つ取る――それしか考えなかった。私は落ちついていたし、集中していた。打ちとる自信もあった。

ゴンザレスは初球のカットボールをファウル。私はセットポジションに入り、もう一球カットボールを投げた。いい球だ。ボールが相手の手元で鋭く曲がる。ゴンザレスがバットを振った。打球がショートへふらりと上がった。打球の軌道を見れば、落下点は土と芝生の境目あたり、デレクの後方だ。

まちがいない、そのへんにボールは落ちる。

デレクが本来の守備位置にいれば、ちょっと下がって簡単に捕球できる。だが、デレクは前進守備。

ボールは無情にも、内野の土の部分から数十センチのところにぽとりと落ち、ジェイ・ベルがホームインした。

もう投げる必要はない。

アリゾナ・ダイヤモンドバックスがワールドシリーズ王座に輝いた。

グラウンドをあとにする私のまわりに、ダイヤモンドバックスの選手たちが飛びだしてきた。私はショックでほとんど放心状態だった。こんな幕切れは、想像もしていなかった。

ダグアウトの階段を下りて、クラブハウスに向かった。ホルヘがやってきて、背中を叩いてなぐさめてくれた。たくさんのチームメイトが背中を叩いてくれた。ただ、何をいわれたのか、まったくおぼえていない。

その後、しばらくロッカーの前に座っていた。「何が起きたのかわからない」私はミスターTにいった。勝つのは自分たちだとばかり思っていた。勝利を信じていた。わからない。打ちくずされ、負けてしまった。だが、起きたことを直視しなければいけない。思いもよらない、とんでもない結果になってしまったが、起きたことすべてを直視しなければならない。

「どうしてこんなことになったのか、原因があるはずです。けど、その原因がわからない」

「私もわからんよ」ミスターTがいった。

記者からの質問にはすべて答え、自分の非を認めた。「そう、狙いどおりの球だった。いや、あんなふうにバント処理を失敗したおぼえは今までない。ええ、ゴンザレスを打たせて取ろうとしたけど、つまりながらも、持っていかれてしまった」私は落ちついて答えた。物を投げつけたり、蹴り飛ばしたりはしない。だが、試合終了後に、これほど落ちこんだことはそれまでになかった。全力を尽くした。それは、たしかだ。ただ、全力を尽くしても、どうにもならなかった。私のせいで負けてしまった。それが、つらかった。チームメイトにすべてを託されたのに、私はその期待に応えられなかった。

なぜかはわからない。原因はあるはずだが、さっぱり見当がつかない。

シャワーを浴びて着替えると、クララがクラブハウスの外で待っていた。キスをして、私をそっと抱きしめ、背中をさすってくれた。私をなぐさめるとき、いつもそうしてくれる。やさしく、そっとさすってくれる。言葉をかけてもらうより、ずっと気が楽になる。クララの手を取り、二人でバスに向かった。私は目に涙を浮かべていた。チームメイトがそばにいるのはわかっていたが、みんな私をそっとしておいてくれた。空港へ向かい、チャーター機に乗りこむと、クララと二人でいつもの二十九列目の座席についた。手に聖書があり、隣にクララがいる。私はひとことも口をきかず、クララも何もいわなかった。彼女はひたすら背中をさすってくれた。私は涙が止まらなかった。大陸を横断する機内で、私はずっと泣いていた。

子どもの頃からそうだったように、クララは私のすぐ隣にいてくれた。とことん落ちこみ、悲しみに暮れながらも、私は妻と、彼女の愛情のこもったやさしさに感謝した。私をつつみこんでくれる神の慈愛もありがたかった。ニューヨークに到着し、ウェストチェスターの自宅に帰るまでの車内でも、私たちはほとんどしゃべらなかった。自宅についたのは、朝の五時頃だ。

二階の寝室に向かった。寝室の前にやってくると、ドアの前に何かがおいてある。私はしゃがんで、それを手に取った。小さなトロフィーだ。高さが二十センチくらい、木製の台で、上部に野球選手を象《かたど》った金色の人形がついている。リトルリーグのトロフィー。持ち主は、八歳になったばかりの長男マリアノ・ジュニアだ。

私はトロフィーを握りしめた。笑みは浮かばなかったが、胸に熱いものがこみあげてきた。

第13章

計画

目の前のことに専念しようとしたが、二〇〇一年ワールドシリーズの記憶を拭い去ることはなかなかできなかった。どうしてあんなことになったのか、私はその答えを探していた。これといった理由もなく、ただの成り行きで物事が起こるとは思えない。すべての出来事は神のご意志によってなされ、神はそのすべてを見通す叡智を備えておられる、と私は信じていた。たとえ、私たちにはすぐにそれが理解できないとしても。

八日後の火曜日の朝、私なりの答えを見つけた。

用事があってヤンキー・スタジアムに立ちよったとき、ミスターTもスタジアムにきていた。会うのは、ワールドシリーズが終わって以来だ。

「モー、そういえば、どうしてあんなことになったのか、答えがわかったと思わないか?」ミスターTがいった。

「えっ、どういうことです?」

「知らないのか? 飛行機事故だ」そういって、ミスターTはニューヨーク発サント・ドミンゴ行きのアメリカン航空五八七便の話をしてくれた。その日の朝、ジョン・F・ケネディ国際空港を発った五八七便が墜落し、乗客乗員合わせて二百六十人全員が死亡した。

「それはひどい」

「ああ、ひどい話だ……大勢が亡くなった」

ミスターTのいいたいことがようやくわかった。私の親しい友人でチームメイトでもあるエンリケ・ウィルソンは、妻と子ども二人を連れて、五八七便に乗ることになっていた。けれど、ワールドシリーズ制覇を逃したため、優勝パレードも式典もなくなった。だから、エンリケたちは、別の便で先に帰省していた。ワールドシリーズの敗北が彼の命を、家族の命を救ったのだ。誤解しないでほしい。神がエンリケ・ウィルソンと彼の家族を大事にして、あの日亡くなった人々を蔑《ないがし》ろにした、というわけじゃない。エンリケ・ウィルソンの命が、あの事故で犠牲になった人々の命より価値があった、というわけでもない。あの日、神がなんらかの理由でご自身の計画どおりに事をなし、まだ神のもとへ招かれるときではないとエンリケにお告げになったのだ、といいたいだけだ。

さて、ここで問題だ。試合に負けるのと引き換えに、友人を亡くさずにすむとしたら？　私なら必ず、その取引に応じる。負けたのはつらかったが、同時に、私たちにはどうすることもできないことがあるのだと教えられた――祈ったからといって、望みが無条件に叶うわけじゃない。

祈りは、小銭を入れて（言葉を口にして）待っていれば、商品が出てくるような自動販売機とはちがう。「ワールドシリーズで優勝できますように」とか「次の健康診断で悪い結果が出ませんように」と祈ってじっとしていれば、神がその願いを叶えてくれるわけじゃない。私は、具体的な成果を期待して祈ることは滅多にない。自分の代理人がこれから契約交渉に臨もうとするとき、神の前にひれふして、どうか年俸を上げてくださいとお願いしたりしない。新車を買えますようにとか、ＭＲＩ検査でいい結果が出ますようにとか、大事な場面で三振が取れますようにとか、そんなことは祈らない。私が真剣に祈るのは、神の叡智を分け与えてもらいたいときだ。

だからこそ、第七戦に勝利するといくら信じても、それは叶わなかった。だが、別の意味で、いや、むしろもっと大事な意味で、私の祈りは通じたのだ。私たち人間は、かぎられた能力しかないがゆえに、ときにあらぬことを求め、目先のことにしか目が向かない。しかし、神は先々のことを知っている。私たちに対する計画がしっかりあって、二〇〇一年十一月、その計画にニューヨーク・ヤンキースの優勝パレードは入っていなかった。もちろん、あの局面で、私が打者を抑えきることも。

二〇〇二年シーズンが始まった四月第一週の肌寒い土曜日、ヤンキー・スタジアムでのタンパベイ・デビルレイズ戦を控えていた。私はクラブハウスのロッカーの前で着替えの準備をしながら、自分のユニフォームを眺め、このユニフォームに袖を通すのがどんなにうれしいことなのか考えていた。

私にとって、毎日のようにヤンキースのユニフォームに袖を通すのは、至福の行為だ。トレードで移籍してきたり、球団と契約を結んだりしたときに、ピンストライプのユニフォームを着てどんなにうれしいか、選手たちが話すのをきいたことがあると思う。私にとって、その感動が薄れたことは一度もない。歴史あるユニフォームだ。堂々とした王者の風格、揺るぎない自信、志の高さを感じる。世界の果てにあるようなちっぽけな漁村の生まれだから、ヤンキースのユニフォームに強い思い入れを抱いてしまうのかもしれない。一つたしかなのは、一日たりとも、このユニフォームのありがたみを忘れたことはない、ということだ。ふつうに生きていれば、困ったことや厄介な問題や悲しい出来事にやすやすと囚われてしまいがちだが、神に心を開けば、気持ちはすっかり軽くなるし、神から授かった贈り物への感謝の気持ちで胸がいっぱいになるし、大事なことに目を向け、ささいなことを忘れられるようになる。

そのうえで、ヤンキースのユニフォームに着替えると、いうことなしだ。

私は、ユニフォームに着替える順番に人一倍こだわりがある。片方のソックスをはいて、もう片方のソックスをはいて、次にアンダーシャツを着る。ユニフォームのパンツをハンガーから丁寧にはずし、さっとはいたら、上着に袖を通す。この着替えに時間をかける。その時間をゆっくり味わいたいのだ。そして、毎日のように、毎年のように、着替えの時間を満喫する。ユニフォームへの私の異様なこだわりぶりを見て、ズボンと上着の縦縞模様《たてじま》をきれいにそろえようとしているんじゃないか、とホルへによくからかわれた。そこまでのこだわりはなかったが、あながちまちがいだとはいいきれない。

着ているかぎり、私はヤンキースのユニフォームに敬意を払いたかった。

ユニフォームはいつまでも変わらないが、この年、私がメジャーに昇格して以来、チーム編成が最も大きく変わった。ワールドシリーズの終了後、ポール・オニールとスコット・ブロシアスが引退した。ティノ・マルティネスはカージナルスに移り、チャック・ノブロックはロイヤルズへ。二〇〇二年シーズンをもって、ノブロックは現役を引退。原因のわからない急な不振に陥り、早すぎる引退だった。フリーエージェントで移籍してきたジェイソン・ジアンビが今、うちの一塁手。デイヴィッド・ウェルズが古巣に帰ってきて、さらにロビン・ベンチュラ、スティーヴ・カルセイ、ロンデル・ホワイトも加わった。昨シーズンに引きつづき、チームは好調で百三勝を挙げたが、私にとっては、現役生活で最もストレスのたまるシーズンだった。故障者リスト入りを三度経験し、ニューヨークとコロンバスを行き来した一九九五年以来、最低の登板数（四十五試合）に終わった。六月、股関節の故障で戦列を離れ、その後、肩も痛みだした。やることがないのは、つらい。打撃練習のフライを捕球して返球することもできないし、自分の仕事ができない。私は、チームメイトから頼りにされる自分を誇らしく思っていた。体を休めつつ、治療を受けていたが、あまりききわけのいい患者じゃなかった。そして、我慢強いほうでもなかった。

クララにきいてみるといい。

私は一見、おだやかで落ちついた人間に見えるかもしれないが、スイッチが入って、かっとなってしまうことがある。一番腹が立つのは、運転の荒い連中と礼儀をわきまえない連中だ。ある日、私は近所にある小さなピザレストランにクララと出かけた。ヤンキー・スタジアムから北東に約二十二キロの、ニューロシェルという街にあるレストランだ。私たちは数年前からその店に通っていた。道路沿いの目立たない店で、両隣をクリーニング屋と酒屋にはさまれて、見た目は地味だが、うまいピザを食べさせてくれる。ゆっくり食事ができるし、客がいても、サイン会が始まったり、カメラを向けられたりすることはない。世間の人に注目される仕事をしていれば、誰だってこういう店にいきたくなる。ふだんは感じよく、どんな人にも丁寧に接するようにしているが、そっとしておいてほしいときもある。そんなときに出かけるのが、このちっぽけなピザレストランだった。

昼下がり、クララと二人で店に入ると、客が一人いた。ずんぐりしたラテン系の男で、歳は三十代半ばくらいだろう。男は私に気づいていないようだったが、店員が私に声をかけてきた。するとと、男が大声をあげた。

「おい、チケットを分けてくれよ」

男は酔っぱらっているのか、悪いクスリでもやっているのか、ろれつがまわっていない。

私は何もいわず、にっこり笑って顔を背けた。

「なあ、チケットだよ。がっぽり稼いでるんだろ。何枚か分けてくれよ」

頭に血がのぼった。もう笑ってはいない。私にとって、忍耐と、怒りを抑えることは、聖霊の実だ。▼1その聖霊の実が、私のなかから消えかけていた。

「いいかげんにしろ。うちの常連さんだ。失礼なことをいうな」カウンターの店員がいった。

男は引きさがらない。席を立って、こっちにやってきた。私はクララを見た。クララはじっと黙っている。もちろん、何もいう必要はない。クララは動じることなく、落ちついていた。

気を静めて。何もしちゃだめよ。ほっといて。クララの目がいっている。

私はため息をついてから、男にいった。「そんないい方はないだろう」

男が怒鳴って、にじりよってくる。

「そりゃ悪かったな、しみったれのケチ野郎」男は野郎呼ばわりした。我慢の限界だ。腸《はらわた》が煮えくり返り、殴りかかろうとしたとき、クララに腕をつかまれた。「ピリ、やめて」

カウンターにいた店員が出ていけと男にいって、店の外に連れだそうとする。

▼1　愛、喜び、平和、忍耐、寛容、親切、善意、謙譲、誠実、柔和、節制、貞潔といった、信者の心のなかに聖霊の助けによって実を結ぶとされる神からの賜物。

男はもう一度、悪態をついて、店から連れだされた。気を静めながら、私はただただ妻がいっしょにいてくれたことを神に感謝した。自分一人だったら、男を殴りつけていたところだ。

「大変失礼しました」もう一人の店員がいった。「とんだ勘ちがい野郎ですよ。酔っぱらってたんでしょう」

「気にしないでくれ。悪いのは、あの男だ」

クララを見ると、さっきと同じ表情だ。**相手にしなくていいの。面倒を起こしたがる人っているでしょ。ほっとけばいいのよ。**

クララのいうとおりだ。私に足りないところ、私がふだん、心がけなければならないことだ。運転中に割りこみをされたり、中指を立てられたりしたとき、どうする？　同じようにやり返す？　相手に罵声を浴びせる？　追いかけまわして仕返しする？　私は、こうした日常の些細な衝突についかっとなってしまう。こういう状況に巻きこまれて、人目がなかったとき、どう振舞うかでその人の本質が明らかになる。

私は常々、もっと忍耐強くなれるように、つまらないことで腹を立てなくなるようにと神に祈っている——危険にさらされるときもあるからだ。ある日、クララを乗せて州間高速道路九十五号線をボルチモアに向かっていた。いつもと変わらず、何台もの車が高速道路を流れていたのだが、一台が私の車をものすごいスピードで追い越し、いきなり前に割りこんできた。とんでもないバカ野郎だ。私がクラクションを鳴らすと、相手は車をぶつけてみろといわんばかりにブレーキを踏んでから、スピードを上げた。私はアクセルを踏んで追いかけた。

「ピリ、やめて」クララがいった。「ほっときなさい」

私の耳には、もう何も入らない。頭に血がのぼり、仕返ししないと気がすまない。また聖霊に背を向けてしまった。前の車に併走し、じわじわと幅寄せしてやった。誰にちょっかいを出したのか思い知らせてやる。少しくらい塗装がはげてもいい、この男の根性を叩きなおしてやる。フェンウェイ・パークの三万七千人の観客から野次を浴びせられても動じない男が、マッチョなドライバー相手に正気を失って、自分の妻までをも危険に巻きこもうとしていた。

どこまでバカなんだ。

「やめて！　やめてったら！」クララがいった。「どうかしてるわ」もちろん、クララのいうとおりだ。彼女の声がようやく耳に届き、私は落ちつきを取りもどした。時間のかかり過ぎだ。

私は努力はしているものの、まだ道半ばの未熟者だ。今度また同じことをされたとき、走り去る相手の車を見送ることができるといいのだが。

二〇〇二年シーズンは、もっと出場したかったのだが試合を見守ることが多く、それでもチームは昨シーズンに引きつづき、アメリカンリーグ首位でシーズンを終えて、五回戦制の地区シリーズでエンゼルスと対戦することになった。エンゼルスのチーム打率は、両リーグ合わせて一位（二割八分二厘）、若手中心の球団で、昨シーズンは七十五勝しかできなかったが、今シーズンは九十九勝。私たちのチームは、シーズンを通してよくホームランを放ち（チーム全体で二百二十三本）、ヤンキー・スタジアムでの第一戦でも、それは変わらなかった。デレク、ジアンビ、ロンデル・ホワイト、バーニーの四人からホームランが飛びだし、ロジャーとラミロが少々打ちこまれたが、八対五で勝利。私は、ティム・サーモンとギャレット・アンダーソンを打ちとって、九回を十三球で締め、セーブを挙げた。

第二戦は、序盤に〇対四とリードされたあと、五対四と逆転。ところが、終盤にトロイ・グロースとギャレット・アンダーソンにホームランを浴びるなどして、六対八でこの試合を落としてしまう。舞台がアナハイムに移った第三戦、三回の攻撃を終えて六対一とリードするが、ここからエンゼルスの猛追が始まる。三本のヒットで二点を返され、四回にアダム・ケネディのホームラン。この試合ではティム・サーモンにホームラン一本と四打点を挙げられ、終わってみれば、六対九の逆転負けだ。

次の試合を落とせば、ここ数年のヤンキース黄金時代のなかで、最も早いプレーオフ敗退になってしまう。

その第四戦の五回、ディズニーランドのパレードを思わせるド派手な攻撃で、エンゼルスがデイヴィッド・ウェルズから一挙に八得点を奪ったとき、私たちは息の根を止められた。最終的にスコアは五対九。エンゼルスはこのシリーズで打率三割七分六厘、第二戦からの三試合はいずれも逆転勝ちで、リーグチャンピオンシップシリーズに進出した。エンゼルス打線は積極的で粘り強く、投手陣はこちらの打線を圧倒した。こんな結果になるとは思っていなかったが、どうしてそうなったかはなんとなくわかった。エンゼルスの揺るぎない戦いぶりは、プレーオフを勝ち進んでいた昨シーズンまでの私たちを思わせた。レギュラーシーズンで思いのままに勝利を重ねても、ポストシーズンがたった四試合で終わってしまうと、気持ちよく一年を振り返ることはできない。

三人目の息子の名前は、ハジエル。〝神の力〟という意味だ。生まれたのは、シーズンが終わった七週間後。クララの主治医マリツァ・クルス医師による帝王切開が行なわれた。体重は四千グラムで、すべてが順調だったが、クララの出血がひどく、引きつづき外科手術をすることになった。分娩に立ち会っていたとき、クルス医師が出血の多さに気づいた。さっきまで元気そうだったクララが、急にやつれて見え、とてもこわかった。

具体的なことを願って祈りはしないと書いたが、このときばかりは、祈った。

主よ、妻と赤ん坊をお守りください。二人がこの苦難を克服できるように力をお貸しください。クルス医師に妻を救う力を与え、この難局を乗り越えさせてください。そして、クララの体にこの容態を切り抜ける力を与えてください。アーメン。

六時間後、出血がおさまった。自身も信仰心の篤いクルス医師にあとできいたところによると、手術室に神の気配を感じたそうだ。クララが異常出血からあんなに早く回復できたのは、まさに奇跡だ、と医師は語った。

五人家族になって最初のオフシーズンがあっというまに過ぎ、そろそろ春季キャンプが始まろうとしていた。寒い日曜日の朝、私は初めてキャンプに参加するルーキー以上に緊張していた。野球のことじゃない。ブルックリン・タバナクル教会の四千人の聴衆の前で、神の話をすることになっていたからだ。ジム・シンバラ牧師が、私の信仰についての記事を読み、ぜひ集会に集まった人々の前で話してほしいと招待してくれたのだ。

何を話せばいいのか悩んでいると、友人が詩篇の「人の歩みは、すべて主によって定められる」という言葉を引用して、いいヒントをくれた。

「このことを話してみれば？」

そうすることにした。ときに私たちは、神が定めていない道に足を踏みだし、例外なく失敗する。神から離れているときには、試練にぶつかり、神経を擦り減らしてしまう。私は自分の体験を語った。神の恩恵があったからこそ、逆境に負けなかった。そして、神は日々、進むべき道を示してくれた。

「今日の私があるのは、主が私の歩みを定めてくださったからです」私は語った。

ただ問題は、その歩みが事前にはわからないことだ。二〇〇三年シーズンはとくにそれが際立っていて、予想外のことばかりだった。シーズンの開幕日、三塁にヘッドスライディングをしたデレクが、ベースカバーに入ったトロント・ブルージェイズの捕手のレガースに激突し、肩を強打。デレクは六週間、戦列を離れた。私もシーズン最初の二十五試合を欠場した。春季キャンプ中に抑えで登板し、最後の一球を投げたとき、股関節の痛みが再発したからだ。開幕当初、チームは二十三勝六敗といいスタートを切ったが、五月の成績は十一勝十七敗。ブレーブスとともに両リーグ通じて最多の勝利数（百一勝六十一敗）を挙げてレギュラーシーズンを終えたが、ホームゲームで十二戦中十一敗した時期もある。ヒューストン・アストロズに、投手六人の継投で無安打に抑えられた試合もある――ヤンキースの無安打試合は、一九五八年以来だ。

六人の投手から一本もヒットを打てなかったなんて、きいたことがない。

それでも、十月になる頃には、いい予感がしていた。地区シリーズではミネソタ・ツインズを四試合で下し、私は打者十二人を打ちとった。次は、アメリカンリーグ王者をかけて、レッドソックスとの七回戦だ。レギュラーシーズン、私たちと熾烈な首位争いをくり広げたレッドソックスは、今年こそ強敵ヤンキースを打倒すべしと意気ごんでいて、ヤンキー・スタジアムで行なわれた第一戦を勝ちとった。ティム・ウェイクフィールドが先発し、デイヴィッド・オルティーズ、マニー・ラミレス、トッド・ウォーカーがホームランをかっとばした。第二戦、こちらはアンディが先発マウンドに上がり、七回までリードを守る好投を見せる。その後、ホセ・コントレラス（オフシーズンに、レッドソックスとの激しい争奪戦に勝利して獲得した）と私が投げ、六対二で勝利した。舞台はフェンウェイ・パークに移り、迎えた第三戦、ロジャー・クレメンスとペドロ・マルティネスが先発マウンドに上がった。ロジャーにとっては、フェンウェイ・パークで投げるのは、これが最後だ。マウンドに上がったロジャーが肩ならしを始めると、球場が、さながらボクシングのヘビー級の試合会場にいるような興奮につつまれた。

一回裏、マニー・ラミレスにタイムリーヒットを打たれ、二点を入れられてレッドソックスにリードされるが、三回表、すっぽ抜けのカーブを捉えたデレクの打球がグリーン・モンスターと呼ばれる高いレフトフェンスを軽々と越えて、ランズダウン・ストリートに飛びだした。そして、四回表に再び反撃する。ポストシーズン初出場の松井秀喜▼2がライト線に二塁打を放って逆転したのだ。

次に打席に立ったのが、右翼手カリーム・ガルシア。彼は二回にヒットを打ち、一打点を挙げていた。ペドロの初球は、ガルシアの後頭部を狙った速球で、ボールはガルシアの背中に当たった。ガルシアは激怒し、ペドロをにらみつけて罵声を浴びせると、ペドロも怒鳴り返した。ヤン

▼2　この年ヤンキースに加入した松井は、レギュラーシーズン163試合に出場し、打率.287、16本塁打、106打点。ポストシーズンは17試合で打率.291、2本塁打、11打点。

キースのダグアウトの選手が立ちあがった。もちろん、レッドソックスのダグアウトもだ。次の打者が六―四―三のダブルプレーになったとき、二塁に走りこんだガルシアがオーバーランして、レッドソックスの二塁手ウォーカーめがけて八つ当たりのようなスライディング。これはまずい。当然、ウォーカーは腹を立てた。ガルシアがダグアウトにもどりながら、ペドロに向かって怒鳴りだすと、両軍のダグアウトから選手たちが出てきた。ホルへが誰よりもペドロに噛みついた。

二人は以前から犬猿の仲で、このプレーオフで、お互いに感情を爆発させたのだ。ペドロはホルへに指を向けてにらみつけたあと、二度こめかみのあたりを指差した。クラブハウスのテレビでその様子を見ていた私は、ペドロのしぐさにかっとなった。彼ほどのすばらしい投手が、あんなふざけた挑発をするなんて。ガルシアの頭を狙い、次はおまえの頭にぶつけてやる、とホルへを脅したのだ。

誰かがあのときマッチでも擦っていたら、球場が爆発していたかもしれない。

だが、その数分後の四回裏、いよいよ火がついた。ロジャーがマニー・ラミレス相手に、やや内角寄りに高めの速球を投げた。体に当たりそうなきわどい球ではなかったが、ラミレスがバットを振りかざし、大声をあげながら、ロジャーに向かって歩きだしたときには、両軍の選手がダグアウトから飛びだしていた。全員がマウンドのほうへ集まるなか、丸々太った七十二歳のベンチコーチ、ドン・ジマーがレッドソックスのダグアウトに向かっていく。ダグアウトの前に立っていたペドロ・マルティネスは、丸っこい雄牛のように猛然と歩みよってくるジマーに気づいた。ジマーが左手を挙げた次の瞬間、ペドロは闘牛士のようにさっと身を引いて、ジマーを押し倒した。帽子が脱げ、ジマーは顔を少し擦りむいた。ジマーが無事か、全員がまわりに集まってきて、騒ぎはおさまった。

まったく見下げはてた男だ。

たしかにペドロに向かっていったジマーも悪いが、老人を押し倒したりしてはいけない。ほかにどうとでもできたはずだ。一方、グラウンドの外では騒ぎが続いていた。ライトスタンドの前にあるブルペンで、もうひと波乱あったのだ。フェンウェイ・パークのグラウンドキーパー、ジエフ・ネルソンとガルシアが口論になった。右翼手ガルシアがフェンスを乗り越えてブルペンに入ってきたからだ。

私は、この乱闘事件のことを考えないようにした。落ちついて前向きでいよう。というのも、このシーズンは、レッドソックスとの相性があまりよくなかった。二度セーブに失敗し、十イニングちょっとの対戦で十六安打を打たれている。理由はわからないが、私はフェンウェイ・パークには愛着があるものの、ここのマウンドはあまり好きじゃない。土が柔らかいからかもしれない。私がマウンドに上がる頃にはたいてい、両チームの投手合わせて二百五十球ほどを投げたあとだから、マウンドは掘り返されて、踏みこんだ足が安定しない。だが、そんなことはいっていられない。マウンドはマウンドだ。土が柔らかい？

モー、それでも落ちついて投げろ。自分にいいきかせた。

私はブルペンからマウンドまで走り、ホルヘ相手に肩ならしを始めた。ホルへとはもう九年もいっしょで、彼はただの親しい友人じゃない。よきパートナーであり、息の合った相棒だ。私の好み、私の考え、私がシンプルを心がけていることも知っている。サインのやりとりで、要求された球種やコースが気に入らないときでも、私が絶対に首を横に振らないのも知っている。首を動かさずにじっと前を向いているだけでいい。そうすれば、私がちがう球を望んでいるのが、ホルへにはわかる。

それにしても、笑えるのは、私の投球の九割近くがカットボールであることだ。たいていの投手の場合、捕手のサインは、指一本で速球、二本でカーブ、三本でスライダー、といった具合になっている。私の場合は、指一本がカットボールで、指二本がツーシームだ。二塁に走者がいるときは、指四本がカットボール、二本がツーシームになる。さらに、ホルヘがその指を振れば、高めに投げろという指示だ。

私たちのサインは、たったこれだけ。

第三戦の終盤、ホルヘはほとんど指一本のサインしか出さなかった。八回から登板した私は、打者六人をたった十九球で片づけた。四対三で勝利し、二勝一敗とリードしたが、なにしろ相手はレッドソックスだ。なんとなく最終戦までもつれるような予感がしていたが、まさにそのとおりの展開になった。私たちは第二、第三、第五戦に勝利。レッドソックスは第一、第四、第六戦を取った。

こうして迎えた第七戦の舞台は、ヤンキー・スタジアム。再びペドロとロジャーの先発対決となった。

ペドロは第三戦以上に球の切れがよく、そのうえ、打線の援護があった。三回、ロジャーが打ちこまれて三失点、四回には先頭打者のケビン・ミラーにホームランを打たれてしまう。その後、一人歩かせ、シングルヒットを打たれたところで、ミスターTはたまらず、リリーフで一度も登板したことのないムッシーナをマウンドに上げた。ムッシーナはジェイソン・バリテックを三球三振に切ってとり、ジョニー・デイモンを六―六―三のダブルプレーに打ちとった。ムッシーナはこのシリーズですでに二敗を喫し、ホームランも五本打たれていたが、この場面を抑えてくれたのは、チームにとって大きかった。ムッシーナの好投はその後も続き、五回、走者を二人背負いながらも、デイヴィッド・オルティーズを三振に抑える。私はトレーニングテーブルに横になり、ジーノにマッサージをしてもらいながら、ムッシーナの活躍をほれぼれと見ていた。

彼は、目の前の打者を一人ずつ打ちとっている。

ムッシーナが三イニングを無失点に抑え、ようやくヤンキース打線が目をさました。五回裏、先頭打者ジアンビが、ペドロの初球のチェンジアップを強打。打球はセンターのフェンスを越え、スコアは一対四。これが、ヤンキース三本目のヒットだ。七回、松井が痛烈なセカンドゴロに倒れ、次のホルへが放った右中間へのフライは、中堅手デイモンにキャッチされたが、こちらの打線がペドロの球に合ってきているのがわかった。再びジアンビの打席。今度はペドロの速球を弾き返した。当たりは完璧だ。打球は、ジャンピングキャッチしようとしたデイモンのグラブをかすめ、センターのフェンスを越えた。二対四。さらにペドロとの対戦成績がよく、スタメンに入っていたエンリケ・ウィルソンが内野安打、ガルシアがライト前ヒットで出塁すると、スタジアムがこの試合で最も盛りあがった。

だが、ペドロがソリアーノからこの試合四個目の三振を奪うと、スタジアムの興奮は一気にさめた。ペドロは人差し指を空に向け（自分の仕事を終えたときの彼独特のしぐさだ）、ダグアウトにもどると、ノマー・ガルシアパーラに抱きつかれた。私たちは、ペドロがもうマウンドを下りるのだと思った。ペドロ自身もそのつもりだったらしい。ところが、グレイディ・リトル監督に声をかけられた。

「もう一イニング、いけるか？」

ペドロは承諾する。ペドロは、この日の仕事はもう終わりだと思っていたが、自分が投げるしかないような気がしたそうだ。その後、こちらはリリーフに上がったウェルズがオルティーズにホームランを打たれ、二対五と突きはなされる。試合終了まで、私たちはあとアウト六つと追いつめられた。

八回、ペドロが再びマウンドが上がった。一人倒れたあと、デレクがカウント〇―二からライトに大きな当たり。トロット・ニクソンがやや目測を誤り、打球はグラブを越えて二塁打となる。バーニーのセンター前ヒットで、デレクが生還。次の松井がエンタイトルツーベースで続いた。リトルはまだエース投手を続投させる気だ。次のホルへの打球は、当たり損ねのセンターフライだったが、ポテンヒットとなり、私たちは同点に追いついた。スタジアムは騒然となった。ペドロが降板。私がいたブルペンも、熱気と歓声につつまれ、私自身も胸が熱くなった。

私はグラブをおいて、ブルペンのマウンドから下りると、わきにある短い階段を駆けあがった。そこには、ベンチとトイレがある。私はトイレに駆けこんでドアを閉め、涙を流した。感極まって、こらえきれなかった。さっきまでペドロ・マルティネス相手に三点リードされ、残りアウト五つまで追いつめられていたのに、同点に追いついたのだ。私はどうしていいのかわからず、祈りに応えてくれた神に感謝した。

しばらく涙が止まらなかったが、その涙を拭い、私はウォーミングアップを終えた。

レッドソックスのリリーフ陣が仕事を終えると、私は九回表のマウンドに上がり、走者を二塁に背負いながらも、トッド・ウォーカーをセカンドライナーに打ちとって、無失点でマウンドを下りた。打たれた瞬間、私は身を縮め、緩い当たりが外野に運ばれて、最悪の結果になるんじゃないかと肝を冷やした。だが、ソリアーノが軽くジャンプしてボールをキャッチ。私は思わずマウンドで飛びあがった。九回裏、私たちの攻撃は、続投したマイク・ティムリンにきっちり抑えられた。私は延長十回のマウンドに上がり、二人を打ちとったところで、オルティーズにレフトフェンス直撃の二塁打を打たれてしまった。私はくやしくて、手の甲を噛んだ。カットボールを投げたのはよかったが、外角ではなく、内角を攻めるべきだった。それでも、次のケビン・ミラーを内野フライに打ちとって、事なきを得た。

ティム・ウェイクフィールドのナックルボールの前に、十回裏の私たちの攻撃が三者凡退に終わると、私も十一回のマウンドで三振を二つ奪い、三人でぴしゃりと締めた。三イニングを投げたのは、七年ぶりだ。ダグアウトにもどると、投手コーチのメルが声をかけてきた。

「モー、よくやった」

「もう一イニング、いけます」私はいった。

メルはそんなつもりじゃなかったはずだ。だが、私はマウンドを下りる気はなかった。四イニング投げろといわれたら、投げる気でいた。五イニング？　もちろん、投げる。まさにシーズンが終わろうとしているのだ。私は長い間、戦列を離れていた。とにかく、何もしないで試合を見守るのは嫌だった。投げなければならない。それが私の務めだ。私はミスターTとメルにつめよって、マウンドは誰にも譲らないと伝えた。

十一回裏、こちらの先頭打者はアーロン・ブーン。彼のシリーズ打率は一割二分五厘だった。

ウェイクフィールドの初球はほぼ腰の高さ、内角気味のナックルボール。ブーンがバットを振り抜き、打った瞬間にわかった。スタジアムにいた誰もがわかった――その大歓声をきけば、誰でもわかる。打球は、レフトスタンドの奥に消えた。再びワールドシリーズの舞台に立てる。チームメイト全員がダグアウトを飛びだし、アーロンを迎えようとホームベースのまわりに集まったが、私は一人、別の場所に駆けていった。

ピッチャーズマウンドだ。どうしてもマウンドにいきたかった。マウンドについたとき、アーロンはちょうど二塁ベースをまわり、三塁ベースに向かって走っていた。私はひざまずいてピッチャーズプレートにキスをし、神に祈りを捧げながら、顔を土まみれにして泣いた。

主よ、ここまで投げきる力と勇気を与えてくれたことに感謝します。この歓喜の瞬間に導いてくれたことに感謝します。あなたの愛と慈悲に感謝します。

一塁ベースコーチのリー・マジーリがマウンドに駆けより、私に腕を回してくれた。私は泣きじゃくっていた。グラウンドでは、チームメイトが飛び跳ねて、抱き合っている。私は泣きながら、ひたすら祈りを捧げていた。どうしてあんなふうに感極まってしまったのか、自分でもわからない。二年前、ワールドシリーズ最後の第七戦で、サヨナラヒットを打たれて球場から去った苦い経験があるからだろうか？　私にはわからない。いや、わからなくていい。私は立ちあがり、アーロンと抱き合ったあと、ミスターＴにしばらく腕をまわしたままでいた。

私はリーグチャンピオンシップシリーズの最優秀選手に選ばれたが、私一人が活躍したわけじゃない。最優秀選手のトロフィーは二十五等分にするべきだ。冗談でいっているんじゃない。本気だ。私たちはあきらめずに戦った。チームメイト全員が大事な仲間だ。互いに力を合わせ、互いを信じてきた。あの日、私は一晩中、マウンドにひざまずいていたかった。

第14章 喪失

フロリダ・マーリンズとのワールドシリーズ第三戦の初回、抜群の速球と切れのあるカーブを合わせ持つ二十三歳の若手投手ジョシュ・ベケットに、デレク・ジーターは三球三振に取られた。デレクはそれからの三時間、残りの八イニング、試合に勝つためにチームの誰よりも奮闘した。デレクのその姿を見て、私は改めて思った。グリーンズボロ時代から、デレクとはかれこれ十年もいっしょに戦ってきた。あの年のシーズン、デレクは五十三個のエラーを記録したが、私にはちゃんとわかっていた――彼がいつか偉大な選手になることを。

今のデレクは、一九九三年当時に私が見た彼とまったく変わらない。トップに立つこと、勝つことに貪欲な男だ。

ここ一番でのデレクの活躍を振り返れば、目まいがするはずだ。レッドソックスとの第三戦、ペドロ相手に反撃の狼煙《のろし》を上げた二塁打。二〇〇一年のリーグチャンピオンシップシリーズ第三戦で見せた、あの中継プレー。二〇〇一年のワールドシリーズでは、第四戦の延長十回にサヨナラホームランを放って、ダイヤモンドバックスに勝利した。二〇〇〇年、メッツとのワールドシリーズでは、第四戦に先頭打者ホームラン。一九九九年、ブレーブスとのワールドシリーズでは、チームの猛攻のきっかけとなったシングルヒット。あのヒットは、ジム・レイリッツのホームランと同じ価値がある。

ベケットが先発したマーリンズとの第三戦に話をもどそう。この年のワールドシリーズは、下馬評ではもっぱらヤンキース有利ということになっていた――選手の知名度、年俸、球団の歴史、何もかも格段の差があった。ニューヨークで行なわれた最初の二試合は、一勝一敗のタイ。この第三戦で、ベケットを打ちくずせるかどうかが、今後のシリーズの行方を左右する。その状況で、最初の打席で三振に切ってとられたデレクが、とんでもない活躍をしてくれた。

四回、デレクはレフト線への二塁打で出塁し、その後のヒットで同点のホームを踏む。六回には、先頭打者でセンター前ヒット。八回には、ライト線に二塁打を放ち、逆転の走者としてホームに還ってきた。

ベケットは七回三分の一を投げて十個の三振を奪い、許したヒットはわずか三本で二失点。この三本のヒットを打ち、二度ホームベースを踏んだのが、デレク・ジーターだ。ジョー・トーリ率いるヤンキースの決してあきらめない精神がそのプレーに滲みでている。全力でプレーして、常にチームのことを考えていた。

私はビジター用のブルペンで肩を温めながら、ムッシーナに代わってマウンドに上がる準備をしていた。この日のムッシーナのピッチングは見事だった。デレクが三本目のヒットを放ち、一気に二塁に進んで、ベケットをマウンドから引きずりおろした数分後、私は六球でイバン・ロドリゲス、ミゲル・カブレラ、デレク・リーの三人を打ちとった。その後、こちらはアーロン・ブーンのソロホームランとバーニーのスリーランホームランで四点を追加し、私が九回裏を締めくくった。

私たちはマーリンズのエース投手に打ち勝ったのだ。これで、第四戦はロジャー・クレメンス、第五戦はデイヴィッド・ウェルズで有利に進められる。誰一人甘く考えているわけではなかったが、私はこの状況を楽しんでいた。

そして第四戦、九回二死から代打ルーベン・シエラの三塁打で二点を返し、私たちは三対三の同点に追いついた。どこかで見たような展開で、ヤンキースにとってはポストシーズンの定番だ。一九九六年、一九九八年、二〇〇〇年をそっくり再現したようなヒットだな、と私は思った。だがこのときから、ヤンキースにとって、二〇〇三年ワールドシリーズの歯車が狂いはじめた。それを思うと非常にくやしいが、事実はどうしようもない。私たちは、以前のチームではなかったのだ。似ても似つかなかった。たしかにマーリンズはスピードがあり、攻撃的で、積極的な戦い方をする。それでも、こういってはなんだが、五年で四度ワールドシリーズを制覇した私たちなら、叩きのめすことができたはずだ。なんとか突破口を見つけ、チームとして進むべき道を進めたはずだ。何よりも勝ちにこだわるチームメイトが集まっていたのだから。だが、現実は、そうはいかなかった。

十一回表、私たちは満塁のチャンスをつかみながら三者残塁に終わり、十二回裏、マーリンズの先頭打者、遊撃手アレックス・ゴンザレスが、リリーフのジェフ・ウィーバーからサヨナラホームランを放つのを目の当たりにした。アーロン・ブーンのシナリオをそっくり真似たような幕切れだ。ただ今回は、こちらがホームランを浴びる側だった。

二勝二敗のタイで迎えた第五戦は、凄まじい勢いで引かれる釣り糸以上に目まぐるしい展開だった。試合前、内野の守備練習をしていたとき、ジアンビが膝の痛みを訴えて、一塁のスタメンは無理だとミスターTに伝えた。さらに、ウェルズが背中を痛めて初回でマウンドを下りてしまう。打線は、得点圏に走者をおいた八打席で、一本しかヒットが出ず、四対六で試合を落としてしまった。ヤンキー・スタジアムにもどった第六戦、アンディが好投するものの、相手先発ジョシュ・ベケットがそれ以上の快投を見せた。ヤンキース打線を五安打無得点に抑え、九奪三振で完投。中三日でこの活躍だ。私たちはくやし涙を流しながらロッカーの荷物を片づけた。再びパレードなしのオフシーズンを迎えることになった。

ワールドシリーズ覇者になれなかったときはいつも、ジョージ・スタインブレナーのヤンキースは大きく変わることになる。とくに二〇〇四年シーズンは、今までにないほど大きく変わった。アメリカンリーグの最優秀選手、球界屈指の野手として有名なアレックス・ロドリゲスを獲得。そのトレードで、アルフォンソ・ソリアーノがテキサス・レンジャーズに移籍した。アレックスは、遊撃手のポジションをデレクに譲り、三塁手にコンバートされた。アレックスにとっては四年ぶりの移籍で、行き先はヤンキースだ。私は彼の加入にわくわくしたが、自分自身の二〇〇四年シーズンを考えると、ヤンキースとの契約期間満了の年だった。よそのチームには、絶対にいきたくない。高額な契約を結びたいわけじゃないし、ちがうユニフォームを着るつもりはない。代理人は頭をかかえただろう。私がフリーエージェントの獲得合戦にまったく興味がなかったからだ。気取った態度で契約条件をあれこれ並べたてたり、よその球団との交渉をマスコミの前でほのめかしたり、そういうことをする気はさらさらなかった。

そのせいで損をしたかもしれない。二〇〇四年の満了一年前に契約を二年延長したのだが、その数年後、フィラデルフィア・フィリーズが四年契約で六千四百万ドルを提示してきた。ヤンキースの提示額より、約二千万ドルも多い。このオファーに私がどれくらい悩んだか？　このページを半分読みおえる程度の時間だ。理由はいたって単純だ。

私は金のために野球をしたことがない。もちろん、人並みに金に興味はあるし、幸運にも家族を養える稼ぎは充分にある。だが、金が野球をするモチベーションになったことは一度もない。いつもこう考えてきた。まっとうに野球に取りくんでいれば、チームのために必死にがんばり、野球に敬意を払っていれば、金銭的な結果は自然とついてくる。実際、今までそうだった。現役時代、他人の年俸をきいて、自分は少ないと妬《ねた》んだりしたことは一度もない。そんなことをして何になる？　他人のことには関心がない。

そんなことを気にして、いいことは一つもない。銀行口座に貯まっていく金に執着していたら、落ちつきもなくなるし、おもしろくもないはずだ。神は、その叡智によって私に豊かさを教えてくれた。「ヘブライ人への手紙」十三章五節にこうある。

金銭に執着しない生活をし、今持っているもので満足しなさい。神ご自身、「わたしは、決してあなたから離れず、決してあなたを置き去りにはしない」といわれました。

私を満足させてくれるのは、神の言葉だ。私がいつ、どこにいても、神の言葉が耳に届く。私に必要なのは、自分にとって大事な人々の愛情だけだ。私はそんなふうに人生を考えている。

二〇〇四年のポストシーズンに再び進出したとき、そんな必要などなかったのに、金がいかにどうでもいいことか、改めて思い知らされる出来事があった。アメリカンリーグの地区シリーズ第四戦、メトロドームでツインズを破ってリーグチャンピオンシップ進出を決めた数分後のことだ。十一回裏、私はツインズ打線を十球で抑え、クラブハウスにもどったチームメイトたちとシャンパンファイトを始めようとしていた。

シャンパンファイトは、いつやっても楽しく、決してあきない。ミスターTに肩を抱かれ、ちょっと監督室まできてくれないかと声をかけられた。デレク、メル、ほかにも数人のコーチが監督室にいた。

「モー、残念なことが起きた」ミスターTがいった。目に涙を滲ませて、どう伝えていいのか言葉が見つからないようだ。「とても気の毒だ。話はクララからきいたほうがいいと思う」

何がなんだか、さっぱりわからなかった。

彼らはクララをクラブハウスに連れてきていた。クララも泣いている。あとで知ったことだが、クララは、試合が終わるまで私には何も伝えないようにと頼んでいたそうだ。その日の試合中、クララは悲しくてたまらず、チームメイトの奥さんたちに慰めてもらっていたという。

プエルト・カイミトの私の自宅で事故が起きたのだ。

「ヴィクターとリオが、プールで感電したの。二人とも助からなかった」クララがいった。

耳を疑った。ヴィクターはクララのいとこで、私たちとはかなり親しい間柄だ。彼のことは、子どもの頃から知っている。リオは、十四歳になる彼の息子だ。私はその知らせをしっかり受けとめようとしながら、監督室でクララを抱きしめ、涙を流した。まもなく、事故の経緯を知らされた。クララと私は、数年前に家を建てた。パナマに帰省したときに家族で過ごすための家だ。ヴィクターには、その家の庭とプールの管理を頼んでいた。その日、ヴィクターとリオは仕事をしに私の家にきていた。とても暑い日で、リオが涼もうとプールに飛びこんだ。プールの近くには電気柵が設けてあって、飼い犬が外に逃げださないようにするために、弱い電気を流している。その柵につないであるケーブルが、何かの拍子に抜けて、プールに落ちてしまったのだ。感電したリオは意識を失い、そのまま溺れ死んだ。そして、プールに浮かぶ息子に気づき、助けだそうとプールに飛びこんだヴィクターも、同じ悲劇に襲われた。

クララと私は、チームといっしょにニューヨークにもどり、翌日、パナマ行きの飛行機に乗った。葬儀場に向かい、ヴィクターとリオの亡骸《なきがら》に会ってきた。どうしても会っておきたかった。むごい姿を見ることになると思うが、二人に会って最後の別れを、深い悲しみを伝え、二人のために祈りを捧げたかった。二人に対面したのは、パナマ市のとある建物の地下にある小さな部屋だ。埋葬の準備が整い、二人が外に運びだされた。兄弟といってもいいほど仲のよかったいとこと、その息子の亡骸を見るのは、人生で最も悲しい瞬間だった。

二人の亡骸に祈りを捧げた。

主よ、ヴィクターとリオは今、あなたの永遠の王国にいるはずです。きっと安らかに過ごしていることでしょう。どうか二人を祝福し、お守りください。そして、二人の遺族がこの悲しみを乗り越えられるようにお助けください。また私たち全員に、このつらいときを乗りきる力をお授けになり、イエス・キリストを通して、永遠の命があるのだと信じることで、私たちが安らぎを見出せるようにしてください。アーメン。

十月十二日、火曜日の朝、プエルト・カイミトの小さな教会で葬儀が行なわれ、二時間ほどの葬儀に数百人が参列した。アレクシス・レイエス牧師が、この世での名声や金がいかに虚しいか説いてくれた。大切なのは、イエス・キリストへの愛だ。私たちは近くの墓地にいき、風船を上げた。その後、球団が手配してくれた自家用ジェット機で、私は午後二時三十分にパナマ市を発ち、ニュージャージー州のテターボロ空港に午後七時過ぎに到着した。入国手続きの書類も球団側が手早く準備してくれていたので、すぐに空港から出発できた。外には青いキャデラックが待っていて、車に乗りこむとニュージャージー州北部を走り、ジョージ・ワシントン・ブリッジを渡ってメジャー・ディーガン高速道路に入ってヤンキー・スタジアムに向かった。到着したとき、試合は二回に入っていた。ほぼ一日泣きっぱなしで、心がぼろぼろになっていたが、仕事の場にもどり、精神的にも肉体的にも試合の準備に集中すれば、気が紛れるかもしれないと思った。勝負がしたい。マウンドに立って、チームの勝利に貢献したい。

そうすれば、悲しみが癒されるはずだ。

クラブハウスに向かうと、ジーノが待っていて、私たちはしばらく抱き合った。ジーノのやさしい顔を見ると、気持ちが落ちついた。二人で話をしながら、マッサージを受け、いつものルーティーンをこなした。五回裏、私はブルペンに入った。ヤンキースが六対〇でリードしている。ブルペンにいたチームメイトが私のもとに歩みよって、そっと抱きしめてくれ、私に気づいたスタンド席の観客からは「マリアノ」という声援が上がりはじめた。スタジアムはまさに、私のいるべき場所だ。チームメイトがざっと戦況を話してくれた——松井が走者一掃の二塁打を含む四打点を挙げ、カート・シリングを三イニングで引きずりおろしたという。その後まもなく、八対

○とリードを広げた。私はベンチに座って、ムッシーナのすばらしいピッチングを眺めた。七回に入っても無安打無失点の好投を続けていたが、突然レッドソックス打線につかまって五点を失った。どうやら、私の出番になりそうだ。リリーフに上がったトム・ゴードンが、八回二死からオルティーズに三塁打を浴びて二失点。一点差までつめよられたとき、ブルペンの内線が鳴った。出番だ。

打席にはケビン・ミラー。カウント二―一とボールが先行したところで、カットボールを投げた。ミラーは強振したが、ショートフライに終わった。八回裏にバーニーの二点タイムリーとなる二塁打で点差を三点に広げたあと、私は走者二人を背負いながらも、ビル・ミラーを一―六―三のダブルプレーに打ちとった。悲しみの一日を、満足のいく形で締められてよかった。

いわれるまでもなく、レッドソックスは骨のある連中が集まったチームだ。ここ一番に強い選手がそろっている。私たちは初戦に勝利していたが、レッドソックスを甘く見てはいけない。翌日の夜、ジョン・リーバーがペドロに投げ勝って、私たちは三対一で勝利。私はデイモン、オルティーズ、ミラーから三振を奪い、前日に引きつづき四人の打者を打ちとってセーブを挙げた。舞台がボストンに移り、レッドソックスは、グリーン・モンスターとペスキーズ・ポール[▼1]が流れを変えてくれることを願ったが、その願いは、ヤンキースの怒濤のホームラン攻勢の前に砕けちった。スタンドのあちこちに打球が飛んだ。松井は二本のホームランを放ち、六打数五安打で五打点を挙げた。アレックス・ロドリゲスも三回にホームランを打ち、結局、五回ホームを踏んだ。ゲイリー・シェフィールドからもホームランが飛びだし、彼は四安打、バーニーも四安打を放った。夜通し打撃練習をしているような試合で、十九対八の大勝だった。

▼1　レッドソックスのホームスタジアム、フェンウェイ・パークのライト側ファウルポールのこと。フェンウェイ・パークのライトはせまく、長打力のなかったレッドソックスの二塁手ジョニー・ペスキー（1942～1952年在籍）にちなんで、この名で呼ばれている。

第四戦の先発はエル・ドゥーケ、相手先発はデレク・ロウ。もはや対等の勝負には思えなかった。

第四戦、七回が終わって、四対三とリード。ブルペンの内線が鳴った。

「モー、八回から頼む」リッチ・モンテレオーネがいった。

私が立ちあがって肩ならしを始めたとき、酔っぱらった観客が野次を飛ばしてきた。相手にしなかったが、男はわめきっぱなしだった。きき流すのは無理だ。男はすぐ近くにいた。

この男は本気でいってるのか？　ここをどこだと思ってる？

その酔っぱらいは、亡くなった私のいとことその息子のことで私をからかって、おもしろがっていた。反吐《へど》が出そうな、胸のむかつく言葉を次から次にまくしたてた。何をいわれたか、ここには書けない。あまりに卑劣な言葉ばかりだ。そんなことを自分の本に書きたくない。私はマイク・ボルゼロのキャッチャーミットに集中した。酔っぱらいのせいで、これからの登板を台無しにするわけにはいかない。怒りを通り越して、悲しかった。人はここまでさもしくなれるのか。みじめな人生を送っているのだと思うと悲しくなった。男が、私の愛する二人の死を持ちだして、野次を飛ばしているのが悲しかった。一人は、まだ子どもだったというのに。

最低だ。

八回裏、私はマウンドに上がった。マニーにシングルヒットを打たれたが、オルティーズを三振に切ってとり、無難に後続のクリーンアップを抑えた。九回のマウンド、先頭打者はミラーだ。彼にはよく打たれていたから、慎重に攻めた。ミラーが打席に入ってすぐ、鋭い当たりのファウルを打たれ、さらに気を引きしめた。しかしカウント三—一から、ボールが高めにはずれ、歩かせてしまった。さっそくデイヴ・ロバーツが代走に出る。もちろん、盗塁狙いの交替だ。ホルへもわかっている。スタジアムの誰もがわかっていた。ロバーツは、レギュラーシーズンに四十一回の盗塁を試みて、三十八回成功している。リードもかなり大きい。ひとまず、軽く牽制した。もう一球牽制し、さらにもう一球。一塁手トニー・クラークがタッチしたが、ロバーツはぎりぎり間に合った。

送りバントを警戒して、ボールをはずそうかと考えていたが、監督からの指示はない。打席に立つビル・ミラーにようやく初球を投げたとき、ロバーツが走った。いいスタートだ。外角高めにはずれたボールをホルヘが取り、すかさずデレクに送球。デレクがロバーツにタッチしたが、一瞬遅かった。無死で、ロバーツが得点圏に進塁した。ミラーがバントのかまえを見せてボールを見逃し、ストライク。次の球はカットボール。ストライクを取りにいったのだが、甘いコースに入り、センター前に弾き返された。私はアイスホッケーのゴールキーパーのように足をのばして打球を止めようとしたが、ボールはセンター前に転がり、デイヴ・ロバーツが生還した。

ミラーには、七月にサヨナラホームランを浴びている。あれはレッドソックスの打線に火をつけた大きな一発だった。デッドボールを受けたアレックスと、レッドソックスの捕手ジェイソン・バリテックがつかみ合いのけんかを始めたことでも有名になった試合だ。あのときと同じようにまた、私はミラーに打たれ、フェンウェイ・パークの観客は大いに盛りあがった。

その後、なんとか同点に抑えてマウンドを下りたが、チームにとっては大きな痛手だった。そしてレッドソックスは、追い打ちをかけるように、プレーオフを通して絶好調のオルティーズが、十二回裏にツーランホームランを放った。

試合時間は五時間二分。レッドソックスに第四戦を献上したばかりか、相手に希望を持たせてしまった。第五戦は、八回に入って四対二とリードしていながら、延長十四回まで戦って敗れてしまった。ブロンクスにもどっての第六戦、リーバーがシリングに投げ負け、私たちは二対四で試合を落とした。試合を重ねるごとに私たちは、全身タイツで身を固めた肥満男以上に苦しくなっていった。

NとYのわかりやすい球団ロゴのように、はっきりあらわれていた。何か悪いことが起こるのをじっと待っているようで、私たちは悲観的なことばかり考えていた。このことからも、チームの変わりようがよくわかる。ワールドシリーズの王者に君臨していたときのメンバーなら、ここであきらめたりはしなかった。必ず突破口を見つけていたはずだ。だが、今のチームはちがった。レッドソックスは第七戦を十対三で大勝し、MLB史上初の、リーグチャンピオンシップ三連敗からの大逆転勝利を達成した。アーロン・ブーンが放ったサヨナラホームランから一年、レッドソックスの四連勝は、彼ら自身、最高の瞬間だっただろう。私は誰よりもそれが悔しかった。

振り返ってみれば、レッドソックスの勝利の扉をあけてしまったのは私だ。第四戦の九回、私のセーブ失敗がレッドソックスの連勝のきっかけになった。流れがあのイニングでがらりと変わったのだ。フェンウェイ・パークからホテルにもどったあの晩、私ははっきり思った。

三勝一敗でリードしている。あと一試合を取れなければ、私たちにはワールドシリーズに進出する資格はない。

そして、その資格はなかった。

第15章 声援と野次

二〇〇五年四月十一日、レッドソックスのホーム開幕戦、私はアメリカ独立戦争時のボストンのヒーロー、ポール・リビア以上の人気を集めた。ボストン・レッドソックス――ワールドシリーズ覇者ボストン・レッドソックス――のチャンピオンリング授与式が行なわれ、チャンピオンフラッグが掲げられた。考えてみてほしい。開幕戦の対戦相手が、奇しくもニューヨーク・ヤンキースだったのだ。試合前、ヤンキースの選手が一人ずつ紹介されると、全員がブーイングを浴びせられた。ひときわ罵声を浴びたのが、アレックス・ロドリゲスだ。背番号41、ランディ・ジョンソンもブーイングを浴び、そのあと、私の番がまわってきた。

球場にアナウンスが流れる。

「背番号42、マリアノ・リベラ……」

フェイウェイ・パークの観客が熱狂し、立ちあがって声援を送るなか、私はグラウンドに駆けだした。王建民《ワンチエンミン》、ランディに続いてグラウンドに立つと、私は帽子を振りながら一礼した。思わず笑ってしまい、笑いが止まらなくなった。まるで私がレッドソックスの選手であるかのように、声援が止まないのだ。もちろん、オルティーズやデイモンに送るような心からの声援じゃない。冷やかしだ——レッドソックスの八十六年ぶりとなるワールドシリーズ制覇に貢献した私に喝采を送っているのだ。

かまうもんか。喜んで喝采を浴びようじゃないか。思わず笑ってしまったのも、作り笑いじゃない。からかわれているのがわかっても、怒る気はしなかった。レッドソックスのファンはうれしくてたまらないのだ。長らく遠ざかっていたワールドシリーズ優勝を祝う日なのだから、その気持ちはよくわかる。自分たちのチームが因縁のライバルを歴史的な四連勝で倒し、ついにワールドシリーズで優勝したのだ。

お祭り気分で浮かれたくもなるだろう。それを、侮辱されたと憤ることはない。大いに喜んでもらおう。次回は、何がなんでもレッドソックス打線を抑えて、ボストンの嫌われ者になってやる。ある意味、レッドソックスのファンで埋めつくされたフェンウェイ・パークのお祭り騒ぎを眺めるのは、気持ちがよかった。チームを愛し、何十年も辛抱強くこの日を待ってきたファンの興奮は凄まじかった。だから、セーブに失敗した私に声援を送る三万三千人の観客に向かって、帽子を振り、笑みを浮かべてみせるのは、たやすいことだった。ここでの主役は、私じゃない。

私を正しい道に導いてくれる聖書の言葉がある。「ヤコブの手紙」一章十二節にこう書かれている。

試練を耐え忍ぶ人は幸いです。その人は適格者と認められ、神を愛する人々に約束された命の冠をいただくからです。

敵地での喝采以上の大きな問題をいくつかかかえながら、二〇〇五年シーズンが始まった。その一つが、ホームスタジアムでもブーイングを浴びたことだ。ホームスタジアムでの開幕三連戦で、私は立てつづけにセーブに失敗した。相手は、そう、レッドソックスだ。とくに二度目の登板は、まったく精彩を欠いていた（与四球三、三安打五失点、自責点一）。マウンドにやってきたミスターTに交替を告げられ、私の降板を喜ぶヤンキースファンの拍手を浴びながら、私はダグアウトに下がった。私がブーイングを浴びていることに驚くチームメイトもいたが、責任を果たせなかったわけだから、さすがにほめてはもらえないだろう。ほめられるわけがない。今まで数多くのセーブを挙げてきたからといって、失敗を許してもらえるわけじゃない。ファンがブーイングを浴びせたければ、当然、遠慮はいらない。そんなことでめげたりはしない。

ファンの反応よりも、不評を買った自分の投球の改善に目を向けた。いいかえれば、乱調を食いとめるのだ。問題は、いつもの制球力がなくなっていたことだ。春季キャンプからずっと肘に違和感があったためだろう。球のコースが肝心なのだ。とくに、レッドソックスのような粘り強い打者が集まったチームは、投球をしっかり見てくるから、意表を突くのはむずかしい。私がブーイングを浴びた試合では、三十八球を投げて、ストライクゾーンに球がいったのはたったの十八球だ。しかし、これは私のキャリアで最低のストライク率ではなかったから、私は驚かなかった。ファンは焦ったかもしれないが、私に焦りはなかった。微調整で解決できる問題だ。もっと登板を重ねて、きっちりと投げこんでいけば、結果はついてくる。

その後、四か月以上かけて、私は三十一個のセーブを挙げた。そのうちの一つ、七月初めのデトロイトで登板した試合は、胸が熱くなった。当時、バーニー・ウィリアムズが三十六歳で、中堅手としてのレギュラー出場が少しずつ減ってきていた。数日前、私たちはヤンキー・スタジアムにメッツを迎えた三連戦で二敗していたのだが、そのうちの一試合で、バーニーが右中間に飛んだ簡単なフライを落とした。そのせいで、走者が一つ進塁し、その後さらに追加点を許してしまった。ミスターTは、二、三日休んで頭を冷やせとバーニーに伝えた。バーニーは不本意ながらも、欠場を受け入れた。

バーニーは決して脇役じゃない。ポストシーズンにおける彼の打点記録（八十打点）は、今日もなお破られていない。レギュラーシーズンでは首位打者に輝いたこともあり、百打点を挙げた年が五回もある。二〇〇〇年、マリナーズとのリーグチャンピオンシップシリーズでは、打率四割三分五厘。二〇〇四年、レッドソックスとのリーグチャンピオンシップシリーズに敗れ、チーム全員が暗く沈んでいたときでさえ、バーニーは全七戦で十打点、二本塁打、打率三割六厘。それだけの活躍をしながら、愚痴一つこぼさなかった。これが、バーニーの立派なところだ。ひとり出しゃばって歌ったりせず、バックでギターをかき鳴らすのだ。▼1

一九九〇年に出会ったときから、バーニーは変わらない。心がきれいに澄んでいて、どこか芸術家のような繊細さを持ち合わせ、世間の人に知られているような華々しいスター選手とはちがう一面がある。バーニーは試合開始十分前になると、そのためだけに球場にきているかのようにギターを弾いてくれた。

デレク、ホルヘ、アンディ、私と同様、彼もヤンキース傘下のマイナーリーグ球団から力をつけてのしあがり、スイッチヒッターとしてオールスターの中堅手に選出される数少ない名選手に成長した。パワーがあり、打率も高く、脚が速く、守備範囲も広い。走塁に人並みはずれた素質

▼1　実際にギタリストとしての評価も高く、現役を引退した現在はプロのミュージシャンとして活動している。

があるとはいえなかったが、バーニーが全力で走る姿にはほれぼれした。膝を高く上げ、ベースを蹴って弾むように走る姿は、颯爽と走る陸上選手のようだ。

だが、二〇〇五年は、バーニーにとってつらいシーズンだった。球団は、メルキー・カブレラを中堅手のレギュラーに定着させようとしていて、バーニーは指名打者で出場するか、あるいは欠場することがますます増えていった。年齢による衰えは、スポーツ選手にとって避けられないものだが、一流選手として名を成し、チームに名誉と品位をもたらしてくれた仲間が衰えていくのを目の当たりにするのは、とてもつらい。

チームの勝率はちょうど五割（三十九勝三十九敗）で、私たちはその日の午後、コメリカ・パーク[▼2]に乗りこんだ。ムッシーナに対し、相手先発はショーン・ダグラス、身長百九十八センチの右腕投手だ。

指名打者で先発メンバーに名前を連ねたバーニーが、四回に通算二千百五十四本目となるヒットを放ち、ヤンキースでの通算安打記録でドン・マッティングリーを抜いた。その上には、ルー・ゲーリッグ、ベーブ・ルース、ミッキー・マントル、ジョー・ディマジオを残すのみだ。さらに六回には、痛烈なライト前ヒットで走者二人を還した。八回にも、代わったカイル・ファーンズワースからヒットを打ち、九回には、リードを四点に広げるスリーランホームランをトロイ・パーシバルから放った。

バーニーは、この日の主役だった。記者がインタビューしようとクラブハウスにやってきたとき、彼はすでに球場をあとにしていた。バーニーは昔からのすばらしいチームメイトで、長年ヤンキースに貢献してきた一流選手だ。彼が大活躍する姿を見ることができて、私はうれしかった。

▼2　デトロイト・タイガースの本拠地。

シーズン開幕当初、私はボストンでヒーローのように歓迎され、レッドソックス戦で二度のセーブの機会を台無しにしてしまった。あの悪夢を断ちきるには――フェンウェイ・パークでアメリカンリーグ東地区の優勝を決めるしかなかった。そこで、ダグアウトに顔を出すことにした。ブルペンからしゃしゃりでて、思いつくままにチームメイトに活を入れるのだ。

「さっさと決着をつけてしまえ」私はいった。「東地区は、おれたちのものだ。今日は、思いきりいくぞ」

私がチアリーダーになりきると、チームメイトはいつもおもしろがる。それがいい結果につながるのなら、笑われても問題なしだ。

レギュラーシーズンの最後の土曜日、アレックス、ゲイリー・シェフィールド、松井の三人がティム・ウェイクフィールドからホームランを放ち、ランディ・ジョンソンが八回途中まで好投を続けた。アレックスにとってはリーグトップの四十八号ホームランで、彼はリーグ最優秀選手に選ばれた。九回二死、最後の打者ジョニー・デイモンの打球は私の前に転がり、私たちは八年連続のアメリカンリーグ東地区の優勝を果たした（レッドソックスも同じく九十五勝六十七敗でシーズンを終えたが、私たちが直接対決での成績で上まわっていたため、私たちが地区優勝となった）。

地区シリーズの対戦相手がエンゼルスに決まり、私たちは最初の二試合のためにアナハイムへ飛んだ。初戦はこちらが取った。相手先発バートロ・コローンを序盤に引きずりおろせたのは、一回表に走者一掃の二塁打を放ったルーキーの二塁手ロビンソン・カノのおかげだ。第二戦は、手痛いエラーを三つ記録して、二勝目を挙げる大きなチャンスを逃してしまった。それでも、一勝一敗のタイで、舞台はニューヨークに移った。第三戦は、ランディ・ジョンソンとポール・バードの投げ合いだ。殿堂入りがほぼ確実なランディの登板は、誰だって見たがるはずだ。

バードはあまり調子がよくなかったが、ランディはそれ以上に乱調だった。三イニングで九安打五失点。私たちは五点差を覆し、六対五とリードしたが、リリーフ陣がぼこぼこに打たれ、七対十一で負けてしまう。これで、一勝二敗。しかし、第四戦は三対二で取り返した。私は八回からマウンドに上がって、六人の打者から三振を二つ奪い、四人を内野ゴロに打ちとりゲームを締めた。だが、この試合の見どころは、バーニーへの熱い声援だったかもしれない。バーニーが打席に立つたびに、観客が総立ちで拍手を送り、何度も名前を叫んでいた。四年前のポーリーと同じだ。来年、バーニーがチームに残るかどうか、はっきりしていなかった。この試合でお別れになってしまうかもしれない。ヤンキースファンは、彼にきちんと礼を伝えたかったのだ。

最終決戦に臨む準備をしながら、私はつい印象的な光景を思いだした。五年で四度目のワールドシリーズ制覇を果たしたメッツとの第五戦、バーニーはマイク・ピアッツァのセンターフライを取ったあと、その場にひざまずいた。すばらしい光景だった――慎ましく、凜《りん》として、勝利の瞬間を喜んだのだ。バーニーらしい。

エンゼルスとの第五戦、二対五でリードされていたが、七回の先頭打者デレクがホームランを放ち、二点差につめよった。まだアウト九つ残されている。以前にも、私たちはどうしようもない状況を覆してきた。私は祈った。再びあの力を奮いおこすことができますように。二年前のリーグチャンピオンシップシリーズを思いだせばいい。第七戦の八回、ペドロ相手に三点差をひっくり返した。同じことができるはずだ。

アレックスが内野ゴロに倒れ、ジアンビが二塁打で出塁したあと、シェフィールドが外野フライ、松井がファウルフライに倒れた。八回も快音は響かなかった。
九回、先頭打者のデレクがヒットを放ったが、アレックスの内野ゴロで五―四―三のダブルプレー。続くジアンビとシェフィールドが安打で出塁したあと、松井のヒット性の当たりを一塁手ダリン・アースタッドが見事にさばき、ベースカバーに入ったフランシスコ・ロドリゲスにトスして、試合が終わった。

嫌な試合だった……チームが負け、私の出番もなし。なんとかしようと思いながらも、どうすることもできず、そのきっかけさえつかめなかった。私たちはシャワーを浴び、しんみりしたクラブハウスで着替えをすますと、空港に向かった。私は赤い革表紙の聖書を手に、二十九列目のいつもの席で祈った。神に身をゆだねているのだと思うと、気持ちが少し落ちついた。この挫折と失望を乗り越えることで、私をよりたくましい男に、よりよい人間にしてください。ヘスス・アドリアン・ロメロの心地いいクリスチャンソングを聴いているうちに、聖霊の気配を感じ、やがて私は眠りについた。

第16章

欠場願い

私は、ほとんど数字を気にしない。高校時代の数学教師テハダ先生のせいにしたいところだが、それはやめておこう。とにかく、私は数字を気にしない。ただ、私がやっているスポーツは、何かと数字や記録がついてまわるもので、数字の積荷であふれそうな貨物船のようだ。しかし、私は数字にこだわらないし、気にしたこともない。人気のゲーム、ファンタジーベースボールのアドバイザーとしては、私は失格だろう。何らかの節目の記録を達成したことに、私がいつ気づくか？　人にいわれたときだ。

二〇〇六年六月初旬、フェンウェイ・パークで五球投げて三人を打ちとり、セーブを挙げた（もちろん、敵地だから拍手はない）。これが通算三百九十一個目のセーブとなり、デニス・エカーズリーを抜いてメジャー歴代四位になった。

約六週間後、ヤンキー・スタジアムでのホワイトソックス戦で、二イニングを無失点に抑え、四百個目のセーブを挙げた。二〇〇八年九月十五日、同じくヤンキー・スタジアムでのホワイトソックス戦、フィル・コークが勝利投手となった試合で、A・J・ピアジンスキーをキャッチャーゴロに打ちとって、通算四百七十九個目のセーブを挙げ、リー・スミスを抜いてメジャー歴代二位になる。

　ヤンキースの広報部長ジェイソン・ジーロに教えてもらい、記者からも質問されて初めて気づいた。トレバー・ホフマンの六百一セーブを抜きそうになったときは、さすがにちがった。メディアで大々的に取りあげられたからだ。だが、そうじゃなかったら、ブルペンのドアがあき、入場曲の「エンター・サンドマン」が流れて、あとから自分が歴史的な記録を打ちたてたことを知らされるだけだ。

　ただ、こうした歴史的な記録がかかった場面でも、私はいたってシンプルにしか考えなかった。自分の仕事をして、チームで一丸となって、勝利を重ねる。それだけだ。

　長年、有名なクローザーたちの話を耳にしてきた。彼らは、セーブがつかない場面では、決してマウンドに上がらなかった。

「すまない、今日はだめだ。肩ができあがってない」彼らはそういったのかもしれない。

　あるいは、

「今日は役に立てそうにない」

　いいかえれば、自分のプラスにならなければ、マウンドに上がらないのだ。

　思うに、彼らがそういってしまう根拠はこうだ。セーブ数に基づいて給料をもらっているのに、どうしてセーブがつかない場面で投げなきゃいけないんだ?

　私が投手コーチか監督をしていて、こんな投手がいたら、ブレット・ガードナーが一塁を駆け抜けるより早く、チームから放りだすだろう。チームのことを考えない選手など必要ない。自分の記録や金がそんなに気になるなら、テニスかゴルフをやればいい。

二〇〇七年九月上旬、私たちはワイルドカード争いをくり広げていた。マリナーズ戦、八点リードしている場面――セーブはつかない――で、ミスターTは、私を九回のマウンドに上げた。二〇〇四年のリーグチャンピオンシップシリーズ、レッドソックスとの第七戦、三対十とリードされて敗色の濃い場面で、ミスターTは九回にアウト一つ取るために私をマウンドに上げたことがある。あの試合は、ヤンキース史上、最も屈辱的な試合だった。

私がどう思ったか？

監督に投げろといわれれば、投げる。それだけだ。

断るなんて、とても考えられない。

私の数字？　チームの数字《ナンバーズ》や旧約聖書の「民数記《ナンバーズ》」（主があなたを祝福し、あなたを守られるように。主がお顔を向けてあなたを照らし、あなたに恵みを与えられるように。主がお顔を向けて、あなたに平安を賜るように）じゃなければ、他人に数えさせておけばいい。どうでもいいんだよ。

二〇〇六年はシーズン開幕から終了まで、ヤンキースは電卓から煙が出るほどの数字を残した。一シーズンで九百三十得点を挙げ、二位のチームに六十得点以上の差をつけた。チーム打率は二割八分五厘、本塁打は二百十本。攻撃陣には錚々《そうそう》たる名前が並んでいる。ロドリゲス、ジーター、シェフィールド、デイモン、アブレイユ、カノ、ウィリアムズ、ジアンビ、松井、ポサダ。毎試合、十得点を挙げてもおかしくない。

チームは九十七勝を挙げ、いつものように五万人のファンの前でレギュラーシーズンを終えた

（観客動員数もアメリカンリーグ一位の四百二十五万人）。最終戦の監督はバーニー・ウィリアムズ。バーニーにとっては、ヤンキースでのレギュラーシーズン最後の試合だった。地区シリーズ進出は決まっている。ミスターTは、大事な局面でなければ、最終戦は選手に監督役を務めさせる。その年、ミスターTが選んだのが、バーニーだった。

寡黙なミュージシャンでもあるバーニーは、試合の指揮者としても一流だった。このとき、デレクはツインズのジョー・マウアーと首位打者を争っていて、初回にシングルヒットを放ち、〇・五厘差までつめよった。ところが、マウアーに二安打を打たれて、追いつけないことがはっきりした。九回表、バーニーはマイナーから昇格したての背番号63、アンディ・キャニサロに声をかけ、デレクと交替させた。デレクは「このおれと代われだって？」といわんばかりに自分の胸を指さし、観客席から大きな喝采を浴びながら快く若手に席を譲った。九回裏、バーニーは自ら指名打者ミゲル・カイロに代わって打席に立ち、右中間に二塁打。一塁ベースコーチのトニー・ペーニャが、そのボール——これが、バーニーの通算二千三百三十六本目にして、現役最後のヒットとなる——を受けとり、ダグアウトに投げこんだ。そのボールをキャッチしたホルへは、二塁にいるバーニーを見て、スタンドに投げこむふりをしてみせた。

九回表に投入したカイル・ファーンズワースが、ブルージェイズのアダム・リンドにツーランホームランを浴び、バーニー率いるヤンキースは敗れた。試合後の記者会見で、ミスターTの椅子に座ったバーニーは、ジョージ・スタインブレナーにクビにされた、ときっぱりいった。

おもしろい会見だった。

その後、私たちは強気で地区シリーズに臨んだ。対戦相手のタイガースは、レギュラーシーズン終盤の五十試合で三十一敗していたが、前年の七十一勝から九十五勝へと一年でのびてきた球団だ。私たちはといえば、ヤンキースの基準からいっても出入りの激しかったレギュラーシーズンを終えて、ようやくチームが落ちついてきたところだった。シーズン中は故障者が続出し、毎日のように新たな選手がクラブハウスにやってきた。投手陣だけでも、二十五人が登板している。名前さえろくにおぼえられない。私は誰にでも親しく接しようと思うのだが、握手もできないうちにいなくなってしまう選手が多かった。

「すまない、きみはコルター・ビーンだっけ？　いや、T・J・ビーム？」こんな調子だ。

ピッチングは常に、プレーオフに進出してくるチームの心臓部だった。だから、打撃で相手を打ち負かせるとは、あまり思っていなかった。だが、多くの人々がそういうシリーズを予想していたようだ。そのなかには、殿堂入りを果たした元タイガースの外野手アル・ケーラインもいた。彼は一九五〇年代から六〇年代前期に黄金時代を築いたミッキー・マントルを擁するヤンキースと戦ってきた名選手だ。その彼が、今年のヤンキース打線は層が厚くてすばらしいと公言していた。その言葉どおり、シリーズ開幕戦はヤンキース打線が爆発した。ジーターが、左中間スタンドに飛びこむホームランを含む五打数五安打。ジアンビもホームランを放ち、ボビー・アブレイユが四打点の活躍。ヤンキース打線から十四安打が飛びだした。私は八対四とリードした最終回にマウンドに上がり、王建民が勝利投手となった。第二戦は、デイモンが序盤に相手先発のジャスティン・バーランダーからスリーランホームランを放ち、三対一とリード。こちらの先発はムッシーナで、このまま楽に勝てると思った。

だが、タイガースにはメジャー屈指の投手がそろっている。第一戦では、「いい投手は必ずいい打者を抑える」という決まり文句がまるでジョークのように思えたとしても、第二戦では誰も笑わなかった。私たちは、得点圏に走者がいる八度のチャンスのうち一度しか得点していない。その元凶の一人がアレックスだった。三度も三振に倒れ、そのうち一度は、満塁の場面だ。たしかにアレックスは、クリーンアップから六番に落とされて動揺していた。私には、ミスターＴの考えがよくわからなかった。アレックスはレギュラーシーズンで三十五本のホームランを放ち、百二十一打点を挙げている。彼にしては突出した成績とはいえず、過去二年のポストシーズンではまったくといっていいほど打っていないにしても、それだけで打順を下げるか？　プレーオフに入る頃には調子を上げていたのに。まあ、これは私が決めることじゃない。ミスターＴがアレックスをプレッシャーから解放してやろうと思ったのか、打順を下げて彼の反発心を刺激しようと思ったのか、私にはわからない。アレックスにはすばらしい素質があるが、一人よがりのプレーに走ったり、必要以上に事をややこしくしたりするときがある。

「心配するな」私はアレックスにいった。「打順なんて関係ない。とにかく打席に立って思いどおりに打っていれば、結果はついてくる。いいところを見せようと思ったりしなくていい。自分のプレーに徹するんだ」

だが、アレックスはプライドが高い。まわりにどう映るかが大事だ。クリーンアップを打つことが、彼にとっては何よりも大事なのだ。こんな下位で打つのは、十年ほど前にマリナーズでメジャーデビューを果たしたとき以来だ。気が滅入っているだろうが、私としては、彼に見るべき場所を見てほしかった。私はよくアレックスに声をかけた――よくない噂が彼のまわりで流れはじめたときにはとくに（これは、しょっちゅうあった）。

「アレックス、落ちつけ。あれこれ欲張らないことが肝心だ」私は彼にいった。

デトロイトでの第三戦、アレックスはクリーンアップにもどったが、何も変わらなかった。一九九六年にワールドシリーズを制覇したときチームメイトだったケニー・ロジャーズは、ここ十年ヤンキース戦で勝利を挙げていなかったが、この日の試合はサンディ・コーファックスを思わせる好投を見せた。ヒットを五本に抑え、八つの三振を奪って、八回途中でマウンドを下りた。こちらはランディ・ジョンソンが打ちこまれて、〇対六で敗れた。

いったいどうなってる？ 毎年、何のためにプレーオフ進出をかけて必死に戦ってきたんだ？ 地区シリーズの開幕戦以降、私は投げていない。予想外の展開だ。それでも、私は前向きだった。とにかく、次の試合に勝てばいい。土曜日の試合に勝てば、最終戦となる第五戦を地元で迎えられる。先発マウンドに上がるのは、好調の王建民だ。一本一本ヒットを打ち、一球一球いい球を投げる。あきらめずに戦いつづける。シリーズ攻略には、これしかない。一瞬一瞬を大切にして、小さな戦いに勝ちつづければ、必ず大きな勝利につながる。

タイガースはそれを見事にやってのけた。ヤンキースは？ 相手に及ばなかった。ワールドシリーズ進出は風前の灯火で、アレックスの打順は八番まで下がり、チームの勢いはまったくなくなった。アレックスは完全に精彩を欠いていて、彼の打順を下げたミスターTを責める気にはならなかった。私が監督だったら、アレックスを先発からはずしていたかもしれない。崖っぷちに立たされた今、勝利に貢献できる選手しか使えない。アレックスはすばらしい選手だが、このときの彼は、とても勝利に貢献してくれそうには見えなかった。タイガースの先発、速球派投手ジェレミー・ボンダーマンは五回まで完璧なピッチングを続けた。私たちの先発ジャレット・ライトは二回につかまり、二本のホームランを浴びて、三点のリードを許してしまう。そして三回、アレックスのエラーのあとに一点を追加された。さらに〇対八と引きはなされたが、私たちはなんとか三点を返した。九回二死、シリーズの通算打率五割のホルへが、相手リリーフのジェイミー・ウォーカーからツーランホームランを放った。

それ以外、いいところはなかった。アレックスは三打数無安打で、シリーズの通算打率は〇割七分一厘（十四打数一安打）、〇打点。不振だったのは、アレックスだけじゃない。シェフィールドの打率は〇割八分三厘。第二戦以降、私たちは得点圏に走者がいる二十一回のチャンスでわずか二回しかヒットを打っていない。この数年、私たちが勝利を重ねてきたのは、最高の先発陣と盤石のリリーフ陣、それとチャンスでヒットを重ねる打撃陣がいたおかげだ。グラウンドにスター選手が散らばっていただけじゃない。最後まであきらめないチームメイトが一丸となって、勝ってきたのだ。

このシリーズでは、数字にこだわらない私でも、自分の記録がよくわかった。投げたのは十二球、たったの一イニングだけだ。

まったくといっていいほど、出番がなかった。

春になれば変わるだろうと思っていたが、二〇〇七年、タンパに出向くと、悲しい知らせが待っていた。バーニー・ウィリアムズの姿が見当たらず、春季キャンプにはこないのだという。バーニーは二〇〇六年シーズンと同じく、代打とか控えのような役目でいいからヤンキースに残りたいと思っていた。もちろん、年俸もかなり低い。だが、球団は興味を示さず、バーニーにこう告げたらしい。「春季キャンプに参加してもいいが、あくまでマイナー選手としての扱いで、メジャー選手としては認めない」それは契約上の話だったが、一九九一年からヤンキースでプレーし、四度のワールドシリーズ制覇を経験してきたバーニーにとっては、屈辱以外の何物でもなかった。

球団はバーニーに、チームのために貢献できるかどうかよく考えろといったのだ。ポストシーズン通算二十二本のホームランを放ち、八十打点――ほかにもさまざまな形でチームに貢献してきた男に対して。バーニーは球団の申し出を断わり、話はそこで終わった。別れの挨拶もなく、引退式もなく、ヤンキースの人気者は、ただ追いだされてしまった。球団の経営方針に口を出すつもりはない。ブライアン・キャッシュマンとそのまわりの部下たちは、チームの利益を最優先する。それでも、バーニーの扱いはまずかったと思う。球場でプレーする私たちチームにとって、決して正しい判断じゃなかった。彼のギターが聴けなくなると思うと、背番号51のユニフォームをもう見られないのだと思うと、寂しかった。

だがそれと引きかえに、背番号46のアンディ・ペティットが古巣ヤンキースに復帰した。絶好のタイミングだった。

二〇〇三年、ワールドシリーズでマーリンズに敗れたあと、フリーエージェントとなってチームを去ったアンディは、自宅のあるテキサス州の地元球団であるヒューストン・アストロズと契約した。それから四年がたち、ヤンキースに帰ってきたのだ。クラブハウスに入ってきた彼をひと目見て、胸が弾んだ。アンディは毎回の登板で全力を出しきる男だが、それだけじゃない。これまで会ったなかでもすばらしいチームメイトだ。敬虔なクリスチャンで、はっきり物をいうし、責任感も強い。ＰＥＤ（運動能力向上薬物）の使用実態を調査したミッチェル報告書に名前が挙がって追及されたときも、責任のある態度でそれに応えた。同じように名前の挙がった選手たちのほとんどが黙りこむか、聖書に誓って潔白だと主張するか、代理人を通じて謝罪のコメントを発表するなか、アンディは真摯にそれを受けとめ、ＨＧＨ（ヒト成長ホルモン）の使用を認めた。大変な勇気の要ることだ。私はいっそう彼に一目おくようになった。

アンディはマウンドでもその勇気を見せてくれた。人は見かけではわからないということを、何度もそのピッチングで示してきた男だ。一九九〇年六月のＭＬＢドラフトで、全体五百九十四位、二十二巡目の指名を受けたアンディは、テキサス州ディアパーク高校を卒業したての、ぽっちゃりした若者で、大して期待されてはいなかった。打者をなぎ倒すような豪腕の持ち主ではないし、運動能力がずば抜けて高いわけでもない。それでいてメジャー通算では二百五十六勝、さらにポストシーズンでも十九勝を挙げ、大事な試合に登板してチームを救ってくれた。

絶対に味方につけておきたい男だ。

見事な登板だったからアンディの責任ではないのだが、彼がブルージェイズ戦で負け投手となった五月の終わり、チームはとても考えられないところまで転落した——最下位だ。成績は二十一勝二十九敗。先発投手に十人を起用しながら、その全員が本来の力を発揮できずにいた。首位のレッドソックスに十四・五ゲームという大差をつけられていた。

遠征先のトロントで、さらにひと悶着あった。渦中の男となったのは、いつものアレックス・ロドリゲスだ。妻ではない女性との写真を撮られ、タブロイド紙の一面にでかでかと掲載されてしまったのだ。くわしいことは知らないが、各メディアが異様なほど騒ぎたてた。そしてその週末のブルージェイズ戦、九回に七対五でリードしていたとき、ホルへがサードフライを打ちあげた。ブルージェイズの三塁手ハウイー・クラークが捕球体勢に入る。二死だったため、塁をまわるアレックスが、クラークのそばを通ったとき「ハッ！」と大声を出した。遊撃手が「おれにまかせろ」と声をあげたのかと勘ちがいしたクラークが、驚いてさっと後ろに下がってしまい、打球はグラウンドに落ちた。このプレーから三点を追加して、私たちは十対五で勝利した。ブルージェイズの監督ジョン・ギボンズがアレックスのふざけたプレーに抗議し、ほかのブルージェイズの選手たちも口論に加わった。

アレックスは妙に目立つ才能があって、そのせいで必要以上に厄介なことに巻きこまれてしまう。

私は一人の友人として、彼にそのことを気づかせたかった。招いてしまった結果をよく考えさせたかったし、ほかのどの選手にも増して、アレックスはもっと慎重になったほうがいいのだとわからせたかった。そうでないと、いつかとんでもない目に遭う。

だが同時に、あんなふうに嚙みつかれるのもしかたないとも思った。何しろ、アレックス・ロドリゲスだ。ホルへやデレクが同じように野手に大声をあげたとしても、騒ぎにはならなかっただろう。今まで何人の打者や走者が似たようなことをして、私の気を逸らそうとしただろう。私がバントの処理をするとき、どんな言葉が耳に入ってくるか？

「三塁だ！」誰かの声がしたかと思えば、

「二塁だ！」別の声が飛んでくる。

あちこちから叫び声が飛んで、私を惑わせ、慌てさせて、送球ミスを誘おうとする。だが、私には通じない。プレーに集中しているからだ。他人の声が耳に入るようでは、プロとはいえない。アレックスがしたことも、これと何も変わらない。

内野手が走者を惑わすために外野からの返球を受けるふりをするのはどうだろう？　走者の勘ちがいを誘い、怪我《けが》をするかもしれないのにベースにスライディングをさせることにつながるが、それはいいのか？

アスレチックスの投手ダラス・ブレイデンとアレックスの悶着も、私にしてみれば、ばかばかしかった。数年前のことだが、打球がファウルになって、三塁まで進塁したアレックスが一塁にもどろうとピッチャーズマウンドを横切ったとき、ブレイデンが切れたのだ。ブレイデンはアレックスを暗黒街のボス、ホワイティ・バルジャーのような人非人と罵《ののし》った。

マウンドを横切っただけだ。冗談じゃない。そんなことが気に入らなかったのか？　マウンドを聖地か何かだと思っているのか？　打ちとった打者がダグアウトに帰るとき、マウンドを横切ったとしても、私は怒らない。何をされてもかまわない。そうしたいのなら、マウンドで寝転がってもらってもかまわない。踊ってくれてもいい。私は何も気にしない。それがすんでから、マウンドにもどって、次の打者を打ちとるだけだ。

私は、ロドリゲスが「ハッ！」と大声を出した試合でセーブを挙げ、この試合が巻き返しのきっかけになればと願った。見せ場がなく目を背けたくなるような場面ばかり続くシーズンで、約ひと月ぶりの、ようやく四個目のセーブだ。シーズン開幕から四週間で、私の防御率は十点台、毎年恒例の懐疑論が世間を騒がせはじめた。リベラはどうかしたんじゃないか、クローザーとしてのリベラの時代はもう終わった。そういう声をあげる人のなかに、私は含まれていない。私自身は、まったく心配していなかった。自分の体調やカットボールの曲がりについては、自分でよくわかっている。そのうち調子ももどるだろうし、球の切れもよくなるだろう。マウンドに立って、相手にとても敵わないと感じたり、アウトを取る自信がなくなったときには、自らマウンドから去る。誰からの助言も必要ない。

ただ、私にとって、ホームで迎えたマリナーズ戦は最悪だった。先発はルーキーのマット・デサルボ。マイナーから上がってきた投手で、すばらしい内容のメジャーデビュー戦だった。その日、マットは三安打を許し一失点で、三振は一つも奪っていなかったが、緩い球を織り交ぜた投球で、七回まで必死に投げた。八回、審判の誤審があった。マリナーズのウィリー・ブルームクイストが二塁に盗塁したとき、釣竿一本分くらいの余裕でアウトだったのに、セーフとコールしたのだ。その直後にこちらは同点に追いつかれ、迎えた九回、私はエイドリアン・ベルトレにカットボールを弾き返されて、試合を持っていかれた――内角高めに投げたつもりが、ど真ん中に入ってしまい、スタンドまで運ばれたのだ。こういう負け方をしたときは、いつも心が痛いが、このときは特別だった。若いマット・デサルボはメジャー初登板で、イチローを打席に迎えたとき〝身が引きしまる思いだった〟と語った。そんな彼の好投をむだにしてしまったのだ。本当に胸が苦しかった。華々しいデビュー戦にしてあげられなかった。

クラブハウスにもどってから、私はマットを探した。

「今日のピッチングは最高だったよ。あんな終わり方になって、すまなかった」私はいった。

「気にしないで。こういうこともあります。ベストを尽くしてくれたのは、よくわかってます」

三連戦でフェンウェイ・パークに遠征したとき、アレックスにとっては、今までにないほどつらい週末だっただろう。アレックスは、タブロイド紙に載った写真がどんな結果をもたらすか予想できていなかったし、妻であり一人娘の母親でもあるシンシアにどう説明すればいいかもわかっていなかった。そのシンシアが、ボストンにやってくることになった。

アレックスのことをどうこういったり、彼に説教したりするつもりはない。私自身、いたらないところが多い。アレックスとシンシアの二人で話し合うことがたくさんあるだろう。そこに首を突っこもうとは、これっぽっちも思わない。常々思っていることだが、こういうときは、つつみかくさず率直に話すのが一番いい。自分を見つめなおし、心を浄《きよ》めてもらえるよう、力を貸してもらえるように、神にお願いするのだ。謙虚になって、よりよい道を、まっとうな道を歩めるように心を入れかえ、神がかぎりない愛をもって許してくれることを自覚すればいい。

球場では当然のように、レッドソックスファンがえらくご機嫌で、金髪女性の仮装をして、容赦なくアレックスをからかっていた。日曜日の試合、同点で迎えた九回二死、アレックスはカウント〇―二と追いこまれながらも、ジョナサン・パペルボンからレッドソックスのブルペンに飛びこむホームランを放った。彼自身、ベースをまわるのがあんなに爽快だったことは、今までなかっただろう。チームにとっても、シーズン巻き返しの大きなきっかけとなる一発だった。私もセーブを挙げることができ、フェンウェイ・パークで三戦二勝と勝ち越せた。手応えのある三連戦だった。

数週間後、私たちはコロラドに遠征することになっていたのだが、長男マリアノ・ジュニアのミドルスクールの卒業式と重なった。わが家にとって、初めての卒業式だ。私はミスターTの部屋に向かった。

「ちょっといいですか？」

「ああ、どうした？」

「ちょっといいにくいお願いなんですが、今度のコロラド遠征を欠場できないかと思って。息子の卒業式に出たいんです。私にとって、家族にとっても、大事な日ですから」

それまで、ミスターTに頼みごとをした記憶はない。ましてや、遠征試合を欠場させてくれなどといったことは一度もない。ミスターTはぽかんとした表情を浮かべ、しばらく考えてから口を開いた。

「モー、きみの要望に応えてやりたいのは山々だ。きみやクララ、きみたちの息子にとっても、卒業式がどんなに大切かはよくわかる。だが、それを認めるわけにはいかない。ほかの選手に示しがつかない。きみにだけ許可して、ほかの選手には認めないとなると、それは不公平だ」

ミスターTの話しぶりは、私の申し出にどこか戸惑っているようだった。だが、このときばかりは私も我を通し、チームのことはそっちのけだった。ミスターTは、息子の卒業式が私にとってどれほど大事なことかわかっていない。私は息子よりもう少し年齢を重ねたところで、学校を辞めてしまった。私の父は、息子の年齢になるずっと前に学校にいかなくなった。だから私としては、息子の卒業式をきちんと祝ってやりたかった。

「申しわけありませんが、許可がおりようとおりまいと、卒業式に出席します。私が出席することに大きな意味があるんです」

「そうなると、引きとめることはできないが、八回か九回でリードしていて、きみが必要な場面になったとき、チームの人間になんていえばいい？　私がどういえばいいのか教えてくれ。無断で消えたと伝えればいいのか？　私にどういってほしいのか知らないが、きみを頼りにしているほかの二十四人の選手に、私が許可したとは口が裂けてもいえない。それは無理だ」

「わかりました。少し考えさせてください」私は答えた。ミスターTの部屋を出て、クララと話をした。クララに事情を説明しながらよく考えてみた。すると、監督の意見はもっともで、卒業式には出られないと思えてきた。私にはどうすることもできない。最悪の場合、チームメイト全員を裏切ることになってしまう。

再びミスターTに会って、考えなおしたと伝えた。

「コロラド遠征にいくことにしました。チームを離れるのは、やっぱりよくない」

息子にはきちんと説明した。「おまえの卒業式に出たいのは山々だけど、ヤンキースが許してくれないんだ。おまえのことは愛しているし、誇りに思っている。父さんだって、おまえといっしょに卒業を祝いたい。だけど、どうしても出席できない」

マリアノ・ジュニアはとても物わかりがよかった。悲しいことだが、彼もハフェもハジエルも、私が家をあけ、祝いの催しやイベントに出られないことにすっかり慣れていた。野球のおかげで、家族は何不自由なく暮らしていたが、スケジュールだけは自由が利かなかった。

コロラドでは三連敗を喫し、結局私の登板はなかった。シーズンを通じて、ずっとこの調子だ。状況が好転してきたかと思えば、また後退してしまう。だから、なんとか勝率五割（四十三勝四十三敗）で迎えたオールスターゲーム明けは、新シーズンの開幕の気分だった。前半の不調を忘れて、ニューヨーク・ヤンキースらしいスタートを切った。タンパベイ・デビルレイズとの連戦では、二試合の合計スコアが三十八対九、四十五本の安打を放ち、メジャーの最多得点を記録した。オールスター明けから二十四勝八敗と勝ちまくり、首位レッドソックスに四ゲーム差と迫った。この快進撃の原動力になった一人が、リリーフ陣の新たな秘密兵器、体格のいいネブラスカ州出身のジョバ・チェンバレンだ。二十一歳の若手右腕が球界を席巻した。百六十キロ近い速球が武器だが、スライダーにもすばらしい切れがある。デビューからの十二試合で、自責点は一点もなく、一イニングに必ず一人は三振に切ってとり、三振を奪うたびに拳を突きあげた。レギュラーシーズン終了時の成績は、二十四イニングを投げて三十四奪三振、与四球は六、防御率は〇・三八。登板した十九試合中、十七が勝ち試合だ。自分を信じ、最初から最後まで積極的に攻める投球は、見ていてわくわくした。たった二十イニング程度の投球を見ただけで、彼をほめまくったり、未来のエースだとおだてたりするつもりはない。そうした評価は、長年かけて得られるものだ。それでも、彼は優秀なリリーフ投手として、目ざましい活躍を見せてくれた。

私たちは十三年連続でプレーオフに進出したのだが、十年ぶりにアメリカンリーグ東地区の優勝を逃し、ワイルドカードで、クリーヴランド・インディアンスと戦うために敵地に乗りこんだ。こちらは試合開始直後、ジョニー・デイモンがCC・サバシアから先頭打者ホームランを放ち、先発マウンドには王建民が上がった。王は安定感のあるシンカーが得意な投手で、過去二年連続で十九勝を挙げている。当然、王への信頼は絶大なものだった。

直近の七試合でも六勝しているし、過去二シーズンのプレーオフでも登板しているから、プレッシャーにも慣れている。

ところが、試合が始まってみると、王は大乱調だった。初回の一イニングだけで、二人を歩かせ、デッドボールも一個、三安打を浴びて、三失点。得意のシンカーはまったく沈まないどころか、グラウンド上を飛び交った。五回途中でマウンドを下りた王の成績は、九安打八失点。相手投手サバシアも乱調気味で、ヤンキース打線ががんばったものの、とても追いつけなかった。私たちは三対十二で第一戦を落とした。第二戦を落とすわけにはいかない。先発マウンドをまかせる投手は、アンディ・ペティットしかいない。彼に長いイニングを投げてもらい、中継ぎのジョバが抑え、最後は私が締める。ジョバがメジャーに昇格して以来、この継投はほとんど負けなしで機能していた。

アンディは闘争心をむきだしにして、すばらしい快投を見せてくれた。毎回、走者を背負いながらも、その後の打者を必ず打ちとった。六回、先頭打者グレイディ・サイズモアに三塁打を浴びたが、それでもくずれることはなく、その後のアズドルバル・カブレラをピッチャーゴロに打ちとり、トラヴィス・ハフナーとヴィクター・マルティネスを三振に切ってとった。

七回に入ったが、両チームの得点は、メルキー・カブレラがインディアンスの先発ロベルト・ヘルナンデスから三回に放ったホームランの一点だけだ。七回裏、一死で、アンディがジョニー・ペラルタに二塁打を浴び、ケニー・ロフトンを歩かせたところで、ミスターTはジョバをマウンドに上げた。ジョバはポストシーズン初登板だったが、フランクリン・グティエレスを三振に切ってとり、ケイシー・ブレイクをライトフライに打ちとった。

度胸のある、すばらしい若手投手だ。

一対〇でリードのまま、ジョバが八回のマウンドに上がり、私は九回の登板に向けてブルペンで肩を温めはじめた。サイズモアが打席に立ったところで、マウンド上のジョバがしきりに腕を叩いたり、振りまわしたりしだした。一、二匹の蚊が球場に迷いこんだわけじゃない。ユスリカの大群だ。秋の夜にしては異様な暑さで（試合開始時の気温が二十七度）、ユスリカの群れが、汗に濡れたジョバの首や顔にたかりだしたのだ。数千匹とはいわないまでも、数百匹はいただろう。ユスリカが首にはりついて、耳のなかにも入ってくるし、口元や鼻先、目の前にもおびただしい数が飛び交っている。振りはらっても意味がなく、ジーン・モナハンが持ってきた虫よけスプレーもまったく効かない。

私のいるブルペンには、一匹もいなかった。私自身は、あんな虫の大群にプレーを邪魔されたことはない。ユスリカを追いはらうジョバを見て、試合を一時中断しない審判たちが信じられなかった。土砂降りの雨なら試合を中断する。土砂降りのような虫の大群に襲われているのに、どうして中断しない？　ダグアウトにはそれほどユスリカがいなかったから、ミスターTもジョバがどれほど投げにくいのか把握できず、試合を中断しろと審判たちに抗議しなかったからだろう。そのまま試合は続行され、精密機械のようにストライクを取っていたジョバ・チェンバレンが、エンジン快調のスポーツカーから止まりかけのぼろ車に変わってしまった――メジャーデビュー二か月にして初めてだ。サイズモアをフォアボールで歩かせてしまう（メジャーで初めてだ）。暴投で二塁への進塁を許し、二人を打ちとったあと、再び暴投でサイズモアが生還、同点に追いつかれる。ジョバはなんとか平静を保とうとするものの、気の毒にもユスリカに悩まされつづけて、次の打者にボールをぶつけ、さらにもう一人をフォアボールで歩かせたが、ようやくスライダーでペラルタを見逃し三振に切ってとり、八回を終えた。

ジョバがマウンドを下りると、不思議なことに、彼の登板に合わせていたかのように、ユスリカの大群もいなくなった。

九回表、二塁に走者をおきながら、アレックスは三振に終わり、私がインディアンス打線を三者凡退に抑えて、試合は延長に入った。肝を冷やした十回をなんとか乗りきって――満塁の場面でペラルタから三振を奪った――十一回表の私たちの攻撃は三者凡退。メジャー屈指の強力打線は湿り、四回以降、ヒットは二本しか出ていない。

十一回裏、インディアンスは満塁の場面でハフナーが、代わったルイス・ビスカイーノからサヨナラヒットを放ち、二対一で勝った。この年もまた私たちは、あと一敗で地区シリーズ敗退という窮地に追いこまれた。

ユスリカとは無縁のブロンクスにもどり、ミスターTは先発に四十四歳のロジャー・クレメンスを当てた。ロジャーは引退の噂がささやかれていたが、投手陣のローテーションを固めるために球団に呼びもどされていた。ただ、この年は故障と不調に悩まされており、それはインディアンスとの第三戦でも変わらなかった。

それでも、リリーフに上がったフィル・ヒューズが好投して、デイモンがホームラン、カノがタイムリーヒットを放ち、私がセーブを挙げて八対四で勝利した。あと一勝で二勝ずつのタイになり、クリーヴランドでの第五戦に臨める。迎えた第四戦の先発は、中三日の王だったが、彼の不運は変わらなかった。インディアンス打線につかまって五安打四失点、二回途中でマウンドを下りた。こちらは一対六とリードされ、アレックスとアブレイユからホームランが飛びだすが、この試合もまた、投手陣も打撃陣も力が及ばなかった。

四対六で敗れ、二〇〇七年シーズンは終わった。

オフシーズンに入ると、私は海に出る漁師のようになる。しばらくニューヨークを離れ、後ろを振り返らない。野球のことは一切考えないし、試合も一切見ない。ワールドシリーズは大好きだが、自分が出られないなら見る気にならない。この年も、それは変わらなかった。レッドソックスとロッキーズの対戦となったわけだが、シリーズが始まってまもなく、友人のアレックス・ロドリゲスが再びメディアをにぎわせた。ワールドシリーズ最終戦となった第四戦の八回表、FOXテレビのリポーター、ケン・ローゼンタールが伝えたところによると、アレックスがヤンキースとの契約を破棄する意向を示したという。

ニュースをきいたとき、私はそう思った。

どうして今なんだ？　アレックス、どういうつもりだ？　そんな話は明日でもいいだろう？

アレックスには契約上、フリーエージェントになる権利がある。これは彼の正当な権利で、アレックスはそれがいいと思えば、契約を破棄してかまわない。だが、どうしてワールドシリーズの期間中なんだ？　今は誰もがワールドシリーズを見たいと思っている。どうしてその邪魔をする？　私は心理学者じゃないし、そのふりをするつもりもない。知ってのとおり、私は人を厳しく批判したりするタイプじゃないし、しようとも思わない。アレックスがどういうつもりなのか、見当もつかなかった。代理人にいわれたのかもしれない。アレックス・ロドリゲスがどれほどの大物か見せつけてやれば、これから始まる契約交渉にこのうえなく有利に働くはずだ……たしかに大物選手だったから、ワールドシリーズ中継を中断して、メディアはアレックスの契約の件を取りあげた。あるいは、彼自身が自分を大物だと誇示したかったのかもしれない。ただ、自信はない。クリーヴランドでの試合でジョバを襲ったユスリカの大群ほどの批判がアレックスに集中することはないだろうが、それに近いことはありうる。私は再三にわたって、シンプルに生きることの美しさと利点を彼に説いてきた。

いつか彼にその声が届くのを、ただ祈るしかなかった。

十一月二十九日、私は三十八歳の誕生日を迎えた。ワールドシリーズが終わり、春がひと月分近くなった。しかし私はまったくめでたい気持ちじゃなかった。友人であり、指導者でもあったチコ・エロンの葬儀のため、私はパナマにいた。チコは長い病気の末に亡くなった。子どもの頃からの知り合いで、私は彼が大好きだった。チコが私をスカウトし、私の素質を信じこんでくれなかったら、私にはメジャーリーガーになるチャンスなどなかっただろう。彼がいろんなことを教えてくれなかったら、私はどうなっていたかわからない。

チコは小柄で陽気な男で、パナマの野球に尽力した人だ。そこらじゅうに石ころが転がる地の果てのような場所の空き地で野球をしていて、ふと顔を上げれば、そこにはチコがいた。パナマ市で最も大きな球場で野球をしたときにも、チコがいた。野球が大好きで、スカウトにも力を入れていて、惚れこんだ選手の面倒を見ることに熱心だった。私を投手としてスカウトしたとき、私は痩せっぽちで百三十キロそこそこの速球しか投げられなかったが、チコは何も心配していなかった。彼には潜在能力を見抜く力があった。彼には未来の私が見えていた――体を作って、練習にはげめば、将来有望だと。彼は上司のハーブ・レイバーンに私を紹介し、それからほどなくして、私はタンパに向かった。

だが、人の素質を見抜く目利きである以上に、チコは本当に善良な男でもあった。物事の正しい進め方をよく知っていた。常に全力を注ぐこと、敬意を忘れないこと、集中力を切らさないこと、試合でも人生でも必ずやってくるつらい時期を耐え忍ぶことを、何度もいってきかせてくれた。

「自信を持ち、自分を信頼し、神を信じろ」チコがよくいっていた。「その信念を持って、やる気を出して練習にはげめ。おまえは無限の可能性を秘めている」

チコの言葉に耳をかたむけたことで、私の人生は変わった。

第17章

最後の日

これほど思いがけないシーズン開幕があっただろうか。ロジャー・クレメンスを最後に見たのは、二〇〇七年の秋だ。ヤンキー・スタジアムでピンストライプのユニフォームを着て、クリーヴランド・インディアンス相手にポストシーズンの生き残りをかけて必死に投げていた。その彼が、テレビの画面に映っている。ワシントンDCでピンストライプのスーツを着て、元個人トレーナーのブライアン・マクナミーの告発に対し、自身の名誉をかけて必死に答えていた。またしても球界の暗部、PED（運動能力向上薬物）の問題だ。その問題が、連邦議会の公聴会で熱く議論されていた。重大な問題だ。野球が薬物に汚染されないクリーンなスポーツであってほしいと、私は誰よりも願っている。薬物の撲滅を願っているし、卑怯者は球界から消えてほしいとも思っている。

もう一つ、思いがけない大きな変化があった。ミスターTが球団を去り、ミスターG——ジョー・ジラルディ——がやってきた。私にとっては三人目の監督だ。初めて会ったとき、彼はチームメイトだったばかりか、私の球を受ける捕手でもあった。実戦で初めてバッテリーを組んだのは、一九九六年シーズンの第一週――敵地テキサスでのレンジャーズ戦だ。一人目のラスティ・グリアを三振に切ってとり、ジョーのリードで二イニングをあっさりと片づけた。ジョーは明るくてエネルギッシュな男だ。小柄だが、とても頼もしくて、ワンバウンドの捕球もうまいし、リードや野手への指示も的確で、まさにチームの要だった。打順は、デレクの前の八番で、その年はチームで最も多い送りバントを決め、盗塁は十三。ヤンキー・スタジアムで優勝を決めたワールドシリーズ第六戦では、グレッグ・マダックスから三塁打を放って、チームに先制点をもたらした。

監督が代わるのは大きな変化のはずだが、当時ジョーといっしょにプレーするのが気楽だったように、ジョーのもとでプレーするのも気が楽だった。彼がロッカールームではなく、監督室に入っていくのにもまったく違和感はない。私はいつものとおり試合の準備をするだけだ。彼にいわれることはなんでもする気でいた。

「できるだけ、登板は一イニングに抑えようと思う。タイミングもちゃんと考えたい」ジョーにいわれた。

「いつでも声をかけてくれ。準備しておくから」

監督が代わったからか、捕手がホセ・モリーナに代わったからか（ホルヘは故障でシーズンの多くを欠場。そのためヤンキースは、モリーナ三兄弟▼1のうちの一人を獲得していた）、私は三十九ではなく、二十九歳になるような気持ちで、二〇〇八年シーズンを迎えた。開幕から二か月で、二十六奪三振、与四球が二、防御率〇・三八で、十五個のセーブを挙げた。その後しばらくして、チームは七連勝し、私はパドレスの選手を三者連続三振に切ってとり、十九個目のセーブを挙げた。貯金

▼1　エンゼルスなどで活躍し、現在カージナルスでコーチを務める長男ベンジー、エンゼルス、ヤンキースなどでプレーした次男ホセ、カージナルスで7度のゴールドグラブ賞を獲得している三男ヤディアーの3人。プエルトリコ出身。3人とも捕手である。

がたったの五つ（五十勝四十五敗）じゃなかったら、もっと晴れ晴れしい気分でオールスターゲームを迎えられただろう。試合は、この年で閉鎖される旧ヤンキー・スタジアムで行なわれた。

私にとっては九度目のオールスターゲームで、この年はとりわけ特別だった――名選手がスタジアムに大勢集まり、聖地への別れを告げたのだ。私が最も感動したのは、ジョージ・スタインブレナーに会えたことだ。この一年、彼は表舞台に姿を見せなかった。健康を害し、体力も衰えてきたとずっときかされていたから、じかに会えたのは本当にうれしかった。

彼がどんな気持ちでスタジアムに足を運んだかは明らかだった。試合前の式典で、カートに乗って外野からピッチャーズマウンドの前にやってきたミスター・ジョージは、涙を流しているようだった。

ミスター・ジョージからボールを受けとったのは、殿堂入りした元ヤンキースの四人だ――ホワイティ・フォード、ヨギ・ベラ、グース・ゴセージ、レジー・ジャクソン。四人はミスター・ジョージと抱き合ったあと、指名されたキャッチャーを相手に始球式を行なった。ホワイティがデレクに、ヨギがジョー・ジラルディに、レジーがアレックスに、グースが私に。

初めてミスター・ジョージに挨拶したのがいつだったかよくおぼえていないが、メジャーに昇格したあとだったはずだ。マイナー時代の若い頃は、ミスター・ジョージが春季キャンプの視察にやってくると、私は遠くから彼を眺めるか、練習に打ちこんで気づかないふりをした。

試合中、ミスター・ジョージのまわりには家族が集まっていて、オールスターゲームを楽しんでいるように見えた。不憫《ふびん》に思えたのは、いつも堂々として（おまけに、口うるさくて）、辣腕を振るってきた球団オーナーが、すっかり弱っていたことだ。私は彼にお礼をいいたかった。私にチャンスを与えてくれたことに、ニューヨーク・ヤンキースのユニフォームを着るという栄誉を与えてくれたことに。だが、どう伝えていいのかわからなかった——彼の前に進みでて、私の顔をおぼえていなくて気まずい雰囲気になったら、それこそどうしていいのかわからない。私は思った。家族といっしょにヤンキー・スタジアムとの別れを惜しんでいるのを邪魔しないほうがいい。どんなスポーツ会場よりも有名なこの球場の建設に、ミスター・ジョージは尽力してきたのだ。

この日が、ジョージ・スタインブレナー氏に会った最後の日となった。

後半戦は破竹の八連勝でスタートした。七月下旬の金曜日、敵地フェンウェイ・パークに乗りこんでのレッドソックス戦、先発のジョバが完璧なピッチングを見せて一対〇のリードを守り、最後は私がマイク・ローウェルとJ・D・ドルーを三振に切ってとって試合を締めた。チームは五月の第一週以来、首位と三ゲーム差まで詰めよった。

ところが、またぱっとしない成績にもどってしまう。五試合で四敗し、この間に四十四失点。投手陣が思いどおりに機能しなかった。六月、ヒューストンでアストロズに大勝した試合で、王健民が走塁の際に足首をひねって戦線離脱（気の毒なことに、王はそれ以来、本来のピッチングを取りもどせなかった）。これに加えて、先発陣のなかで防御率が四・〇〇以下なのはムッシーナ一人で、そのうえ、チーム打率もこの年のリーグ全体の平均と変わらない低迷ぶり。こうした不振が重なると、いい結果は出ない。

八月下旬、レッドソックスをホームに迎えた。この三連戦は、全勝か、せめて勝ち越したい。

だが、私たちはそのどちらも達成できなかった。初戦はアンディが打ちこまれて三対七で敗れ、次の試合ではシドニー・ポンソンを出したが、すぐにレッドソックス打線が爆発した。主役は、ダスティン・ペドロイアだ。

彼は三安打四打点の活躍で、デイヴィッド・ロバートソンから満塁ホームランを放った。守備では、打球を追いかけては飛びついて、試合中ずっとユニフォームを土まみれにして、まるで今日が現役最後の試合であるかのような気迫にあふれていた。

次の日の試合も、それ以降も、彼のプレーは変わらなかった。

私の尊敬する選手は数多くいるが、ダスティン・ペドロイアはその筆頭だ。誰よりも懸命にプレーし、誰よりもチームに貢献し、誰よりも勝ちにこだわる。いつ対戦しても、試合終了まで全力でぶつかってくる。勝つためならなんでもする、彼のような小柄な選手が、全力でプレーするさまは見応えがある。現役時代、多くの名二塁手を目にしてきた。ロベルト・アロマーのような一流選手が味方にいれば、守備でも走塁でも打撃でも、敵を圧倒してくれる。試合は楽だ。ロビンソン・カノは打撃がすばらしく、守備もかたい。送球ミスが目立ちはじめる以前のチャック・ノブロックも、持ち前のスピードと気迫あふれるプレーで試合を支配した。それでも、どうしても勝たなければならない試合に臨むとしたら、私はダスティン・ペドロイアにセカンドの守備をまかせたい。

それから約三週間後、ポストシーズン進出を十三年ぶりに逃し、二〇〇八年シーズンはあっけなく終わった。タンパベイ・レイズがアメリカンリーグ東地区の首位[▼2]、レッドソックスがワイル

▼2　この年、レイズは岩村明憲が152試合に出場、打率.274（172安打、うち二塁打30）でチームを牽引、初のポストシーズン出場に大きく貢献した。レイズはワールドシリーズまで進出したが、フィリーズに敗れた。なお、この年のフィリーズには田口壮が在籍。

ドカード。ヤンキースは八十九勝七十三敗で、二位のレッドソックスに六ゲーム差をつけられ、運に見放された。デレク、ホルへと同様、私はメジャーデビュー以来、毎年プレーオフに出場してきたが、残念ながら、この年、チームにはその資格がなかった。私自身はいい成績を残せた（四十回のセーブ機会で三十九セーブ、防御率は一・四〇、奪三振七十七、与四球六）。どんなに実績があっても四十五セントのバスでチョレラに通っていた頃に、すぐにもどってしまうかもしれない。

二〇〇八年シーズンの出来事で、最後に一つ触れておきたいことがある。ヤンキー・スタジアムとの別れだ。開場から八十五年、ヤンキースの二十六度のワールドシリーズ制覇を見守ってきたスタジアムでの最後の試合が、九月二十一日の日曜日に行なわれた。対戦相手は、オリオールズ。別れを惜しむファンが最後にゆっくり見られるように、試合開始の七時間前にスタジアムは開放された。私はその日、スタジアムに向かおうと自宅を出たときから、熱い感動に溺れそうになった。真正面から荒波に襲われた船首のようだった。

ポストシーズンの試合に初めて登板した日のことを思いだした——一九九五年、マリナーズとの地区シリーズ、十二回表。リリーフに上がった私がジェイ・ビューナーを三振に切ってとったのを皮切りに三回三分の一を投げると、十五回裏、ジム・レイリッツがサヨナラホームランを打ってくれた。

その四年後、ヤンキースはブレーブスを四連勝で下してワールドシリーズを制覇し、ホルへやティノやみんなと喜びを分かち合った。さらにその四年後には、アーロン・ブーンがベースをまわるなか、マウンドにひざまずいて祈りを捧げたのをおぼえている。

もちろん、こうした思い出は、個人的なささやかなものに過ぎない。だが、修理工になろうと思っていたパナマ生まれの青年だった私にとっては、かけがえのない思い出だ。そのほかもろもろの歴史的瞬間はどうなのだろう？　ベーブ・ルースをはじめ、ゲーリッグ、ディマジオ、ベラ、マントル、ジーターにいたるヤンキースを代表する名選手たちにとっては？　彼らの偉業や思い出、栄光の瞬間は？

「独特の雰囲気も球団の伝統も、通りの向かいにそっくりそのまま移動するだけだよ」とデレクはいったが、果たしてそうなのか？　このスタジアムの精神と魂が本当に再現されるのか？　私にはわからない。

ヤンキー・スタジアムは、単なる心強い本拠地じゃない。私が投手として、一人の男として育った場所、私に精神的な修養や静かに自分を見つめなおす時間をもたらしてくれた場所だ。たとえば、トレーナールーム。私は長年、この場所で試合中の数イニングをジーノと過ごした。ジーノは野球をこよなく愛する名トレーナーだ。若造と年配の男がマッサージを通じて、同じ価値観を共有し、徹底した準備とひたむきな努力がどんなに大切かを知り、お互いを信頼し合ってきた。

レフトスタンドの真下に通路があり、私はその通路を歩いてブルペンに向かう。クラブハウスを出て左に曲がり、バックネット裏の地下通路を通ってレフト側のファウルポールのあたりまで歩いて右に曲がり、モニュメント・パークを抜けてブルペンに入る。

ブルペンにはベンチがあり、私はそこに座って試合を眺める。芝生の美しいグラウンドが眼前に広がる、チームメイトのリリーフ陣といっしょに過ごす場所だ。私はあのベンチが好きだった。あのベンチに腰かけて、リズムを整える。はじめは冗談をいい合ったりしてふざけながら、やがて打者との対戦を頭のなかで想定しはじめ――それまでの自分とはまったくの別人になっていく。

打者を打ちとり、勝利を確かなものにするためだけに生まれてきた男に変わっていく。

私はあのベンチを本当に気に入っていて、スタジアムが取りこわされるとき、球団から持ち帰らせてもらったくらいだ。

そして、忘れてはいけないのが、ブルペンのマウンドだ。声がかかったらいつもどおりにきっちりウォーミングアップをする場所。ドアがあいて、マウンドまで一人で走っていくときを待つ場所だ。

私はこの大切なスタジアムに敬意を払いたかった。最後のマウンドには、自分が立ちたいと思っていた。最後の一球を投げ、最後の打者を自分が打ちとりたかった。

ヤンキー・スタジアムの最後の日の興奮と感動は、凄まじかった。試合前、クーパーズタウンの面々[▼3]が一堂に会したかのように、ヤンキースの往年の名プレーヤーたちがグラウンドのあちこちにいた。ヤンキースファンに最も愛されたボビー・マーサーは、この年の夏に亡くなったのだが、その妻ケイと子どもたちがグラウンドに立っていた。三人ともボビーの背番号1のユニフォームを着て、ファンから歓声を浴びていた。もちろん、バーニーもスタジアムに駆けつけた。彼への声援が一番大きかったかもしれない。始球式では、ベーブ・ルースの娘、ジュリア・ルース・スティーヴンスがホルヘにボールを投げた。着古した厚手のユニフォームを着たヨギが、このスタジアムへの思い入れを熱く語った。

ジュリアの父、ベーブ・ルースは、このスタジアムのこけら落としの試合で第一号のホームランを放って以来、数えきれないほどのホームランを打った。

さて試合は、三回裏、ジョニー・デイモンのスリーランホームランが飛びだし、ヤンキースが

▼3　アメリカ野球殿堂入りの表彰者。ニューヨーク州クーパーズタウンにアメリカ野球殿堂博物館がある。

序盤からリードを奪った。先発アンディがこのリードを守ろうと必死に投げ、四回表に同点に追いつかれたが、その後、今シーズン二本しかホームランを打っていなかったホセ・モリーナが、第三号を左中間スタンドに叩きこみ、五対三とリード。

トレーナールームでは、ジーノが私のマッサージを終えた。

「ありがとう、ジーノ」

「自分の仕事をしただけだ。さあ、次はおまえさんの番だ」

「ああ、そうだな。ジーノに神の祝福がありますように」

六回、アンディに代わって、ホセ・ベラスがマウンドに上がり、私はレフトスタンド下の通路を通って、ブルペンに向かった。そこから離れたくなかった。ここで過ごすのは、これが最後だとは思いたくなかった。

昔を振り返って胸が熱くなることは、滅多にない。だがそのときは、懐かしい思い出が、目の前を通り過ぎる貨物列車のようによみがえった。

いよいよ、今日が最後だ。メジャーデビューして以来、十四年を過ごしたブルペンに、私は立っていた。

ジョバが一回三分の二を投げ（すでに登板を終えてブルペンにもどってきていた）、味方がさらに二点を追加して迎えた八回、ブルペンの内線が鳴り、マイク・ハーキーが受話器を取った。

「モー、九回はまかせたぞ」

デレクがサードゴロに倒れて八回裏の攻撃が終わり、いよいよ私の出番だ。青い扉があき、「エンター・サンドマン」が流れだして、私は、これが最後となる旧ヤンキー・スタジアムの外野フィールドに駆けだした。観客が総立ちで、拍手と声援を送っている。夢を見ているようだった。

マウンドにつくと、ボールを受けとった。いつもと同じだと自分にいいきかせた。たとえ特別な日でも、三人を打ちとることに集中しろ。

オリオールズの先頭打者は、ジェイ・ペイトン。サブウェイシリーズとなった八年前のワールドシリーズ第二戦の九回、彼は私からライトスタンドにスリーランホームランを放っている。おぼえている人もいるだろう。

ペイトンの打球はショートに転がり、デレクがあっさりさばいた。次の打者は、カウント〇―二に追いこんでから、内角をえぐるカットボール、セカンドゴロに打ちとった。これで二死。あと一人だ。ピッチャーズプレートに足を乗せようとしたとき、ウィルソン・ベテミーが一塁側ダグアウトからショートに走ってきた。デレクが最後に観客の声援につつまれながら旧スタジアムとお別れできるようにという、ジョーの計らいだ。

そして、そのとおりになった。

現在のヤンキースの顔であるデレク・ジーターが、伝統あるスタジアムのダグアウトに駆け足で下がったあと、再びダグアウトの外に出てきて、カーテンコールに応じた。

オリオールズの次の打者は、ブライアン・ロバーツ。苦手な打者だ。カウント二―一から、ロバーツの打球は、コーディ・ランサムが守る一塁に転がった。ベースカバーに入ろうとしたが、コーディが自分で一塁ベースを踏んでスリーアウト。コーディがボールを私のグラブにおさめ、私たちは握手した。この年、ヤンキースはあまり勝てなかったが、この試合には……リバー通り百六十一番街にあるヤンキー・スタジアムで行なわれた最後の試合には、勝利した。

それだけでも本当によかった。

最後のボールは、ジョージ・スタインブレナーに送ろうと思った。彼こそ、このボールを持つのにふさわしい功労者だ。

第18章 新しい居場所と懐かしい感覚

性急な判断は避けたいが、新ヤンキー・スタジアムについての当初の評価にまちがいはないだろう。ホームランが出やすくなり、設計の観点からいえば、じつに立派で、かつ最新鋭の設備を持った新たなスタジアムは、非常に開放的な球場になった。そのせいで、旧スタジアムにくらべて、球場内にファンの歓声や声援がこもらなくなった。選手が心配することではないだろうが、スタンドを埋めつくし、一球ごとにどよめく大声援に慣れていたファンにとっては、試合中に立ち歩く客やヒットエンドランも知らないような客が増えるのは、ちょっとつらいかもしれない。

旧スタジアムは、十人目の選手といってもいい存在だった――ピンストライプのユニフォームを着て、声援を送るファンがスタンドにあふれ、凄まじい熱気に満ちていた。私の勘ちがいかもしれないが、新スタジアムには、その雰囲気はあまり感じられなかった。

一方、変わらないものもあった。その一つが、デレクのバッティングだ。ボールをよく引きつけて打つ見事なバッティングを、これまで十五年間続けてきた。そして、通りをはさんだ向かいに建てられた新スタジアムでも、それは変わらなかった。ホーム開幕二戦目となるインディアンス戦、五対五で迎えた八回裏のことだ。カウント三―一からデレクが強打した打球がライトに飛んだ。まるでバットにバネが仕込んであるとしか思えない、凄まじい打球だった。デレクが一塁に駆けだした直後、打球はライトフェンスを軽々と越えた。

そうなると、私の出番だ。一人目の打者を大きなセンターフライに打ちとったあと、二本のヒットを許し、グレイディ・サイズモアを打席に迎えた。カットボールを二球ファウルにされ、カウントは一―二。捕手ホセ・モリーナが、外角にキャッチャーミットをかまえた。サインは、外角からストライクゾーンに入るカットボール。サイズモアを空振り三振に切ってとった。次の打者は、マーク・デローサだ。フルカウントになり、走者が大きくリードを取った。カットボールで外角高めを突こう。投球モーションに入り、投げた。コースは狙いどおりだ。ホセのキャッチャーミットはほとんど動かない。デローサは外にはずれると思って見送ったが、外角高めぎりぎりに決まった。球審のフィル・カジーがストライクをコール。デローサは抗議したが、判定は覆らない。私は新ヤンキー・スタジアムで初セーブを挙げた。

球団は、新たなスタジアムに合わせてチーム編成を大きく変更し、大金をはたいてCC・サバシア、A・J・バーネット、マーク・テシェイラを補強したが、このシーズンもまた開幕ダッシュに失敗した。四月の終わり、フェンウェイ・パークでの週末の悔しい三連戦さえ、忘れてしまいそうだ。チームは三連敗を喫したのだが、最もつらかった敗戦が、金曜日の夜の試合だった。九回裏、私はオルティーズを三振に切ってとり、J・D・ドルーをセカンドゴロに打ちとった。あと一人退ければ、四対二のリードを守りきって、ジョバが勝利投手になれる。ところが、私の投げたカットボールが真ん中にいってしまい、ジェイソン・ベイがセンターに弾き返した。ボストン港まで飛んでいきそうな大きな当たりだった。セーブ失敗だ。しかも、相手はまたしても、私が最も手を焼いているレッドソックス。自分なりに考え、投手コーチたちとも話し合い、映像でもチェックしたが、なぜレッドソックス打線にだけ弱いのか、その原因は一つも突きとめられなかった。彼らが打席での立ち位置を変えているわけでも、バットの振り方を変えているわけでもない。私の球筋を熟知しているからかもしれない。レッドソックスとの対戦回数が多いからだろうか？ そのため、私のカットボールが、どのタイミングでどんなふうに曲がるか、その見極めがとりわけうまいのかもしれない。

レッドソックスに弱い理由が少しでもわかれば、彼らを抑える手がかりになるのだが、何もわからない。レッドソックス戦では、いつも以上にいいピッチングを心がけるか――あるいは、予測がつかないような配球パターンに変えることしか思いつかなかった。

結局、この試合は、延長十一回、ケビン・ユーキリスにサヨナラホームランを浴びて、負けてしまった。翌日の土曜日の試合も、バーネットが六点の援護を守りきれずに敗れた。日曜日の試合では、ジャコビー・エルズベリーにホームスチールを決められた。先発アンディは、この試合で一塁走者を牽制で二回刺したのだが、満塁の場面で、ワインドアップモーションから投げた隙をエルズベリーに突かれてしまった。

その約二週間後のレイズ戦、私はカール・クロフォードとエヴァン・ロンゴリアから連続ホームランを浴びてしまう。野球人生で初めてのことだ。シーズン序盤だというのに、もう昨シーズンに打たれたホームラン数（計四本）に届いてしまった。本来の球速が出ていないのは、よくわかっていた。しかし、前年の十月に右肩の簡単な手術を受けていたため、そのうちもっと強く腕を振れるようになるはずだ。問題は、筋力の回復だけだ。百五十五キロほどの速球で勝負していたとき以上に、失投は許されない。だからこそ、このときは、制球力をどれだけ上げるかが大きな鍵だということもよくわかっていた。

当然、私の不調から「あいつはもう終わった」という不安がささやかれだした。おもしろいものだ。私は、ニューヨークで野球をするのが何よりも好きだが、この街はすぐに過剰反応する。世間では、根も葉もない噂が飛び交っていた。

レッドソックスとの対戦成績――シーズン序盤は八連敗――は別として、球団には久しく見ることのなかったいい雰囲気が漂いはじめた。私たちはすべての試合を最後まであきらめずに戦った。チームというのはたいていあきらめず戦おうとするものだが、本当にあきらめずに戦えるチームは決して多くない。

例えば、ホームスタジアムにレイズを迎えた六月初旬の試合、私の出来はとにかくひどかった。たった三分の二イニングで、三安打を打たれ、自責点が三。ひどい負け方をしてしまった。ところが翌日は、打線が八回裏に三点を加えて試合をひっくり返し、私が九回を三人できっちり締めて、チームは首位に浮上した。シーズン開幕からたった二か月ほどで、二十回目の逆転勝利だ。この復活のムードを維持したまま、メッツとのサブウェイシリーズに臨めたのは、ひとえにマーク・テシェイラの大活躍のおかげだ。

八回、私がデイヴィッド・ライトにヒットを浴び、一点を奪われて迎えた九回裏、あと一人倒れたら試合終了という場面で、チームは七対八とリードされていた。ヒットで出塁したデレクが二塁にいて、敬遠で歩かされたテシェイラが一塁に出た。次の打者はアレックス。メッツのクローザー、フランシスコ・ロドリゲスが速球を投げたかと思うと、セカンドにフライが上がった。アレックスはバットを叩きつけた。待っていた速球を打ち損じたからだ。セカンド後方にふらりと上がった打球を追って、二塁手ルイス・カスティーヨが捕球態勢に入り、メッツが三連戦の初戦を物にするかに見えた。ところが、どういうわけかカスティーヨのグラブからボールがこぼれた。もちろん、デレクはすでに三塁ベースを蹴っていた。そのすぐ後ろを、テシェイラが必死に走る。アレックスがバットを振った直後にダッシュしていたテシェイラが、一塁からホームに帰り、私たちは初戦に勝った。五年に一度くらいの珍しいエラーがあったからだけじゃない。一人のスター選手が最後まであきらめず……試合が終わるまで、懸命な走塁を見せてくれたからだ。

これこそ、勝者の条件だ。

首位に三ゲーム差、五十一勝三十七敗で迎えたオールスター明けの後半戦は、今シーズン最多の連勝で始まった。後半戦、最初の二十三試合で十八勝、ホームスタジアムにレッドソックスを迎えた四連戦にも全勝し、レッドソックスを抜いて首位に躍りでた。

この四連戦の最後の試合に、今シーズンの私たちの戦いぶりが凝縮されている。一対二とリードされて迎えた八回裏、デイモンとテシェイラから連続ホームランが飛びだし、その後、ホルヘが二塁打を放つなどして、さらに二点を追加。そして、私が最後の打者エルズベリーをファーストゴロに打ちとって、試合を締めた。後半戦の七週間で、私は二十一試合に登板し、失点〇。九月上旬、今度はレイズとの四連戦に再び全勝する頃には、貯金は四十一（九十一勝五十敗）で、二位に九ゲーム差をつけていた。今年こそは例年とちがい、地区シリーズで敗退することはないだろうと、私は確信していた。

私は三十九個目のセーブを挙げて、防御率が一・七二。九月の半ばには、連続セーブ記録が三十六になった。

不安の声は、次第におさまっていった。

それからしばらくたったシアトルでの金曜日の夜、二対一とリードして迎えた九回に、私はマウンドに上がった。抑えれば、A・J・バーネットを勝利投手にしてやれる。A・Jは名投手フェリックス・ヘルナンデスに投げ勝っていた。私は二人を三振に切ってとり、その後、マイク・スウィーニーに大きな二塁打を浴びた。次の打者は、イチローだ。彼は流し打ちがうまいため、内角を攻めてつまらせようと思った。カットボールを投げたのだが、見事に弾き返された。

ボールが内角のストライクゾーンからはずれなかった。メジャー屈指の打者イチローは、その球を見逃さなかった。

打球はライトフェンスを越え、たった二球であっけなく逆転負けを喫した。イチローのようなすばらしい打者と対戦するときは、最高のピッチングを心がけなければならない。投げたコースが甘かった。セーブに失敗し、試合は終わった。

私のミスだ。

「すまなかった」私はA・Jにいった。「きみの好投で勝てた試合だったのに」

「気にしないで。今まで数えきれないくらいのセーブで助けてもらってるんだから」A・Jはいった。私はチョコレート味のアイスクリームを片手に、クラブハウスを出た。アイスクリームを食べても、自分のせいでチームが負けたという苦い思いは消えなかった。

地区シリーズの対戦相手はツインズだ。ホームスタジアムで迎えた第一戦、CCが先発して、チームは勝った。一番の朗報は、アレックスが十月に入って例年にない活躍を見せてくれたことだ。デレクと松井からホームランが飛びだし、アレックスが二安打を放って二打点を挙げ、私たちは七対二で初戦を制した。

「気負いすぎず、自分の力を信じて楽にプレーすれば、ああなるんだ。わかっただろう?」私はアレックスにいった。

第二戦は、非常に緊迫した試合だった。ツインズが終盤に三対一とリードを奪って、九回裏に入った。ジョー・ネイサン、リーグ屈指のクローザーがマウンドに上がった。ネイサンは、レギュラーシーズンで四十七個のセーブを挙げていたが、一人も打ちとらないうちに、テシェイラにライト前ヒットを、続くアレックスに右中間のブルペンに飛びこむホームランを打たれた。私たちは同点に追いついた。新しいスタジアムで、十月の奇跡が初めて起きた瞬間だった。そして、その四イニング後の延長十一回、再び奇跡が起きた。ホセ・ミハレスの球をテシェイラが強打。球は大きく切れていきながらも、ファウルポール際のレフトスタンドに飛びこんだ。私たちは二勝〇敗で、リーグチャンピオンシップシリーズ進出に王手をかけた。

舞台はミネアポリスに移った。アレックスのホームランと、ピンチの場面でのデレクとホルヘのファインプレーで、私たちは二対一とリード。八回裏、ツインズの先頭打者ニック・プントがフィル・ヒューズから二塁打を放つ。続くデナード・スパンの打球は、高いバウンドでフィルの頭を越えた。センター前に抜けそうな打球になんとか追いついたデレクは、一塁への送球をあきらめてプントを見た。プントは三塁ベースを蹴って、果敢にホームへ。デレクはすかさずバックホーム、そしてホルヘが三塁に矢のような送球。アレックスが、慌てて三塁にもどったプントにタッチ。ツインズの痛い走塁ミスだったが、私たちは状況に応じた見事なプレーで走者を刺した。

私はそのとき、ブルペンで肩を温めていたのだが、メトロドームは大きなため息につつまれた。

その後、一人倒れたところで、私がマウンドに上がった。迎える打者はジョー・マウアー。一塁に走者がいる。レギュラーシーズンの打率が三割六分五厘、この年のリーグ最優秀選手に輝いた男だが、恐れることはない。自分の球を信じろ。最高の球を投げる、投げられると心から信じて、狙いどおりのコースを突けば、必ず打ちとれる。たとえ、相手がジョー・マウアーでも。そう信じきったとき、全力をぶつけられる戦闘モードに入る——そのときこそ、すべての力を出しきって、試合を締めることができるのだ。

マウアーのような強打者と対戦するとき、少しでも弱腰になれば、ヒットを打たれてしまい、結果は大きくちがってくる。

私はマウアーのバットを折り、彼をファーストゴロに打ちとった。

九回、ホルヘとカノがネイサンからヒットを放って追加点を挙げ、私が最後を締めて、アンディが勝利投手となった。私たちにとって二〇〇四年以来となるリーグチャンピオンシップシリーズの対戦相手はエンゼルス。CCの先発で、私たちは第一戦を四対一で取った。第二戦では、アレックスがチームを救ってくれた。延長十一回裏、ブライアン・フエンテスの速球をライトスタンドに弾き返したのだ。十一回表に、エンゼルスに一点のリードを許した直後のことだった。ポストシーズンに入って、アレックスの同点打は、これが三本目。そして、延長十三回、ジェリー・ヘアストンがヒットで出塁し、送りバントで二塁に進んだあと、相手の悪送球でホームに生還した。

エンゼルスがホームのアナハイムで、延長の末に勝利したあとの第四戦、ＣＣが再び好投を見せ、私たちは大勝した。ところが、ニューヨークにもどってきたとき、私は思いもよらない事態に巻きこまれた。それまで、インターネット上で騒ぎの種になったことはない。ところがご親切にも、ある映像がインターネット上に投稿されたのだ。私がマウンドの後方に立ち、ホームプレートに背を向けて、ボールに唾をつけていることを匂わす映像だ。

映像では、たしかにそんなふうに見えるが、私はスピットボールなんか投げないし、一度も投げたことがない。本当だ。ＭＬＢ機構が調査に乗りだし、疑惑を晴らしてくれた。さらに、私は記者のどんな質問にも答えたが、これまでずっと正々堂々とプレーしてきたというのに、それでもあきらめない記者もなかにはいた。彼らは、私の十五年のキャリアにつきまとう謎を暴いたつもりでいたのだろう。

私は気にもしなかったし、それで何かが変わったわけでもない。私の気を逸らしたり、私を試合から締めだしたりしたいのなら、もう少しまともなことを考えたほうがいい。

最終的に、私たちは第六戦でエンゼルスを退けた。勝利投手はアンディで、私は唾を吐かずに二イニングを投げ、一失点に抑えて、ポストシーズンで三つ目のセーブを挙げた。次の相手は、前年のワールドシリーズ覇者フィラデルフィア・フィリーズだ。

ワールドシリーズ進出は、もはや当たり前のことではなくなっていた――なにしろ、六年ぶりだ。この舞台にたどりつくのがいかにむずかしいか、改めて知った。あとひと月で、私は四十歳だ。神を心から讃え、この舞台を存分に楽しめますようにと祈った。

再びこの舞台に立てるかどうかわからないのだ。

最初の試練は、チェイス・アトリーとの対戦だった。第二戦の八回表、一死で走者を二人背負った場面。第一戦では、相手先発クリフ・リーがすばらしいピッチングで完投し、六対一でフィリーズが先勝。そのリーを二本のホームランで援護したのが、ほかならぬアトリーだ。第二戦、こちらは先発バーネットが好投し、相手先発ペドロ・マルティネスに投げ勝っている場面で、アトリーが打席に立った。フィリーズは、こうした投手戦に備えて、ペドロを獲得していたのだ。ペドロの調子はよかったが、テシェイラと松井にソロホームランを浴び、その後、代打に立ったホルへにもタイムリーヒットを打たれた。そうして八回表、三対一のリードを守りきろうとする私の前にアトリーが立ちはだかり、フルカウントまで粘られた。彼には、カットボールしか投げていない。そのほとんどを外角に投げこんだのには理由がある。アトリーはどんな球でも引っぱる。ホルへも私も、それをわかっていた。左打者がよくやるように、ヤンキー・スタジアムのライトフィールドのせまさにつられて右方向へのホームランを狙っているのかもしれない。カウント三―二から再びカットボールを外角に投げると、アトリーが打ちにきた。思ったとおり――彼は引っぱろうとした。強い当たりだったが、内野ゴロで、これをカノがさばき、ジーター、テシェイラへとボールを送って、ダブルプレーで八回を締めた。

そして九回、最後の打者マット・ステアーズを空振り三振に切ってとって、私たちは一勝ずつのタイに持ちこんだ。

第三戦、アレックス、松井、ニック・スウィッシャーからホームランが飛びだし、先発アンディがジェイソン・ワースに二本のホームランを浴びたものの、私たちは敵地シティズンズ・バンク・パークで八対五の勝利をおさめた。第四戦では、九回にアレックスとホルへのタイムリーヒットで三点を加えて四対四の均衡を破り、その後、私が九回裏を三人で締めて、七対四。ワールドシリーズ制覇に王手をかけた。

フィリーズは、この年のシティズンズ・バンク・パークでの最後の試合に勝ち、ワールドシリーズはいよいよ第六戦に。私たちはニューヨークにもどってきた。第六戦の両チームの先発は、アンディとペドロ。二回裏、松井が先制のツーランホームランを放ち、三回には二点タイムリーヒット、五回には二点タイムリーツーベースを打って、彼は三打席で六打点を挙げた。

これをきっかけに、クラッチヒッターとして名を馳せてもらいたい。

ライアン・ハワードのツーランホームランで七対三と点差を縮められたが、その後、ジョバとダマソ・マルテが、フィリーズ打線を無失点に抑えた。私は八回途中からマウンドに上がり、二人を打ちとってこの回を締め、続く九回、カルロス・ルイーズへのフォアボールをはさんで、二人を打ちとった。次の打席に立ったのが、シェーン・ヴィクトリーノだ。スタジアムの観客が総立ちになった。彼は、どんなときでも闘志をむきだしにして挑んでくる。できることなら味方につけておきたい、ペドロイアのような選手だ。カウント一―二と追いこまれながらも、四球連続でファウルを打って粘り、カウント二―二からいよいよフルカウントになった。

ヴィクトリーノの次は、アトリー、ハワード、ワースの三人が続く。ここは策を弄してピンチを招いてはいけない。なんとしてもヴィクトリーノを打ちとらなければ。もう一球、カットボールを低めに投げた。ヴィクトリーノが叩きつけた打球は、カノのところへ転がった。平凡なセカンドゴロだ。私は思わずベースカバーに入ろうと一塁へ駆けだしたが、カノがテシェイラにボールをトス。ボールがテシェイラのグラブにおさまらないうちに、私はもう拳を突きあげていた。マウンドのほうに向きなおり、そのまま駆けまわる私を、チームメイトが追いかけてきた。

私は、鬼ごっこで逃げまわる子どものように笑っていた。ワールドシリーズで私が最後のアウトを取ったのは、これが四度目だ。今までで一番うれしかった。長年、優勝から遠ざかっていたからなのか、八年前、二〇〇一年のアリゾナで、勝利を目前にしながら最後の最後に大失態を演じてしまっていたからなのか、わからない。だが、そんなことを立ち止まって考えたりはしなかった。優勝できたことももちろんだが、その内容がすばらしい。経験も技術も兼ね備えた松井秀喜はこの六試合で打率六割一分五厘、八打点を挙げた▼1。ダマソ・マルテは、リーグチャンピオンシップシリーズから打者十二人を無安打に抑え、そのうちアトリーとハワードからは、最後の第六戦で三振を奪った。アンディは勝負の行方を左右する大事な試合に二度登板し、しかもそれを中三日でやってのけた。デレクの打率が四割七厘、デイモンが三割六分四厘。この年のミスター・オクトーバー、アレックスは六打点、ホルヘは五打点を挙げた。

ほかにもうれしいことがあった。クララと息子たちが初めて、全試合を見にきてくれたことだ。私の両親と義理の両親も見にきてくれた。私たちはずっと同じ球場にいた。愛する家族に見守られながらプレーするのは、このうえなく幸せだった。

その日の夜、車を走らせて三十分ほどで自宅に帰り、祝杯をあげて、家族とおやすみの挨拶をしたあと、私はベッドわきにひざまずいた。聖書がナイトテーブルにおいてある。私は祈りを捧げた。主がこの人生と、この丈夫な体と、愛する家族を与えてくださったことに心から感謝します。主がいなければ、どれ一つ手にすることはなかったでしょう。

▼1　松井はワールドシリーズのMVPに選ばれた。しかしヤンキースは松井との契約を延長せず、このオフにエンゼルスに移籍することになる。

第19章 それぞれの道

アメリカに女王が必要だとしたら、レイチェル・ロビンソンを推薦したい。じつに立派で、慈愛に満ち、知的で、精神的にもすばらしい女性——生涯をかけて、自由と平等のために戦ってきた女性だ。私が畏敬の念を抱く人はそれほど多くいないが、レイチェル・ロビンソンはまさにそんな人物だ。野球史上、最も勇敢で、最も重要な選手だった夫を亡くしてから四十年以上たってなお、レイチェルは夫の名前を冠した財団の活動を通じて、より公正な世界を実現するために努力し、背番号42、ジャッキー・ロビンソンの栄誉を讃えつづけている。

プロ入りして二十一年目になる二〇一〇年、シーズンが始まる前に初めてレイチェルに会った。ロウアー・マンハッタンで行なわれたジャッキー・ロビンソン財団の資金集めイベントでのことだ。ヘンリー・アーロンも同席した簡単な質疑応答の会見で、ジャッキーの背番号42をつけている最後の一人▼1であるのを光栄に思っていること、同時にそれが大変なプレッシャーになっていることを私は話した。他球団で同じ背番号42をつけていた選手たちは全員、すでに引退していた。光栄に思っていることは、容易に理解できるだろう。誰だって、ジャッキー・ロビンソンと同

▼1　黒人メジャーリーガーの先駆者であるジャッキー・ロビンソンの背番号42は、1997年に全球団共通の永久欠番に指定されたが、その決定以前から42をつけていた選手にのみ、使用が認められた。

じ背番号をつけたいと思うはずだ。世界を変え、あらゆる場面で毅然とした姿勢を貫いたジャッキーの功績を考えれば、プレッシャーも当然大きくなる。

彼に匹敵する選手がいるかどうか、私にはわからない。はっきりいっておくが、私は先駆者でもなんでもない。ヒスパニックの選手の先駆けはロベルト・クレメンテで、その後、ヴィック・パワーことヴィクター・ペロット、オーランド・セペダなど、多くのヒスパニックの選手がメジャーリーグで活躍した。リリーフ投手ウンベルト・ロビンソンは、パナマ出身の初のメジャーリーガーだ。彼らにくらべれば、私はありふれた選手で、評価されるとすれば、せいぜい主を崇める卑しい僕《しもべ》であることと、できるだけまっとうな態度で他人に接するようにしよう――あるいは試合に臨もう――と心がけていることくらいだ。

二〇一〇年のホーム開幕日もまた、ワールドシリーズ制覇のときと同様、大変な盛りあがりだった――例年、ホーム開幕日は盛りあがるものだが、とくにこの年は、チャンピオンズリングの授与式があったからだ。だが、この年は手放しでは喜べなかった。もちろん、私たちはチャンピオンズリングを受けとり、観客から盛大な拍手を浴びた。なかでも、割れんばかりの喝采を浴びたのが、ワールドシリーズで大活躍した松井秀喜だ――彼はこのとき、ホーム開幕戦の対戦相手であるエンゼルスの一員だった。ヤンキースファンが彼のおだやかな人柄と、ヤンキースで数年間プレーしたその活躍を讃える歓声をきいて、私は胸が熱くなった。だが、それと逆に、授与式でジーン・モナハンがグラウンドに呼ばれたときは、やるせない寂しさを感じた。

長年マッサージをしてくれたジーノは、何をするにつけても、やさしさを忘れなかった。だからこそ、春季キャンプが始まる一か月前、ジーノが喉頭癌と診断されたのをきいたとき、私はショックで茫然とした。ジーノはトレーナーとして四十年以上、ヤンキースの選手たちの世話をしてきた。その彼が、自身の体を蝕《むしば》まれてしまったのだ。

ポストシーズン中のある日、ひげ剃りをしていたとき、首のしこりに気づいたそうだ。そしてジーノは、ふだん私たちに絶対にするなといっていたことをやってしまった。検査を先延ばしにしたのだ。ようやく医者に診てもらったのが十二月で、一月に癌だと診断された。扁桃腺と、癌が転移したリンパ節を切除することになり、三十回に及ぶ放射線治療が始まった。ジーノは、しっかりと回数を数えていた。スイス製の時計以上に、きっちりした男だ。ジーノがいるトレーニングルームは、いつもぴかぴかだ。みんなが歯磨きをするように、ジーノがしょっちゅう洗車して、掃除機をかけている愛車と同じだ。かつてベーブ・ルースが使っていた年代物の真鍮製の体重計にいたるまで、何もかもが、あるべき場所にある。彼のトレーニングルームはとても……大切にされている。あのトレーニングルームに入ると、いつもそう思った。

治療に専念するため、しばらくチームから離れていたジーノが、ホーム開幕日の朝、放射線治療を受けたあと、スタジアムにやってきたのだ。ジョー・ジラルディがグラウンドに立った直後、ジーノの名前が呼ばれた。ホルへは司会進行のマイケル・ケイに、ジーノのときだけしばらく時間を取ってから、次の選手を紹介するように頼んでいた。観客が総立ちでジーノに声援を送り、ジーノに世話になっているヤンキースの選手たちも、ダグアウトの手すりに寄りかかって拍手した。ジーノは感極まって、胸を叩いて声援に応えた。私も胸が熱くなった。ジーノがチームを離れているのは、とても寂しかった。彼の娘や私の息子の話、もっといろんな話をしたかった。ジーノは六月上旬の復帰を望んでいた。神がジーノに癌を克服する力をお与えになり、何よりも大好きな仕事に復帰したいと願うジーノに救いの手を差しのべてくれることを、私は心から祈った。

その日、私たちはみんなでチャンピオンズリングとジーノの功績を讃えた。試合のほうは九回表、もう一人の元チームメイト、ボビー・アブレイユにデイヴィッド・ロバートソンが満塁ホームランを打たれ、七対五の二点差につめよられてひやりとしたところで、残り二人を打ちとるようジョーから私に声がかかった。私はトリー・ハンターを三振に切ってとり、次は……松井秀喜。数時間前、彼に拍手していた私が、今彼を打ちとろうとしている。きっと、観客は私たちに拍手してくれるはずだ。フリーエージェント制の宿命とはいえ、元同僚との対戦は、ちょっとつらい。それでも、ホルへのキャッチャーミットを見据えれば、ゴジラが打席に立っても、動じることはない。

秀喜を初球でセカンドフライに打ちとり、試合は終わった。

ジーノは予定より早く復帰した。私は六十五歳になるトレーナーに刺激されて、若返ったような気がした。火曜日の夜、フェニックスで行なわれたダイヤモンドバックス戦に勝利し、私たちは全球団で最高の勝率（四十四勝二十七敗）となり、翌日、再びダイヤモンドバックスと対戦した。九回になんとか同点に追いつき、迎えた延長十回表、新加入した中堅手カーティス・グランダーソンが、ライナー性の当たりをライトスタンドに叩きこんでリードを奪った。私は九回裏を三人で締め、勝利を決めるために十回のマウンドに再び上がった。私はここまで二十四人の打者を連続で抑えていたが、スティーヴン・ドルーにライト前ヒットを打たれて、その連続記録が途絶え、さらに次のジャスティン・アップトンに二塁打を浴びた。ジョーの指示で、次の四番ミゲル・モンテロを敬遠し、本塁でのフォースアウトを狙うことになった。

ダイヤモンドバックス打線を相手に、ノーアウト満塁。ジョーやほかのチームメイトは気が気じゃなかっただろう。私の脳裏に、二〇〇一年のワールドシリーズがよみがえっているんじゃないかと。

試合のあと、私はみんなに答えた。

「まさか」

あれは、二〇〇一年十一月四日のことで、今は二〇一〇年六月二十三日だ。あの当時、髪がふさふさだった私の頭は、もうすっかり禿《は》げてしまった。当時、一塁と三塁には、ティノ・マルティネスとスコット・ブロシアスがいたが、今はマーク・テシェイラとアレックス・ロドリゲスだ。当時の私は三十一歳、今は四十歳。

むだなことは考えない。頭から余計なことを振りはらえば、気持ちもすっきりして、のびのびとプレーできる。

中堅手クリス・ヤングが打席に入った。内角を攻めると、ヤングがファウルフライを打ちあげ、捕手フランシスコ・セルベーリがキャッチ。次は、アダム・ラローシュ。彼はこの試合で五打点を挙げている。胸元をえぐるカットボールで内野フライを打たせ、アレックスがキャッチした。

次が、マーク・レイノルズ。チーム一位のホームラン数を誇る一方、メジャー最多の三振記録も持っている。▼2 失投は許されない。

外に逃げるカットボールをレイノルズが見逃して、ストライク。ボールが二球続いて、再び外角いっぱいにカットボールでストライク。カウント二—二、次は高めのボールで——打者の目線を変えたいところだ。もう一度カットボールを投げこんだ。ただし、高めのつり球だ。レイノル

▼2　2009年のシーズン223三振。

ズは空振り三振に倒れた。

九年前とちがうのは、これでわかってもらえると思う。

二日後、私たちはロサンゼルスでドジャースと対戦した。ミスターTとの初対戦でもあった。試合前、私はミスターTと抱き合った。ミスターTの顔を見て、彼の目を見つめると、うれしくなった。ミスターTは、私たちを四度のワールドシリーズ制覇に導いてくれただけじゃない。私の才能を見抜き、ヤンキースのクローザーになるチャンスを与えてくれた監督だ。それは忘れられない。

「モー、今夜はお手柔らかにな」ミスターTがいった。「うちの連中は、きみが投げるようなカットボールを見たことがないからな」

私は笑って、立ち去った。先発CC・サバシアは八回を投げ四安打一失点、私が九回のマウンドに上がった。三人打ちとれば、二対一のリードを守って、試合が終わる。

打順はマニー・ラミレス、マット・ケンプ、ジェームズ・ローニー。私は三人全員を三振に切ってとった。ドジャースのダグアウトは見ないようにした。

この三連戦の途中、ミスターTといっしょにドジャースに移籍していた、かつての私のブルペン捕手マイク・ボルセロが、よかったらジョナサン・ブロクストンと話をしてくれないかといってきた。ブロクストンはドジャースのクローザーだ。貨物列車のような巨体の若者で、この年のシーズン、開幕から好調だったが、少し自信を失っているのだという。ドジャースの選手が打撃練習をしているとき、私は彼に歩みよった。

「はじめまして」ブロクストンが声をかけてきた。

「きみの話をよく耳にしてる。調子はどうだ?」

「いいとは思うんですけど、去年のように投げられなくて」

ブロクストンの話では、二〇〇九年シーズン、相手打者から次々に三振を奪っていたときは自信にあふれ、思いのままの投球ができていたそうだ。その当時の調子を取りもどしたいという思いは、ひしひしと伝わってきた。思いつめて、体がかたくなっているのだろう。私はよく若い投手たちと話をするが、決してボールの握り方や配球のことを話したりはしないし、ましてカットボールの投げ方をこっそり教えたりはしない。話すのはもっぱら、クローザーとしてマウンドに上がるときの精神面の話だ。いい投手でも一、二年で消えてしまうか、何年も使ってもらえるかは、そこに大きなちがいがあるのだ。

「退屈で、当たり前のことだと思うかもしれないが――」私はいった。「クローザーとしてマウンドに上がるとき、私が何を考えているかわかるか? 三人を打ちとることだ。それも、できるだけさっさと片づけて、マウンドを下りることしか考えない。それだけだよ。それでも大変な仕事であることに変わりはない。だが、頭のなかで、やたらと大げさに考えないほうがいい。不安や迷いは振りはらったほうがいい。一球一球に集中することだけを考える。そうすれば、まず一人を打ちとれる。そして、二人目、三人目も打ちとれる」

彼には、こんな話もした。

「打たれたって気にすることはない。よくあることだ。私だって打たれる。打たれない投手なんていやしない。メジャーの打者を相手にしてるんだ。そりゃ、打たれるよ。だが、大事なのは、さっさと忘れることだ。昨日のことを、今日のマウンドに持ちこんじゃいけない。そんなことをしていたら、いい球は投げられないからな。打たれるたびに、強くなれるんだ。打たれるたびに。もちろん、打たれたときは悔しいけれど、これでまた強くなれると思えば気分がいい。前向きに考えるだけでいいんだよ。後ろ向きなことは考えちゃいけない」

三連戦の最終日、相手先発のクレイトン・カーショウが私たちを四安打二失点に抑え、九回、ブロクストンがクローザーとしてマウンドに上がった。彼にはいい投手になってもらいたいが、今だけはお断りだ。この試合が終わってからでいい。私たちが街を離れてから、自分なりに精神をコントロールする方法を見つけてくれればいい。

ブロクストンはテシェイラを見逃しの三振に切ってとり、やっぱり三連戦が終わったあとに話をすればよかったなと思っていると、次のアレックスがヒットを放った。カノが二塁打、続くホルヘもヒット。グランダーソンがフォアボールを選び、さらにチャッド・ハフマンがヒットを放って、私たちは四点差から六対六の同点に追いついた。ジョナサン・ブロクストンは、一年分に匹敵するほどの安打を浴びてセーブに失敗した。そして延長十回、ロビー・カノがジョージ・シエリルからツーランホームランを放ち、私たちは勝利を手にした。

「ブロクストンと話してくれてありがとう」後日、再会したとき、ミスターTがいった。「何を話してくれたか知らないが、彼は絶不調だ」

五十六勝三十二敗の首位で、オールスターブレイクに入った。私はアメリカンリーグの選手として十一度目のメンバー入りを果たしたが、出番はなかったので、調子の悪い膝も、触ると少し痛む腹斜筋も休めることができた。オールスターゲームは、アナハイムで行なわれた。開催日は七月十三日。この日、またひとつ悲しい別れがあり、私は祈りを捧げた。ジョージ・スタインブレナー氏が心臓発作を起こし、タンパの病院で息を引きとったのだ。八十歳の誕生日から九日後のことだった。その二日前には、ヤンキー・スタジアムの有名な場内アナウンサー、ボブ・シェパードも亡くなっていた。もちろん、病気や死は人生につきものだ。それでも、私は動揺した。チコ・エロンが亡くなり、そして、ミスター・ジョージと偉大なボブ・シェパードが亡くなった。私たちの名前を告げる堂々とした彼の声は、まるで神ご自身が直接語りかけるようだった。

生きているといろんなことが起こるが、理由はわからない。同じように、なぜ私たちがミネソタ・ツインズにおもしろいように勝てるのかも、わからなかった。この年のポストシーズン、私たちは昨年に引きつづいてツインズ相手に三連勝し、十月に入ってからの対戦成績は九連勝、過去の十四戦で見ても十二勝を挙げている。過去八年の地区シリーズで四度対戦し、私たちは毎回ツインズを退けてきた。ほぼ毎回、逆転勝ちだったと思う。この年も第一戦を含め、三試合中二試合が逆転だ。

私自身、どの球団よりもツインズとの対戦成績がよかった。もちろん、この地区シリーズでもそれを実感したが、振り返ってみれば、メトロドームとターゲット・フィールド[▼3]での私の防御率は一・〇九。ツインズ戦全体でも、一・二四くらいだろうか。理由は、わからない。この年はレギュラーシーズンの序盤、ヤンキー・スタジアムでジェイソン・クベルに満塁ホームランを浴びて、セーブを一度失敗しているが、それ以外の対戦では、トウモロコシ畑でマチェーテを振りまわすように、相手打者をなぎ倒してきた。とくにプレーオフでは強かった。ポストシーズンのツ

▼3　メトロドームは1982～2009年、ターゲット・フィールドは2010年以降の、ツインズのホームスタジアム。

インズ戦では、十六回三分の二を投げて無失点、許したヒットも八本だけだ。ただ、おもしろいことに、強打者たちにはよく打たれた。ジョー・マウアーの私との対戦打率が二割八分六厘。ジャスティン・モルノーとマイケル・カダイアーが二割五分。チームとして、対ツインズ用の特別な作戦があったわけじゃない。私も投げるべき球を投げ、打ちとるべき打者を打ちとっただけだ。それを何年も続けていると、そのチームとの対戦に自ずと自信がつき、打者との対決に備えて闘争心がわいてくる。

私にとっては、打者との対決こそが、野球に必死になるための原動力だ。それは、何年たっても変わらない。打者との対決がなければ、試合に勝っても意味はない。打者と対決するからこそ、努力を重ね、充分な準備をし、最高のピッチングができるように備えるのだ。そんなことを考えながら、私はホルへのキャッチャーミットを見つめた。打席には、マイケル・ヤング。アーリントンで行なわれた、アメリカンリーグ・チャンピオンシップシリーズのテキサス・レンジャーズとの第一戦だ。

九回裏、一死、同点の走者が二塁にいる。私たちは大差のリードを許したが、七回のロビー・カノのソロホームラン、八回の打線の爆発による五得点で、六対五と逆転した。この二イニング、レンジャーズのノーラン・ライアン球団社長は腕組みをし、まずい肉を食べたかのように顔をしかめていた。私は九回のマウンドに上がり、ヒットを打たれ、送りバントのあと、ヤングを打席に迎えた。

彼はすぐれた打者で、むずかしい球に必死に食らいつき、決してあきらめない。私との対戦打率は三割二分。どんな打者もこわくはないが、なかには敬意を払いたくなる打者もいる。マイケル・ヤングはまちがいなくその一人だ。ホルへも私も、ヤングの攻め方はわかっている——ボールを散らして、的を絞らせないようにするのだ。入りは、高めのカットボールと内角を突くカットボール。ヤングは二球ともファウルにした。次の二球は、それぞれ内角と外角にわずかにはずれてボール——カウント一—二からストライクを取りにいった四球目は、外角低めぎりぎりに決まったと思ったが、球審はストライクに取ってくれなかった。私はホルへからの返球をキャッチした。審判をにらんだり、判定に文句をいったりはしない。

次の球で決めればいい。

ツーシームを内角に投げこんだ。狙いよりもやや高めに浮いてしまった、この打席で最も打ちやすい球だっただろう。ヤングはこれをファウルにした。私は再びセットポジションに入った。ホルへが外角高めにミットをかまえる。ホルへのミットめがけて、切れのいいカットボールを投げた。

ヤングは空振り三振。決まったなといわんばかりに、ホルへがこっちにグラブを向けた。ヤングを三振に切ってとれたのは、ボールを左右に散らし、最後に狙いどおりのコースを突けたからだ。同じアウトでも、満足のいくものといかないものがある。このアウトは大満足だった。

次のジョシュ・ハミルトンは内角を攻め、ぼてぼてのサードゴロに打ちとって、私たちは逆転勝利をおさめた。だが、ワールドシリーズ進出まで残り三勝としたものの、まったく意味がなかった。まったく力不足で、レンジャーズを破ることができなかったからだ。第二戦以降、レンジャーズが投手力、打撃力、守備力、すべてにおいて私たちを圧倒した。全六試合の合計得点は三十八対十九で、レンジャーズは、私たちに二倍の差をつけた。とくにハミルトンは脅威的な存在で、六試合で四本のホームランを放ち、七打点を挙げた。ある一戦では、まるでバリー・ボンズが打席に立っているかのように、私たちは彼を敬遠で三度歩かせた。ハミルトンはアメリカンリーグ・チャンピオンシップシリーズの最優秀選手に選ばれた。当然だろう。

変化したことといえば、ワールドシリーズで、ハミルトンのバットから快音が響かず、レンジャーズは第五戦でジャイアンツに敗れたということだ。

だが、変わらなかったこともある。

私はそのシリーズを見なかった。

シーズンが終わって一か月後、私は四十一歳になり、すでにいつもどおりのオフシーズンを過ごしていた。フィットネスが中心で、ほとんど投げない。せいぜい肩が鈍らない程度にキャッチボールをするくらいだ。歳を取ったからといって、特別なことはしない。適度な食事と、適度な運動で、体を大事にしているから、この歳で現役を続けていられることに驚いたりはしない。体の声に耳をかたむけ、必要なものを与えているだけだ。

一つだけ変わったことがあるとすれば、なるべくむだを省こうとしていることだろう。あとどれくらい投げられるかわからない。一、二球で打ちとれるのに、三球も四球も投げる必要はない。二〇一〇年シーズン、私は六十イニングで九百二十八球を投げた。イニング数も投球数も、過去にフル稼働したシーズンでは最も少ない。必要以上の労力をつかうことはない。

二〇一〇年、春季キャンプで七イニングを投げただけでシーズンに入った。二〇一一年は、七イニングも投げていないかもしれない。前年のレンジャーズとのリーグ優勝争いの第六戦、九回のマウンドに上がって以来の登板が、三月中旬のツインズとのオープン戦だった。三人の打者を全員、三振に切ってとった。その一人に、私との最後の対戦で満塁ホームランを放ったジェイソン・クベルがいた。このとき、クベルは百四十八キロのツーシームを見逃した。一試合に登板する程度の肩を作るのに、それほど時間はかからない。シーズン開幕に臨む準備にも、それほどはかからない。だが私の目標は、調整にあまり手間のかからない投手になることではない。まったく手間のかからない投手になることだ。私の投球フォームは、いたってシンプルだ。どんな機械でも、動く部品が少なければ少ないほど扱いやすい。ジョナサン・ブロクストンやアレックスに伝えたことを思いだした。シンプルに徹すればいいのだ。

二〇一一年のホーム開幕戦、私はむだなく十二球でデトロイト・タイガースの三人を抑えてリードを守りきり、ジョバが勝利投手となった。爽快な開幕のスタートを切れたが、内心は複雑だった。私の球を受けていた捕手が、ホルヘ・ポサダではなかったからだ。

新加入の捕手ラッセル・マーティンでも問題はないのだが、いっしょに成長し、コロンバスのアップルビーズに出かけた仲の男とでは、関係がちがう。ホルヘは誰よりも多く私の球を受けてきた。これからはそうではないのだと思うと、ホルヘも残念だっただろうが、私も寂しかった。頼りになるチームメイトであるのはもちろん、彼は私にとって兄弟のようなものだ。私たち二人は、一つのボールで、二つのグラブで、同じ使命でつながっていた。打者を打ちとり、試合に勝って、家に帰るのだ。

私は感情を抑え、気持ちを落ちつけて仕事に臨む。ホルヘは感情的で熱く仕事に臨む。溶岩を噴きだす火山を思わせるプレーだ。私たちは、互いにないものを見事に補完して、長年連れ添ってきたため、ほとんど言葉を交わさなくても、難なく意思疎通ができる。ホルヘがミットをかまえるだけで、いろいろなことがわかるのだ。

このとき、ホルヘは三十九歳、十七年に及ぶ輝かしい現役生活の最後の年を迎えようとしていた。このシーズンは指名打者としての役割を与えられており、打撃だけの出場に馴染めず悩んでいて、以前のようなバッティングができなくなっていた。そのフラストレーションが、レッドソックスとの三連戦中に爆発した。ジョーが決めた先発ラインアップで、打順が九番になっていたのだ。試合開始の一時間前、腹を立てたホルヘは、九番を打つくらいなら試合には出ないとジョーに迫った。さらに、ブライアン・キャッシュマンが全国ネットのテレビで、試合開始直前になってホルヘが先発ラインアップからはずされた理由をしゃべったため、騒ぎが大きくなった。

その日の夜、私はホルヘとじっくり話し合った。たしかに、ホルヘはかっとなりやすいが、素直に自分を見つめ、必要なときにはちゃんと詫びのいえる男だ。

「侮辱されたと思う気持ちはわかるが、おまえらしくないぞ。出場を拒否するなんて」私はいった。「気が進まないだろうが、ここはチームのためにちゃんとしたほうがいい。チームには、おまえが必要なんだ。みんな、おまえのバットに期待してる」

「そのとおりだな。思わずかっとなったが、おまえのいうとおりだ」

ホルヘは、ジョーとキャッシュマンに謝罪し、チームに復帰した。そして、二〇一一年シーズンで最も記念すべき日、ヤンキー・スタジアムで行なわれたレイズ戦の三回にホームベース付近に駆けよって、彼らしさを見せてくれた。七月九日の土曜日、デレク・ジーターがデイヴィッド・プライスからホームランを放ち、三千本安打の大記録を達成したのだ。ホームベースに還ってきたデレクを真っ先に迎えたのがホルヘで、彼をがっちり抱きしめた。そのあと、私もデレクと抱き合った。デレクはこの日、五打数五安打の活躍で、チームは五対四で勝った。大記録なんかあまり気にしない私でさえ、この瞬間に立ち会えたことは、本当にうれしかった。ホルヘや私とともに二十年近くいっしょにプレーしてきたチームメイトが、ベーブ・ルース、ジョー・ディマジオ、ミッキー・マントルといったヤンキースの名選手でさえ成し得なかった記録を達成する、その雄姿を目の当たりにできたのだ。

その約二か月後、ホルヘはまた同じ場所で、私を抱きしめてくれた。その日、私はトレバー・ホフマンの記録を抜いて、メジャー歴代最多の六百二セーブ目を挙げた。捕手はマーティン、対戦相手はツインズで、クリス・パームリーが私の投げた外角いっぱいのカットボールを見逃し、球審ジョン・ハーシュベックがストライクをコールした瞬間、ホルヘはダグアウトを飛びだし、記録達成を祝福してくれた。やがて球場に「ニューヨーク、ニューヨーク」が流れだし、ホルヘは、自分のことのようにうれしい、おまえはおれの大切な友人だといってくれた。最後、ホルヘとデレクに押しだされるように、私は一人マウンドに立ち、観客からの大歓声を浴びた。私が充分な賞賛を浴びるまで、ホルヘはマウンドから下ろしてくれなかった。それからまもなく、今度は私とデレクが、ホルヘを祝福する機会があった。そのときホルヘは、地区優勝を確実にする勝ち越しホームランを放ったのだ。

この年、私たちはワールドシリーズ制覇はおろか、その舞台に立つことさえできなかった。地区シリーズの五試合、打撃陣も投手陣もタイガースを圧倒しながら、ヤンキー・スタジアムでの第五戦、二対三で敗れた。十安打を放ったにもかかわらず、そのほとんどを得点に結びつけることができなかった——これは、地区シリーズの話だ。
だが、チームとしては、もう一つ語るべき逸話がある。このプレーオフにおける私たちのチームの首位打者は、打率四割二分九厘、出塁率五割七分九厘を誇り、十八回打席に立ってそのうち十回出塁した。ホルヘ・ポサダだ。彼が私の球を受ける捕手であり、チームメイトであり、友人であることが、私にはとても誇らしかった。

第20章

膝の負傷

外野は、私のお気に入りの遊び場だ。気ままに歩きまわっては、打球を追いかけ、外野フライをキャッチする。この場所で、私は野球が好きになった。打ちあげられた打球を全力疾走で追いかけ、キャッチする。野球において、こんなに気持ちのいいことはない。

ヤンキースと投手として契約してからも、心のなかでは中堅手として、センターのレギュラー選手になることを勝手に空想して楽しんでいた。投手として成功しなければそれでおしまいだと覚悟を決めてはいたが、小さな夢をひそかに温めていたんだ。

外野手になる手っ取り早い方法が、打撃練習で外野の守備につくことだ。俗にいう〝シャギング〟だ。多くの投手がシャギングをしているが、彼らのほとんどは守備練習ではなく、社交の場だと思っている。ぶらぶらしながら会話をして、近くにボールが飛んできたら、ついでにキャッチする。私はちがう。外野に出たら、ボールが飛んでくるたびにキャッチする。そして、必死に走る。ファウルポールからファウルポールまでダッシュしたり、フェンス際をランニングしたりするのは、べつに体力づくりのためじゃない。走って、汗まみれになりたいのだ。雨が降ったり、ナイトゲーム明けのデイゲームだったりすると、打撃練習がなくなって、私は誰よりもがっかりした。

二〇一二年シーズンが開幕して一か月ほどたった頃、ロイヤルズとの四連戦に臨むため、私たちはニューヨークを離れ、カンザスシティに乗りこんだ。五月三日木曜日のシーズン二十五試合目。その前日、街に到着したのが遅かったため、午前中はホテルの部屋でごろごろして、アニマル・プラネットをちょっと観てから、昼食をとりに中華レストラン、P・F・チャンズに出かけた。食事はだいたい一人ですます。四時頃、球場についた。この日の先発は黒田博樹。▼1 月曜日のオリオールズ戦から私は投げていない。登板なしがあまり続くのは好ましくないから、今夜は投げられるといいと思っていた。

打撃練習の守備に向かう前、その日に新加入したばかりのジェイソン・ニックスに挨拶した。脳震盪《のうしんとう》を起こしたエリック・チャベスの交替要員として、ヤンキース傘下の3Aチーム、スクラントン・ウィルクスバリ・レイルライダースから呼ばれたユーティリティープレーヤーだ。ジョーは、ニックスを九番レフトで先発に起用した。

私は急いで着替えると、グラウンドに出た。春めいた気持ちのいい日だった。公式に発表はしていなかったが、私は今シーズンかぎりの引退を考えていて、そんな思いがあったせいか試合前のシャギングや、毎日のありとあらゆることを、それまで以上にしっかりと味わおうとしていた。

カウフマン・スタジアムのセンターの守備位置に立った。ヤンキースの紺色のウィンドブレイカーを着て、グレーのランニングシューズをはいている——シャギングをするときの私のユニフォームだ。カンザスシティはいつもだいたい風が強く、その日もそうだった。それほど離れてい

▼1　黒田は2008～11年にドジャースに在籍、2012年にヤンキースに移籍し、3年間先発ローテーションを守りつづけた。

ないところにブルペンコーチのマイク・ハーキーがいて、ブルペン仲間のデイヴィッド・ロバートソンもいた。

ハークはとても大柄で、これまた大柄な彼の息子コーリーは、ＮＦＬセントルイス・ラムズでタイトエンドを務めている。私はハークと気が合った。彼がいたからこそ、私はクローザーとしての道を進むことができた。ハークには常々そういっていた。私がオークランドでメジャー初勝利を挙げた日、相手の負け投手がマイク・ハーキーだった。一九八七年のＭＬＢドラフトで、シカゴ・カブスの一位指名を受け、全体でも、一位ケン・グリフィー・ジュニアから三人あとの四位で指名された大物だ。当時、私の球を受けていたのが捕手ジム・レイリッツ、一塁手がドン・マッティングリー、遊撃手はもちろん、オランダ人プレーヤーのロバート・エーンホーンだ。チームはハークから七安打を放って四得点を挙げ、この打線の援護を受けて、私が勝利投手となった。

「ハーク、絶好球ばかり投げてもらって、助かったよ」私はいった。

「どういたしまして。貢献できてうれしいよ」ハークは答えたものだ。

ハークは、ブルペンをまかせるには適役だった。気楽な雰囲気を大事にし、リリーフ陣がリラックスできるように努めてくれる。試合の終盤になれば、ブルペンの空気が張りつめるのをよく知っていた。「おまえがいると、ブルペンがずいぶん落ちつくんだ」ハークがいったことがある。たしかに私がブルペンに入ると雰囲気が落ちつくのだが、同時にいたずらも始まる。クラブハウスに五回くらいまでいたあと、六回の途中あたりにブルペンに入り、みんなと拳を合わせて挨拶したら、いたずらを始める。使うのは、だいたいガムだ。ブルペンにガムを投げこむと、とたんに子どもの集まりになってしまうのがおもしろい。私がそのガキ大将といったところだろう。カットボールの制球力にも自信があるが、ガムを投げつけるのもお手のものだ。三メートル離れたところから相手の耳たぶにガムを当てる？　何度投げても、だいたいはずさない自信がある。左右どっちの耳たぶでも大丈夫。ブルペン仲間にひととおりガムをぶつけたら、ちょっと趣向を変えて、誰かにガムをくっつける。ハークはいいカモだった。ズボンの尻の部分や背中――彼の巨体なら、いくらでもくっつける場所がある。よくやったのが、ジャンパーのポケットにガムを入れるいたずらだ。ハークがポケットに手を突っこむと、べたべたしたガムが手についていた。

「またおれが標的か？」ハークが私にいった。

「ちょろいからな」私は答えた。

打撃練習の時間が半ばほどにさしかかったとき、新入りのジェイソン・ニックスがケージに入った。フェンスを越えそうな大きな当たりが左中間に飛び、私はすかさず打球を追って駆けだした。遊びではなく、真剣そのものだ。ボールだけを見て、キャッチするつもりでいた。ニックスの打球は風に乗ってぐんぐんのびたが、なんとか追いつけそうだった。左中間方向へ走りながら、ボールを目で追っていた。フェンス際に近づくと、カンザスシティの風を受けて、打球がセンター寄りに押しもどされた。落下点までもうすぐだ。今日の打撃練習での、私のベストプレーになりそうだ。左後方に見える打球を追ううちに、フェンス際の土の部分に足を踏み入れたのがわかった。

次の一歩を踏みだそうとしたとたん、右膝に激痛が走った。

膝の内側の何かが引きはがされ、なかでぐらぐら揺れるような感じだ。今まで感じたことのない激痛。私は勢いあまってフェンスに激突し、倒れこんだ。

悲鳴をあげようにも声が出ない。私は歯を食いしばった。ハークとデイヴィッドは、歯ぎしりする私を見て、笑っていると思ったらしい――私がわざと倒れて、怪我したふりをしているのだと。もちろん、ちがう。私は地面に顔を埋《うず》めた。膝がずきずきする。何が起こったのかわからなかったが、まずいことになったのはわかった。膝が暴れまわっている。知ってのとおり、私はしょっちゅう祈りを捧げる。自宅でも、車を運転しているときでも、マウンドでも。だが、このときは、祈れなかった。それほど凄まじい痛みだった。なんとか痛みを和《やわ》らげようと、私は膝をさすりつづけた。

すぐさま、ハークとデイヴィッド、近くにいたラファエル・ソリアーノが、私の怪我に気づいた。ハークが指笛を吹き、ジョー・ジラルディを呼んだ。

ジョーが駆けよってきた。チームのアシスタントトレーナー、マーク・リトルフィールドもいっしょだ。打撃練習は一時中断。私は激痛に身悶《みもだ》えしていた。

「骨が折れるような音がしたか?」誰かがきいた。

「いや」

「音はしなかったんだな?」

「ああ」

「だったらいい」

心強いことをいってもらえてありがたかったが、素直には喜べなかった。しばらくすると、体を起こせるようになった。ハーク、ジョー、ラファエルが私をそっと持ちあげ、緑色の小型トラクターの荷台に乗せてくれた。グラウンド整備用品を運ぶトラクターで、ＭＬＢ歴代最多を誇るセーブ王が搬送されていく。私はトラクターの荷台の上で足を投げだしていた。

「モー、無事を祈ってるぞ」センターのスタンドにいたファンが声をかけてくれた。

トラクターで運ばれながら、私は声をかけてくれたファンに手を振った。トラクターが外野フェンス沿いを走って、三塁側ダグアウトの前にやってくると、数人のファンがはげますように、私の名前を叫んでくれた。私はもう一度、手を振った。何もかもに現実感がなかった。

いったいどうしてトラクターで運ばれているんだ？　今まで問題なく何度もくり返してきた練習で、どうしてこんなことになったんだ？

トラクターが地下通路に入っていくと、そんなにひどい怪我じゃないかもしれないと思えてきた。凄まじい痛みだったが、ただの捻挫で、一、二週間もすれば復帰できるんじゃないかという気がしてきたのだ。実際、なんとか歩くことはできたし、痛みが悪化するわけでもなく、腫れてもいなかった。

ちょっと変な痛みが走っただけで、すぐによくなるだろう。私は自分にいいきかせた。

待機していた車に、マーク・リトルフィールドといっしょに乗りこんだ。時刻は六時前、ＭＲＩ検査を受けるため、カンザス大学メドウェスト病院に向かった。車で三十分ほどの距離だ。その車中、さまざまなことが頭のなかを駆けめぐった。前向きに考えるのが私の基本的な姿勢だが、一方で、現実的に考えもする。私は四十二歳だ。検査結果がよくなかったら、そのあとはどうなる？

私の現役生活は、カウフマン・スタジアムのフェンスに激突して終わるのか？　ある記者が、私の膝にメスが入ることになるとしたらどう思うかと、ジョーにたずねた。

「診察でそんな結果が出たら、最悪だ」ジョーは答えた。

レンガ造りの病院の前に車が止まり、私は三十分ほどのＭＲＩ検査を受けた。頭のなかでは、前向きな考えと現実的な考えがずっとせめぎ合っていた。検査が終わったとき、医師にどう思うかきいてみた。

医師はしぶい顔をしていた。

「まだわかりません。なるべく早く検査結果をお知らせします」医師はいった。

悪い知らせをいいしぶっているように見えた。私は膝にかなり体重をかけながら、助けを借りずに車まで歩いてもどった。

こんなふうに歩けるわけだから、たいしたことはないだろう、と私は思った。

病院のなかで見かけた別の医師が、私たちの車のところにやってきた。

「お気の毒に、怪我をされたそうで」医師が声をかけてきた。「クリスチャンですよね？　よかったら、いっしょに祈りませんか？」

「ありがとう。じゃあ、ぜひ」

私たちは手を合わせた。

「主よ、あなたは万物を司《つかさど》っていらっしゃる」医師が祈りの言葉を口にした。「ときにあなたは、尋常ならざることをなさり、私たちが望みもしない、あるいは思いもしない方向へと私たちを導かれる。主よ、マリアノの怪我の治癒に力をお貸しください。回復に向けての忍耐力を与え、彼がマウンドに復帰できるようにお助けください。アーメン」

短いが心のこもった祈りだった。私はその医師に礼をいい、そのままスタジアムに引き返した。五回に入ったところで、クラブハウスにもどった。ブルペンに向かうつもりはなかった。私がいかなくても、ほかの誰かがマイク・ハーキーにガムのいたずらをしているはずだ。

ロイヤルズのチームドクター、ヴィンセント・キー医師と話した。あごひげを生やし、私と同じように頭を丸めた、アフリカ系の若い医師だ。私たちは、ビジター用クラブハウスのトレーナールームにいた。

「先生、どうです?」

「申しあげにくいんですが、MRI検査の結果、膝の前十字靭帯と内側側副靭帯が断裂していま す」キー医師がいった。「手術が必要です。手術をすれば完全によくなりますが、今シーズンの出場はまず無理でしょう」

私は医師の言葉を咀嚼した。

前十字靭帯の断裂。

内側側副靭帯の断裂。

手術。

今シーズンは……まず無理。

今シーズンは。

信じられなかった。三時間前、私は外野のグラウンドを駆けまわって、大好きなシャギングをしていた。最後になるかもしれないシーズンだから、毎日の一瞬一瞬を楽しむつもりでいた。それが今、プロ生活で初めて下半身に大怪我を負ってしまった。これから、膝の大きな再建手術を受け、長くてつらいリハビリにはげむことになる。

私はこれからどうなる？

キー医師に礼をいい、試合が終わるのをクラブハウスで待っていた。チームは、三対四で敗れた。私はチームメイトの前に立った。涙をこらえようとしたが、こらえきれなかった。診断結果をチームメイトに話さなければならない。それと、無情な外科手術のことも。

膝の靭帯断裂。大手術。二〇一二年シーズンは、もう投げられない。

どう伝えていいのかわからないまま、私は口を開いた。

「申しわけない。どうやらみんなを、ヤンキースを、裏切ることになってしまった。それがとても心苦しい。私を頼りにしてくれていたと思うが、今年はもう投げられない。どうしてこんなことになってしまったんだろう。今はその理由がわからない。一つだけいえるのは……私でよかった。私はもう引退間際だ。将来がある若い人たちの身に起こらなかっただけでも幸いだ。怪我をしたことは残念だが、神のお力添えがあるから、なんとかなると思う」

デレクが歩みよって、私を抱きしめてくれた。アンディも、ほかのたくさんのチームメイトも。チームメイトに囲まれていることが、これほどありがたいと思ったことはない。勝利の喜びも、つらい現実も分かち合える。すべてを分かち合える。全員が一つになって。チームメイトのためなら、誰もがなんでもする。

記者たちに囲まれたとき、早速、質問が飛んできた。復帰の見通しは？　春季キャンプから、私が今季での引退をほのめかしていたため、記者たちは当然、ききたかったのだろう。

「こんな終わり方でいいんですか？」そんな質問が飛んできた。

とたんに、胸のなかにいろんな思いがこみあげてきた。どう答えればいいのか、どう考えればいいのかわからない。記者たちにもそう話した。私は深呼吸をして、自分にいいきかせた。私は一人じゃない。この怪我を乗りきるために、神が必ずなんとかしてくれるはずだ。どうして私が？　そんなことは考えない。

そんなことを気にしたって、いいことは一つもない。

ホテルに帰って、クララとじっくり話をした。私は電話越しにずっと泣いていた。二人で祈りを捧げたあと、クララがはげましの言葉をかけてくれた。つらいとき、クララがよく使う言葉だ。背中をやさしくさすってもらっているのと同じくらい、クララの言葉が気持ちを楽にしてくれた。

「明日は、今日よりきっといい日になるわ」

膝が痛むうえに、頭のなかにいろんな感情が渦巻いて、ぐっすり眠れなかった。くよくよ悩むなんて、自分らしくもない。膝の怪我をなかったことにはできない。二〇〇一年ワールドシリーズ、第七戦の九回裏をなかったことにできないのと同じだ。翌朝、目をさますと、膝がコンクリートのように固くなっていた。支えなしで歩くなんて、とてもできない。マーク・リトルフィールドに電話して、松葉杖を持ってきてもらった。そんな物を使うのは、なんだか屈辱的だった。ところが、使ってみるとずいぶん気が楽になって、先のことを明るく考えられるようになった。

ビジター用クラブハウスの自分のロッカーの前に座り、私は記者たちに囲まれた。かたわらに松葉杖を立てかけてある。センターのフェンス際にうずくまってから、まだ二十四時間もたっていなかったが、そのあいだにいろいろなことが起こった。さまざまな思いが、頭のなかを駆けめぐった。これからしばらくシャギングはできないし、マウンドに上がって試合を締めることもできないが、どこへもいく気はなかった。

「必ず復帰する。でかい見出しでそう書いてくれ。こんな形で引退はできない」私は記者たちに語った。「奇跡は起こるものだ。前向きに考えるよ」

手術は一か月遅れた。脚に血栓が見つかり、その治療が必要だったのだ。六月十二日、ニューヨークにある特別外科病院《ホスピタル・フォー・スペシャル・サージェリー》のデイヴィッド・アルトチェク医師が執刀し、手術は無事に終わった。医師の話では、実際の断裂の程度は、ＭＲＩ画像で見ていたほどひどくはなかったそうだ。その夏、私はワールドシリーズに登板しているような真剣さで、つらいリハビリにはげんだ。一日三時間、週に四日か五日、膝の可動域を広げ、筋力をつけるために、きついメニューをこなしながら、自分をはげまし、体をいじめ抜いた。何日も痛みが続き、ひどいときは、怪我したとき以上の激痛に苦しむこともあったが、忍耐強くリハビリを続けた。

復帰するには、どうしても耐えなければならない。

ただ、この地獄のようなリハビリ期間には、思いもよらない恵みがあった。家族と楽しく夏を過ごせたことだ。プロ入りした二十歳のとき以来、長年にわたって、家族と夏を過ごしていなかった。

タンパ遠征の最終戦にチームが勝利した七月四日、私たちは家族でバーベキューをした。

こういう夏も悪くないな、と私は思った。

息子たちの野球の試合にも足を運び、クララともゆっくりできて、家族と過ごす生活のリズムにすっかり慣れていった。もちろん、このまま引退しようとは思わなかった。このあと幸いにも、二〇一三年シーズンに復帰を果たすことになる。神の思《おぼ》し召《め》しだろう。だが、そうやって夏を家族と楽しみながら、私は思った。引退のときがきても、心おきなく辞められそうだ。

膝の手術を終え、リハビリを始めた頃、チームは東地区で頭一つ抜けだした。六月の二十七試合で二十勝を挙げたが、この快進撃を牽引したのが、ロビンソン・カノだ。テレビの試合中継を見ると、必ずといっていいほど、ロビーがヒットを打っていた。その月、ロビーは十一本のホームランを放ち、打率は三割四分。二十三試合連続安打に加え、守備でもすばらしい活躍を見せた。まちがいなく、ロビーは私がいっしょにプレーした偉大な選手の一人だ。だが、彼には困惑させられることも多かった。数年前のアナハイムでの三連戦、一方的な展開でエンゼルスが二連勝し、私たちは首位争いに残るために、どうしても最後の一戦に勝たなければならなかった。

同点で迎えた九回裏、一死、走者一、二塁の場面で、ジョーは私をマウンドに上げた。アウトを二つ取るか、サヨナラ負けを喫するか、どちらかだ。打席に入った一番打者ショーン・フィギンズは初球から打ってきた。打球がセカンドに転がった。ロビーの守備位置は球が転がった方向より若干二塁ベース寄りだったが、打球の勢いはそれほどでもなく、ロビーなら追いつくと私は思った。ところが、ロビーは打球を追って二、三歩走っただけで、あきらめた。

飛びついてキャッチしようという気もない。打球を止めようという気さえない。

何もしないで、ただあきらめた。

打球はライト前に転がって、二塁走者ハウィー・ケンドリックがホームに還り、エンゼルスが三連勝を決めた。ロビーがどうして打球に飛びつかないのか、どうしてボールを止めようとしないのか、誰にも理解できなかった。

もちろん私にもまったくわからなかった。一塁手が取るだろうと思ったにせよ、打球が抜けたときに備えて、追いかけるのがふつうだ。デパートのマネキンのように突っ立って、外野に転がるボールをぼうっと見送るなんて、どう考えてもおかしい。

チームがサヨナラ負けしようとしているときに、どうして必死になって打球を追いかけない？　試合のあと、私はロビーと口をきかなかった。記者がそこらじゅうにいたし、私は頭に血がのぼっていた。こういうとき、人と話してはいけない。

その夜、私たちはミネソタ州に飛行機で移動し、翌日、メトロドームのクラブハウスで私はロビーを探した。彼とこういうことで話をするのは初めてじゃない。ロビーのロッカーの前で、立ち話をした。

「昨日のフィギンズの打球はどうした？」私は切りだした。

「さあ。ウィルソン（一塁手）が取ると思ったのかな。そうしたら、読みがはずれた」

「ウィルソンは取れなかっただろう？　どうしてボールを追いかけなかったんだ？」

「追いつけないと思ったんだよ」

ロビーはうつむいて、見るからに気まずそうだった。チーム内でも、私の意見にうなずくチームメイトのほうが多いことは察しがついたのだろう。私はべつにロビーを叱りつけたいわけじゃない。兄が弟を助けるように、ロビーの力になろうとしているだけだ。

「ロビー、昨日みたいなプレーはまずい。もっといいプレーができるはずだ」私はいった。「あの状況では、どんなことをしても、外野に抜けないようにボールを止めなきゃいけない」

　ロビーはうなずいた。

「まずかったのは、わかってる。次は、気をつけるよ」

　ロビンソン・カノとは、私が引退するまで九年間、チームメイトだった。彼の才能については、何から話せばいいかわからない。よく疑問に思った。この男は、自分にどれだけの才能があるか自覚できているのか？　今の自分よりも、いや、誰よりもすばらしい選手になれることをわかっているのか？　ロビーには、それほどの才能がある。彼にはよくいっていた。「おまえのやる気のない打席は見たくない。絶対に。どの打席でも、必死にボールに食らいつくおまえが見たい」

　ロビーが目の高さほどあるボール球に手を出して、あっさり打ちとられるのを見ると、私はいらいらした。満塁のチャンスに、ロビーが初球から手を出すのを何度目にしてきたかわからない。あれはバッティングに自信のない選手がすることだ。首位打者を争うような選手がすることじゃない。

　私は彼にくり返しいってきた。「ロビー、あんなことをするな。おまえには才能があるんだから。たいていの投手は、初球にボール球を投げてくるもんだ。悪球に手を出させて、ぼてぼてのゴロかフライに打ちとれるか様子を見にくるんだ。もっと投手を苦しめろ。そんな球に手を出したら、おまえ自身の打席がもったいないだけじゃない。一番打っている打者が凡打に倒れたら、チーム全体の士気も下がる。相手投手を助けたいわけじゃないだろう？」

「わかった、気をつける」

　走塁についても、よく話した。塁に出れば、ロビーは走塁もうまい。投手がボールを投げたあと、いいリードを取って、打球の行方を巧みに読みとる。そのセンスはすばらしい。だが、打席から一塁に走るとき、いつも全力とはかぎらない。というより、手を抜くことがあまりに多い。平凡なゴロでも、必死に走って内野手にプレッシャーを与えようとしないのだ。凡打だからといって、あきらめてはいけない。アウトになるとはかぎらないのだから。

引退したメッツのルイス・カスティーヨにきいてみるといい。

その一か月後、ホームスタジアムにレイズを迎えた一戦でロビーは、クリフ・フロイドの打球をたらたらと追いかけた。その緩慢なプレーのせいで、フロイドは二塁に進んでしまった。その回の終わり、ジョーはロビーを交代させた。

「必死にプレーできないなら、ベンチに座ってろ」ジョーがいった。

私は、ほかのチームメイトの誰よりもロビーにあれこれ注意した。ロビーには、神から授かった才能がある。ほかの選手が簡単にアウトになったり、必死にプレーしなかったりしたら、腹は立つだろうが、ロビーのときとは少しちがう。ロビーには、もっとレベルの高いプレーを期待している――自分の才能を自覚してほしいのだ。

彼の名誉のためにいっておくと、ロビーは決していいわけをしたり、私が声をかけてもきく耳を持たなかったりはしなかった。そんなことは一度もない。私が彼のためを思って話しかけているのは、よくわかっていたのだろう。彼はいつも私に敬意を払い、必ず礼をいってくれた。

実際、あんなふうに素直に人の意見に耳をかたむける選手はあまりいない。

ロビーは年齢を重ねるにつれて、ますますいい選手になった。今では、懸命にプレーしている。シアトルの新しいチームでも、そのプレーを続けてほしい。まちがいなく殿堂入りする才能のある選手なのだから。あとは、ロビーがその気を出すかどうかだ。ただ、彼は一番になろうとして熱くなるタイプじゃない。野球を楽しみながら、チームに貢献して、家に帰ることに満足するタイプだ。一流選手に見られる火傷《やけど》しそうな情熱はなく、のんびりしている。年長の大勢のスター選手に囲まれてきたせいで、そういう役に落ちついてしまったのかもしれない。だが今は、マリナーズで若手を引っぱっていく存在だ。ロビーの時代がきたのだ。

彼ほどバットスウィングが美しい選手がどれくらいいるだろう？　しかも、守備もうまく、ホームランも打てる。まったくたいしたものだ。打席に入り、小さなテイクバックで、大振りせずにまっすぐバットを出し、力強く素早く振り抜く。右中間や左中間を抜ける鋭い打球を見ると、誰だってこう思うはずだ。あんなスウィングができれば、三割五分くらいの打率を残せるはずだと。それほどの才能が、彼にはあるのだ。ロビー・カノには、そんな才能があふれている。彼の活躍に期待したい。

私は辛抱強くリハビリを続けた。二か月ほどたった頃、膝の具合もよくなり、シーズン中に復帰して、マウンドに上がれそうな気がした。アルトチェク医師に会ったとき、そのことを伝えた。

「先生、膝の調子はかなりいい。これならすぐにでも――」

医師は途中で私を黙らせた。スポーツ選手のことを熟知している医師は、私が今シーズン中にでも復帰してマウンドに上がりたいといいだすことくらい、お見通しだった。復帰を急ぐなんて馬鹿げているし、もってのほかだといわれた。私がホームに突っこもうとする走者なら、アルトチェク医師は、ホームベースをブロックするモリーナのような巨漢の捕手だ。

とても生還できそうにはなかった。

「腕の調子がいいからといって、それだけでメジャーの投手は務まらないでしょう?」医師がいった。「バント処理ができると思いますか? マウンドからダッシュして、ボールを拾い、体を反転させて一塁に送球できますか? ちゃんと守備ができますか? 一、二塁間にゴロが転がったとき、ダッシュして一塁のベースカバーに入れますか?」

反論してもよかったが、しなかった。彼のいうとおりだ。

「復帰して、プレーオフに備えたいお気持ちはわかりますが、まだメジャーのマウンドには立てません。今は、膝の回復に充分な時間をかけてください。本格的に調整に入るのは、春季キャンプからです」

チームにとって、春はすぐそこだった。というのも、地区シリーズでオリオールズを破ったものの、チャンピオンシップシリーズでは、タイガース相手に一勝もできず、この年もまた残念な十月に終わっていたからだ。打撃陣の不振が痛かった。ロビンソン・カノもレギュラーシーズンでは打率三割一分二厘で三十三本のホームランを放ち、九十四打点を挙げたのに、ポストシーズンでは、四十打数で三安打しか打てなかった。そして、十月にニューヨーク・ヤンキースのユニフォームを着るロビーの姿は、この年で見納めになった。

第21章 サンドマン、引退

タンパにある春季キャンプ地のサブグラウンドで、一時間ほどバント処理や牽制の練習に汗を流していた。ブルペンコーチのマイク・ハーキーがそばについている。年は、二〇〇八年。いや、二〇一〇年か、二〇一二年かもしれない。

ほかのどの年でもかまわない。

「ハーク、今年で終わりだな。来年はもう無理だ」

「またその冗談か」ハークがいった。

「いや、今回は本気だよ」

「まるで狼少年だな。どうせ来年もここにくる。そして、再来年もここで同じせりふをくり返すんだ。おまえは引退なんかしないよ」

ハークと私は、こんな会話を六回はしている。いや、十回かもしれない。私たちはよくむだ話をした。春季キャンプがあまり好きじゃなかったからだ。春季キャンプを人生のイメージと重ねて、希望に満ちた新生の季節だと詩的に語る人がいるが、私は春の訪れにそれほど喜びを感じない。私は根っからのマイホーム主義者だ。クララや息子たちがいる家を離れるのは、いつもつらい。家族で祈りを捧げ、笑い合うわが家は、お互いに支えあう大事な場所だ。ほとんど家をあける一年がまた始まろうとする頃、リビングルームで遊んでいる息子たちを見ると、私は泣きそうになった。

家族への思いが、どこからともなく津波のように押しよせてきて、胸がつまった。

「子どもたちを裏切っているような気持ちになるんだ。ほとんどかまってやれなくなるから」私はクララにいった。

家を離れるのは、二十三歳のときからつらかった。四十三歳になると、もっとつらくなった。私は決まったルーティーンに安らぎを見出すタイプだから、そのルーティーンが乱れると、調子が狂うのだ。

準備や練習を嫌っているわけじゃない。錆《さ》びついた体を鍛えなおさないといけないし、基本練習も真剣にこなさないといけないのは、充分わかっている。だが、いったいどれだけ一塁のベースカバーや中継プレーの練習をすれば気がすむんだ？　私にとって、春季キャンプでの練習は、釣り糸を垂らして魚がかかるのをぼうっと待っているよりも退屈だった。数イニングでいいから投げさせてくれ。二週間もあれば、開幕の準備はできる。おもしろくもない練習が延々と続くだけでは、ほとんど張り合いがない。

だが、二十四度目にして、現役最後の春季キャンプでは、気の持ちようがまったくちがった。今年が最後だからというわけじゃない。健康な体にもどったからだ。カンザスシティでの膝の故障で九か月野球から離れていたが、膝には力がみなぎっていた。いや、全身に力があふれているようだった。外野のグラウンドを走り、ゴロを処理して、チームメイトと練習をしながら、再び野球をする機会を与えてくださった神に、心から感謝した。

打撃練習に登板し、二十球投げると、私のかつての女房役で友人のホルへ・ポサダがからかってきた。

「二十球か。おまえにしては、ずいぶん投げたな」

からかってもらって、まったくかまわない。誰だって好きなことをいえばいい。再びユニフォームを着て、ボールを投げているのだ。私にとっては、なによりもありがたいことだった。

それからの数日、何度かブルペンで投げてもかなり調子がよく、三月九日の午後、オープン戦で久しぶりのマウンドに上がった。記者会見で、公式に今シーズンかぎりでの引退を表明した数時間後のことだ。対戦相手はアトランタ・ブレーブス。ダン・アグラをセカンドフライに打ちとって、まずはアウト一つ。続くファン・フランシスコとクリス・ジョンソンを見逃しの三振に切ってとって、一イニングをあっさり締めた。初登板にしては、これまでにない仕上がりだ。絶対にうまくいくという確信がわいてきた。

デレクについては、同じように楽観視はできなかった。

デレクも、ブレーブスとのオープン戦が今季初の出場となった。アメリカンリーグのチャンピオンシップシリーズ第一戦、延長十二回以来の出場だ。あの一戦で、レフト方向に打球を追ったとき、デレクは足首を骨折した。そのプレーを見ていて、カンザスシティで自分の身に起こったことが不意に脳裏をよぎった。というのも、数えきれないほど見てきた何の変哲もないプレーだったからだ。それが一瞬であんなことになる。一週間後にデレクは手術を受け、以降は必ず来季の開幕に復帰するとくり返し話していた。

初戦は指名打者で出場し、五か月ぶりの打席で初球をレフト前に弾き返した。グラウンドに帰ってきたデレクに、ファンは熱狂した。その翌日か二日後には、復帰後初めてショートの守備につき、開幕戦の先発出場に向けて、準備が整ったことをアピールした。

ただ、私は腑に落ちなかった。デレクとの付き合いは長いから、彼の身のこなしや、野球に向き合う姿勢については、自分のことのようによくわかる。私の目には、本調子に映らなかった。動きがどこかぎこちない。瞬発力や機敏さが足りないのだ。まだ春になったばかりだとはいえ、私の目に映る彼の姿や、すべて順調だと執拗にアピールする彼の言動が気がかりだった。

春季キャンプのあいだ、じっくりとデレクを見守った。左足首を骨折したあとだ。手術が成功していたとしても、全快するまでにはかなり時間がかかることもある。開幕戦の先発出場にこだわるあまり、判断が鈍っているのかもしれない。

「開幕スタメンを目指す気持ちはわかるが、よく考えたほうがいい。復帰を急がなくてもいいんじゃないか」ある日、トレーナールームでデレクに伝えた。「慌てても、いいことはない。完全に回復するまで、じっくり様子を見たほうがいい。無理して事をせくと、裏目に出るぞ」

「モー、大丈夫だ。調子はいい。いいたいことはよくわかるが、無茶はしていない。心配しなくていいよ」

デレクの話では、足首は順調に回復していると医者に毎日いわれているそうだ。多少、関節がこわばったり、腫れたりする可能性はあるそうだが、何も問題ない、とデレクはいった。

もちろん、足首の内部がどうなっているのか、私より医者のほうがよくわかっているだろう。

私にわかるのは、体の動きだけだ。だが三月の終わり、デレクの足首は炎症を起こして腫れあがり、痛み止めの注射を打つはめになった。それでもデレクは、痛みが少しぶり返しただけだといいはった。ほどなくして、デレクが故障者リストに入って開幕を迎えることになるという報告を耳にした。そして、悪いニュースはその後も止まらなかった。七月十一日にようやく復帰を果したが、直後にまた故障し、デレクはその後も体のあちこちを痛めた。

デレクは、私の知るなかでも、かなり熱い男だ。そこが彼の魅力ではあるのだが、今回にかぎっては、そのがむしゃらな一面が、デレクの目を曇らせたのだろう。そして、まわりの人間も、デレクの熱意に目がくらんでしまったのかもしれない。私にいわせれば、明らかにデレクの復帰は早すぎた。ところが、どういうわけかデレクは焦ってしまい、誰も彼を止めなかった——あるいは、デレクを守ってやれなかった。暴走寸前の私を守ってくれたアルトチェク医師のような人物はいなかった。もっとじっくり事を進められなかったのは、組織的なミス——それも、大きなミスだ。

人は誰しも、自分にとって最善の選択をしようとする。それはまちがいない。だが、ときには、医者の診断を真に受けず、自分の目を信じることも必要だ。二〇一三年シーズン、デレクは十七試合しか出場できなかった。復帰を急がず、五十試合から七十五試合くらいに出場できていれば、シーズンの行方もちがっていただろう。われらがキャプテン、野球殿堂入り確実な、頼れる遊撃手といっしょに戦えたのだ。デレク・ジーターが健在だったら、二〇一三年シーズンが九月で終わってしまうことはなかっただろう。

シーズンが開幕して六週間、十三度の出番で十三個のセーブを挙げていた私は、カンザスシティのカウフマン・スタジアムのマウンドに上がった。怪我人としてではなく、クローザーとして帰ってきたのだ。そのおかげで、ことさら気分がよかった。

この日は、いろいろな意味で感慨深い一日だった。試合開始の五時間前、私はカンザスシティに住む十八人の人々と話をした。長いシーズンを通し、遠征した各地で、ふだん接点がない人々と会って話をするように努めたのだ。ファン、スタジアムの案内係、カフェの店員、チケットをもぎる係員、スタジアムを裏方で支える人々、試合が行なわれるために、なくてはならない人々だ。クリーヴランドでは、有名なドラム奏者ジョン・アダムズと話す機会もあった。彼はいつも外野スタンドの最上段に陣取って、長年インディアンスの猛攻を盛りあげるためにドラムを叩いて応援してきた。私が生まれた頃からずっとだ。ヤンキースの広報部長ジェイソン・ジーロが、綿密にスケジュールを管理して、すばらしい仕事をしてくれたおかげだ。こうして、いろいろな人々と親しく会話できたことは、引退した年の忘れられない思い出になっている。気取ったり、有名人ぶったりしないようにした。この機会に野球を支え、いつまでも野球を愛してくれるファンに感謝の気持ちを伝え、こちらの話をきいてもらうのではなく、みんなの話を存分にきかせてもらった。逆境や悲劇に直面している人々に会ったときは、ほんの少しでも慰めになればと、私にできることはなんでも申し出た。

アメリカ中のすばらしい人々と出会った、その思い出はすべて、いつまでも私の記憶に残るだろう。なかでも最も心を打たれたのは、五月十一日、カンザスシティでの試合前に会った、ブレセット家の人々と、少年投手ジョナス・ボルヒェルトだ。カンザス州オーバーランドパーク在住のブレセット家の人々は、フロリダからの帰宅途中、想像を絶する事故に見舞われたばかりだった。アラバマ州バーミングハムの空港で、十歳になる息子ルークが、落下してきた巨大な案内板の下敷きになって亡くなったのだ。母親へザー・ブレセットも巻き添えを食い、息子サムとタイラーも重傷を負った。私は父親ライアン・ブレセットと抱き合ったとき、何をいえばいいのか、どうすればいいのかわからず、ただお悔やみを述べて、ご家族のために私も祈りを捧げます、としかいえなかった。

「悲嘆に暮れているときに、すばらしい贈り物をいただきました」ライアンがいった。

「こちらこそ、あなたたちご家族とお会いできて光栄です」私は涙ぐみながらいった。

ブレセット家のもう一人の息子、十三歳のジョーが打ち明けてくれた話に、私たちは大笑いした。亡くなったルークは、野球が何よりも好きだったが、ヤンキースは大嫌いだったそうだ。

その日は、さまざまな事情をかかえた大勢の人々に会って、勇気をもらい、私自身がはげまされた。家族を失っても気丈に振る舞うブレセット家の人々もさることながら、十五歳の少年ジョナス・ボルヒェルトにも元気づけられた。ミズーリ州リーズ・サミット在住の頼りになるクローザーである彼は、癌を患いながらも懸命に闘っていた。それと、リッキー・ヘルナンデスにも元気をもらった。車椅子に乗った二十一歳のこの青年は、障害を持つ子どもたちのために、自宅の裏庭に遊び場を作ったそうだ。

私が一時間、あるいは一日、彼らに会うために時間を割いたことを、誰もが大げさなくらい喜んでいたが、私は彼らに伝えたかった。彼らにもらった勇気やはげましを考えれば、感謝するのはこちらのほうだ。病気に苦しむ人、不幸に見舞われた人が大勢集まった部屋には、神の祝福と人々のやさしさがあふれていて、その場にいた私は心から満ち足りていた。

　怪我をした場所にもどるのは、嫌な記憶を思いだすつらいものではまったくなかった。おもしろかった。試合前、シャギングをしようと（もちろん、膝の手術をする以前のようには張りきらずに）外野にやってきたとき、思わず笑ってしまった。私が倒れこんだ外野フェンスに、チームメイトが大きな貼り紙をしていたのだ。立入禁止区域《ノー・ゴー・ゾーン》をもじって「ノー〝モー〟ゾーン」と書いてあった。私はすかさず立入禁止区域を離れ、打撃練習の打者相手にボールを投げた。翌日、八回にブルペンの内線が鳴って、ハークが受話器を取った。

「モー、九回からだ」

　私はセーブを挙げ、アンディを勝利投手にするためにマウンドに上がった。アンディはロイヤルズの先発ジェームズ・シールズと、見事な投げ合いを演じてくれていた。私は二人の打者をショートゴロに打ちとったあと、ロイヤルズの捕手サルバドール・ペレスにライト線への二塁打を打たれた。次の打者がマイク・ムスターカス。左打ちの三塁手だ。ムスターカスはファウルを四本打って粘ったあと、フルカウントから外角高めのカットボールを左中間に運んだ。大きな当たりだ。打球は、私が怪我をしたあたりに伸びていく。左翼手バーノン・ウェルズが打球を追って、キャッチした。これで、チームは四連勝。翌日も私が試合を締めて、黒田が勝利投手となって五連勝とした。最後の打者はまたムスターカスで、このときは、ライトフライに打ちとった。

　開幕から三十回の登板で二十九個のセーブを挙げた私は、以前の調子を完全に取りもどしていた。ただ、チームとしては山あり谷ありで、故障者が続出した——デレクだけではなく、マーク・テシェイラ、カーティス・グランダーソン、フランシスコ・セルベーリ、アレックス・ロドリゲス（股関節手術の療養中）も。これほどの故障者は初めてだ。

それでも、チームはなんとか踏んばりながら西海岸での遠征を続けた。オークランドにやってきたとき、私は古い友人であり、英語の教師でもあったティム・クーパーをたずねた。マイナーリーグでいっしょにプレーしてから二十年、クープのことは決して忘れないだろう。助けてほしいときに必ず私のそばにいて、英語を教え、孤独だった私に救いの手を差しのべてくれた。私はクープに試合のチケットをプレゼントし、試合前、家族といっしょにダグアウトに招待した。クープに会えて、本当によかった。

「元気そうだな」私はクープにいった。

「昔みたいに散髪してやろうと思ったが、髪がないじゃないか」彼はそう答えた。

首位と六ゲーム差でペナントレースを折り返し、私は最後のオールスターゲームに臨んだ。この年のオールスターゲームは、スタジアムまで車でいけたのがありがたかった。クイーンズ区の橋を渡るだけだ。八回裏、アメリカンリーグの監督ジム・リーランド[▼1]にいわれて、私はマウンドに上がった。ブルペンのドアから出て、シティ・フィールドの外野グラウンドに駆けだした。「エンター・サンドマン」が流れるなか、ファンが総立ちで歓声をあげた。いつもと同じ。ふだんと何も変わらない。ところが、マウンドに立ったとき、はっとした。

グラウンドには、私一人だ。

私一人しか立っていない。

アメリカンリーグのチームメイトがダグアウトに下がり、私に花を持たせてくれたのだ。全員、

▼1　前年のアメリカンリーグ優勝チームであるタイガースの監督。当時68歳のリーランドは、この年限りで22年間の監督生活に終止符を打った。

ダグアウトの手すりの向こうで拍手していた。ナショナルリーグの選手たちも、一塁側のダグアウトで拍手してくれている。私は恐縮しながらも、とても感動して、自分でも何をしているのかよく意識しないまま、お辞儀をして、投げキスをしていた。帽子を振り、胸に手を当てながら、私は思った。

世のなかに、こんなに恵まれた男がいるだろうか?

シティ・フィールド中を走りまわって、一人一人にお礼をいいたかった。

試合前、私はオールスターの選手でいっぱいの部屋の中央に立って話した。

「自分たちのプレーが高く評価されていることに、大いに誇りを持ってほしい。みんなと同じ舞台に立てて、本当に光栄だ」すると、トリー・ハンターが立ちあがり、私のために今日は絶対に勝とうと宣言し、有名なラッパーの口真似を披露して、みんなから喝采を浴びていた。

マウンドに上がったのは、それから三時間後。彼らの、いや、アメリカンリーグを代表するわれらの勝利に貢献するために、私はマウンドに立った。ロイヤルズの捕手サルバドール・ペレスを相手に、肩ならしの投球を始めた。三点のリードを守りきればいい。私はブルワーズのジーン・セグラ、カージナルスのアレン・クレイグ、ブルワーズのカルロス・ゴメスの順に三人を打ちとった。ゴメスをショートゴロに仕留めたあと、私はゆっくりと三塁側のダグアウトに歩きだした。観客が再び総立ちで、声援を送ってくれた。シーズンを通して、この年は最後ずくめだった……このスタジアムでプレーするのも最後、あのスタジアムも最後、どこのスタジアムも最後だった。終わりが近づいていた。この日も、最後のオールスターゲーム。心おきなく引退できそうだ。[▼2]

▼2　リベラはこのオールスター戦のMVPを獲得した。

オールスターブレイク明け、私たちは不振に苦しむホワイトソックスとの三連戦に臨むため、シカゴにいた。私たちもあまり成績はよくなくて、アメリカンリーグ東地区の四位から抜けだせずにいた。後半戦に入ってからの十五試合で六勝九敗、そして、このとき、ある選手にメディアの注目が集まった。その夜の話題は、私たちのちぐはぐでお粗末な試合内容でもなければ、ホワイトソックスが十連敗を脱したことでもなかった。私たちのお騒がせ三塁手アレックス・ロドリゲスが復帰したのだ。股関節手術のあと、リハビリを経てようやく今シーズン初出場を果たした。ただ、アレックスがかかえていた問題は、股関節じゃない。この日、バイオジェネシス・スキャンダルで、アレックスに二百十一試合の出場停止処分がいいわたされたのだ。ＭＬＢ機構によれば、アレックスは違法薬物を使用したうえに、証拠を隠滅し、調査の妨害をしたとされていた。異例の重い処分だった。事件に関与したほかの選手たちは、五十試合の出場停止処分を受け入れた。バイオジェネシスは〝老化防止《アンチ・エイジング》〟を謳《うた》うクリニックだったが、顧客に科せられた処分内容を見ると〝出場停止《アンチ・プレイング》〟につながる疑惑のクリニックだったわけだ。

　処分をいいわたされたその日、アレックスはすぐに異議を申し立て、申し立て期間中の出場が認められたのだが——クラブハウスは、とんでもない騒ぎだった。ワールドシリーズ期間中でも、こんな騒ぎにはならない。記者の数もすごかった。ただ、私にとっては、そんな騒ぎなんかどうでもよかった。アレックスの復帰を喜んでいたんだ。彼は、ただのレギュラー選手じゃない。一流選手だ。全盛期のアレックスは、私が目にしたなかでも、トップクラスの名プレーヤーだ。プレーにかげりが見えはじめてはいたが、それでも、アレックスのような選手が復帰すれば、チームの低迷を救ってくれるはずだ。

スキャンダルについて、くわしいことはほとんど知らないが、アレックスに異議申し立てをする権利は当然ある。あらゆる法的手段を尽くせばいい。彼は友人であり、チームメイトだ。だから以前にもいったとおり、家族同然だ。過ちを犯したからといって、何度も過ちをくり返したからといって、誰しも家族を見捨てたりはしないはずだ。

ロッカーの前にいるのを見かけて、私はアレックスを抱きしめた。

「待ちかねたよ。すいぶん時間がかかったな」

「ただいま。復帰できて、本当によかった。これからは、存分に野球ができる」

「前進あるのみだ」

アレックス・ロドリゲスは、私の知る誰よりも野球好きかもしれない。彼にとっては、野球がすべてだ。私だって野球が好きだし、打者との対決を楽しんでいるが、試合が終わったら、自宅なりホテルなりに帰って、翌日まで野球のことは一切考えない。アレックスは、よその試合を見て、また別の試合を見て、すでに見た試合の再放送をやっていないか探す。いっしょにプレーした選手のなかでも、ずいぶん頭がいい。だからこそ、彼がしてきたことには、いくつか理解に苦しむものがあった。薬物違反のことだけじゃなく、人目を引こうとする言動についても。名プレーヤーとして語りつがれるだけでは物足りないのか、なんでもかんでも上を目指し、一番になろうとし、最高の自分を見せようとし、人一倍目立とうとする。そんなことをするから、妙なとばっちりを受けるのだ。

二〇〇九年のはじめ、「スポーツ・イラストレイテッド」誌で、アレックスの受けた薬物検査で陽性反応が出たと報じられたとき、私は彼にこんなことをいった。

「おまえのしたことはまちがってる。はっきりいって、気に入らない。それでも、おまえのそばにいて、あと押ししてやる。落ちぶれさせたりはしないからな」

だがアレックスがスタメン復帰しても、たいして変わりはなかった。ホワイトソックスとの三連戦では、初戦に大敗した。先発アンディは、それまで見たこともないほど最悪の立ちあがりだった。そして、私たちは二戦目も落とした。五月の戦没者追悼記念日を迎える前に首位争いから脱落した球団に二連敗を喫してしまい、貯金はたった二つで、三連戦の最終戦は、ますます大事な試合になった。急いでチームの不振を立てなおさなければならない。このときすでに、首位に一〇・五ゲーム差をつけられていた。

先発CC・サバシアが懸命に投げ、私たちは序盤で四対〇とリードしたが、やがてホワイトソックスが四対三とつめよってきた。九回、私はマウンドに上がった。US・セルラー・フィールドの観客は、このスタジアムにくるのが最後となる私を、スタンディングオベーションで迎えてくれた。ホワイトソックスファンの心意気がうれしくて、私は帽子を取って声援に応えたが、それもこの頃にはもうすっかり板についてきて、すぐに切りかえて仕事に取りかかった。マウンドの後ろに立って、祈りをつぶやく。ホワイトソックスの最も警戒しなければならない二人の打者、アレックス・リオスとポール・コネルコが、最初に対戦する相手だ。リオスを一塁へのファウルフライに打ちとったあと、コネルコが打席に入った。カウント〇─一から、コネルコはセンターフライを打ちあげた。五球で二人を打ちとり、投げた球はすべてストライク。絶好調だ。

あと一人で、ニューヨークにもどれる。

ホワイトソックスの二塁手ゴードン・ベッカムが打席に入った。彼にはまだ一度もヒットを打たれたことがない。だがカウント二―一と苦しくなってからの四球目がやや外に入り、ベッカムがうまくボールを捉えた。右中間への二塁打となり、同点の走者が二塁に出た。

この時点で、私は三十五個のセーブを挙げており、失敗したのは二回だけだ。次の打者は、代打アダム・ダン。彼とは四度対戦したことがあるが、まだ一度もフェアグラウンドに打球を転がされたことさえなく、四度の対戦すべてを三振に切ってとっていた。私は外角低めにカットボールを二球投げた。ダンは二球とも見逃して、ツーストライク。ぴくりとも動かない。メジャーに昇格したとき、私の前にヤンキースのクローザーを務めていたジョン・ウェッテランドが、一つだけ口を酸っぱくしていっていたことがある。「そこそこの球で打ちとろうと思うな。絶対に打ちとりたいときは、最高の球を投げろ。それしかない」

絶対に打ちとらなければならない。大柄な左の強打者ダンには、もう一球カットボールを投げよう。最初の二球への反応を見るかぎり、狙っているのは内角の球だ。このまま外角を攻めたほうがいい。捕手オースティン・ロマインも外角にかまえた。だが投げた球は外角いっぱいではなく、かなり甘く入った。長年、引っぱり専門の打者として知られてきたダンだが、この数か月は、ボールをよく引きつけて、どの方向にも打っている。ダンがバットを振り抜き、鋭い打球がサードに飛んだ。振り向いたときには、飛びつこうとしたアレックスのグラブをかすめて、打球は外野に抜けていた。ベッカムがホームに生還し、同点に追いつかれる。

外角の球を続けざまに投げた自分に腹が立った。ダンは明らかに内角寄りの球を待っていたのだから、内角に投げれば、どんな球にでも飛びついてきただろう。ストライクゾーンからはずれる内角の球を投げて、それに手を出すかどうか見るべきだった。だが、それをしなかった。三球続けて外角を攻め、しかも甘く入って、同点に追いつかれてしまった。

次のキャスパー・ウェルズを三振に切ってとり、ようやく九回のマウンドを下りたが、すでにセーブを失敗したあとだ。残りアウト一つで、チームにとってどうしても欲しかった一勝を手にできたのに、取り逃がしてしまった。ウェルズを三振に切ってとったあと、ダグアウトにもどるのがつらかった。クローザーなら誰だってそうだ。試合に負けたわけじゃないが、リードをふいにしてしまったのだから。ダグアウトが遠く感じた。

だが、失敗をくよくよ悩んでいる暇はなかった。私はもう一イニングを投げて三者凡退に抑え、延長十一回表、ロビーがホームランを放ってくれて、ほっとした。ところが、延長十一回裏、ホワイトソックスに二点を入れられて、また気分が沈んだ。

タイガース戦に臨むため、ホームスタジアムにもどると、再びアレックス・ロドリゲスに注目が集まり、スタジアムは騒然となった。復帰後初の、そして、出場停止処分と異議申し立てで大論争が起きてから初の、ホームスタジアムでの出場だ。数千人のファンがブーイングを浴びせ、数千人のファンが声援を送った。この先いったいどうなるのか、アレックスがこの一連の騒ぎのなかで集中してプレーできるのか、私は気になってしようがなかった。試合のほうは、三対一と二点リードで九回を迎え、また私の出番がまわってきた。

アウトを一つ取ってから、オースティン・ジャクソンに左中間を抜ける二塁打を浴びたが、次のトリー・ハンターをピッチャーゴロに打ちとった。そして、ミゲル・カブレラが打席に入った。ベネズエラ出身の大砲、球界屈指の強打者だ。この対決で、試合が決まる。カブレラは打率三割五分八厘で、三十三本のホームラン（念のためにいっておくが、まだ八月上旬だ）、どこのスタジアムでもあらゆる方向へ打ちまくっている。ほかの打者と同じ攻め方で入った。相手が誰だろうと関係ない。弱点のある打者なら、そこを攻める手もあるだろうが、カブレラにかぎっては、弱点なんかない。とにかく、厳しい球を投げるだけだ。

観客は総立ちだった。初球は、外角高めのカットボール。カブレラは打ってきたが、ジャストミートしなかった。一塁側ダグアウトのほうにファウルフライが上がった。一塁手ライル・オーバーベイがカメラマン席の手すりまで打球を追ったが、ほんの少し目測を誤って、体を後ろに反らした。捕球しようと手を伸ばしたが、打球はライルのグラブをかすめて落ちる。カブレラは、幸運がまわってきたと思っただろう。二球目もファウル。カウント〇―二に追いこんだ。

またしても、あとストライク一つ。

ストライク一つだ。

さっさと片づけろ。ここで決めるんだ。私は自分にいいきかせた。

三球目は高めのボール球で、さすがにカブレラは手を出さなかった。次の球は内側に入り、カブレラは強振したが、ファウルボールが膝をかすめた。足を引きずりながら打席のまわりを歩いていると、トレーナーとジム・リーランドが彼のもとにやってきた。数分後、カブレラは膝を気にしながら打席にもどった。私はもう一度、内角を攻めた。カブレラは再びファウルを打ち、今度は脛に打球が当たった。また足を引きずって、一度打席をはずした。

私はとにかく、この試合を終わらせたかった。ストライクゾーンからはずれる外角の球で打ちとろうとしたが、カブレラは手を出さない。次が、七球目。カットボールに対する彼のスウィングを見ると、ツーシームには対応できないだろう。鋭く沈む球だから、内角低めのいいところに決まれば、必ず打ちとれる。決め球になるはずだ。カブレラがカットボールに的を絞っているのは、明らかだった。私は深々と身をかがめてセットポジションに入り、ツーシームを思いきり投げた。ウェッテランドの忠告に反して、得意球のカットボールじゃない。カブレラの裏をかけると思ったからだ。ところが、ボールはど真ん中に入り、しかも沈まない。カブレラが弾き返した。打たれた瞬間、私はうなだれた。打球の行方はすぐにわかった。

暗闇でもわかる。

センターのフェンスを越える当たりだ。

追いかけるブレット・ガードナーを見るまでもない。

「ワオッ」カブレラが足を引きずりながらベースをまわるなか、私は思わずつぶやいた。同点に追いつかれたことにも驚いたが、同時にミゲル・カブレラのバッティングセンスにも舌を巻いた。カブレラは、ふつうなら試合が終わっていたかもしれない二球のボール球をしっかり見送り、ファウルで粘った。

そして、私を叩きのめしたのだ。

二試合続けてセーブに失敗した。それも、勝利まであとストライク一つというところで。役目を果たせずに、遠いダグアウトにとぼとぼと引き下がった。あごにパンチを食らったかのように、茫然としていた。チームメイトの期待に応えられなかった。

延長十回、ガードナーのサヨナラヒットで勝てたからショックは少し和らいだものの、心の傷は癒えなかった。

いつかお返ししてやる。私は自分にいいきかせた。十六年前のクリーヴランドで、そういいきかせたように。あのときは、地区シリーズでサンディ・アロマー・ジュニアにホームランを打たれたあとだった。いつかお返ししてやる。ただ、いつどんな形でお返しできるかは、わからない。私は改めて、自分にいいきかせた。

この日、打たれたことで、私はまた賢くなり、強くなり、いい投手になれる。信念が揺らぐことはない。それどころか、信念はさらに強くなる。そして強く、揺るぎない決意をもたらしてくれるはずだ。

その日の夜、自宅に帰ると、クララが私の背中をさすりながら、そのとおりよといってくれた。

「明日は、今日よりきっといい日になるわ」

私は、この言葉がとても好きだ。

翌日の土曜日の試合を落としたため、ペナントレースの巻き返しを図るには、日曜日の試合で、相手先発ジャスティン・バーランダーを打ちくずさなければならなかった。二回にアレックスが今季初のホームランをレフトスタンドに叩きこみ、二点リードして迎えた九回、私がマウンドを引き継いだ。

先頭打者は、ほかならぬミゲル・カブレラだ。私は切れのいいカットボールを投げた。カブレラが空振りして、カウントは〇―一。一球はずしたあと、再びカットボールで内角を攻め、カウント一―二と追いこんだ。ストライクゾーンからボール球になるカットボールで仕留めにいったが、カブレラは見送った。カウント二―二。ここで、金曜日の試合のように、ツーシームを投げるとまずい。

ウィッテランドの忠告どおり、得意球で勝負することにした。私の投げたカットボールは、やや高めに浮いた。ほぼど真ん中だ。狙ったコースじゃない――いや、まったくちがう。カブレラがバットを振る前に覚悟した。打球はライトフェンスを越え、四対三と一点返されてしまった。私はマウンドで、独り言をつぶやいた。

どうしてまたこうなるんだ？　手強い打者だが、有利に攻めている手応えはあったのに。ひと振りで――またスタンドに持っていかれてしまった。

次の打者プリンス・フィルダーをサードライナーに打ちとって、ヴィクター・マルティネスを打席に迎えた。カウント〇―一から、カットボールで内角を攻めたつもりが、またボールが甘く入り、マルティネスが強打。打球は大きく伸びて、ライトスタンドに飛びこんだ。同点に追いつかれ、私の経歴に、欲しくもない傷がついてしまった。メジャーで投げるようになって初めて、三回連続のセーブ失敗だ。

私はマウンドに立ち、この現実を受けとめようとした。だが、容易ではなかった。五日間で三度も、仕事を果たせなかった。この試合のヒーローはまたガードナーだった。九回裏、二死の場面で、相手投手ホセ・ベラスからサヨナラホームランを放ち、試合を決めてくれた。チームは三連戦で二勝したが、私は何一つ貢献できなかった。引退まで、残り約七週間。動揺はしない。神のおかげで自分はなんでもできると、いつものように信じていた。だが、今日は仕返しできなかった。本当に気が滅入った。

私にとっては、信頼できる存在、頼りになる存在であることがすべてだ。

それなのに、この週はどの試合でも、それができなかった。

一週間後、私たちはフェンウェイ・パークでレッドソックスと対戦した。相手の先発ライアン・デンプスターは、アレックスにボールをぶつける気でいた。最初から狙っていたが、なかなか当たらず、四球目でやっと成功した。あまりに露骨すぎて、私にはとても信じられなかったし、デンプスターの故意の死球に歓声をあげるファンもどうかと思った。スタンドからの悪意に満ちた歓声——アレックスに飛ばされる野次、観客たちの表情、そのどれもが醜かった。両軍のダグアウトから選手が飛びだし、ちょっとした乱闘騒ぎになった。六回、アレックスは仕返しとばかりにデンプスターからホームランを放ち、私は今季三十六個目のセーブを挙げた。この熱のこもった勝利が、巻き返しのきっかけになればとただ願うばかりだった。

シーズンは残り五週間、ワイルドカードに食いこむには五ゲーム差を埋めなければならない状況で、私たちは九月に入ってからも厳しい攻防を続けていた。私の現役最後の年はどうやら、地区優勝は望めそうになかった。それでも、この年の九月は、忘れられないものになった。九月二十二日、球団が私の引退セレモニーを開催してくれたのだ。クララ、息子たち、両親も招待され、かつてのチームメイトも出席していた。レイチェル・ロビンソンとその娘シャロンも、大切な友人ジーノもいた。私の背番号——ジャッキー・ロビンソンと同じ背番号——が球団の永久欠番になって、そのプレートがモニュメント・パークの壁に並べられ、さらには、メタリカが「エンター・サンドマン」を生演奏してくれた。

想像以上にすばらしいセレモニーだった。感謝と興奮で胸がつまり、その気持ちをどうあらわせばいいのかわからなかった。その日の試合で、私は一回三分の二を無失点に抑えた。チームが勝って完璧な形で一日を締めくくれるとよかったのだが、残念ながら一対二で敗れた。

そして四日後、ついにその日がやってきた……レギュラーシーズンで千百十五試合目[3]となる、現役最後の試合だ。対戦相手は、タンパベイ・レイズ。ブルペンの扉があき、私がマウンドに駆けだすと、観客が総立ちで声援を送ってくれた。八回表、一死で走者一、二塁の場面だ。引退のマウンドに上がる重みだとか、最後のお別れだとか、できるだけ考えないようにしたが、そうもいかない。だが、打者二人をあっさり打ちとってダグアウトにもどり、クラブハウスのトレーナールームに向かった。腕の筋肉をほぐしたかったからだ。トレーナーのマーク・リトルフィールドに腕を温めてもらっていると、アンディ・ペティットが部屋に入ってきた。

「どうした？」私はたずねた。

「九回、あと一人の場面になったら、ジーターと二人でマウンドに迎えにいきたい。ピッチャー交替だ。そのほうがいいだろう？」

「やめてくれ」私は答えた。「頼むからやめてくれ。私の気持ちがわかるだろう。試合を締める。それが仕事だ」

「そうか」アンディはいって、部屋を出ていった。腕がほぐれると、私はダグアウトにもどり、ベンチに座った。味方の攻撃が終わっても、すぐには腰を上げず、しばらくマウンドやグラウンドを眺めていた。

最後までこらえきれるか自信がなかった。胸が熱くなっても、今まではうまく表に出さずにいられたが、涙がこぼれそうだった。私は神に、力を貸してくださいと祈った。

私はようやく立ちあがり、マウンドに向かった。投球練習を始めると、再び観客が立ちあがっ

▼3　ジェシー・オロスコ（1252試合）、マイク・スタントン（1178試合）、ジョン・フランコ（1119試合）に次ぐ、MLB歴代4位の登板数。通算セーブ数652はMLB最多記録。

て、声援を送ってくれた。先頭打者、レイズの捕手ホセ・ロバトンは外角のカットボールを引っかけて、ワンバウンドした打球が正面に飛んできた。私はジャンプしてボールをキャッチし、一塁へ送球。

ワンアウト。

次の打者、遊撃手ユネル・エスコバーは、外にはずれるカットボールを見送って、カウント一―〇。もう一球、カットボールを投げた。真ん中やや高めに入り、甘い球になってしまったが、エスコバーは内野フライを打ちあげて、ロビー・カノがキャッチ。

ツーアウト。

次はベン・ゾブリストだ。彼とは、シティ・フィールドで行なわれたオールスターゲームでチームメイトだった。深呼吸をしながら、私は思った。失敗せず、しっかり抑えられますように。最後の役目をしっかり果たせますように。ピッチャーズプレートに足を乗せようとしたとき、ちらっと左を向くと、アンディとデレクが見えた。ダグアウトから出て、マウンドのほうに歩いてくる。

やめてくれっていったのに。

アンディとデレクがこっちを見て、にこにこしている。私も微笑《ほほえ》んだ。

やめてくれといわれたけど、そうはいかない。やっぱり最後は、こうでなきゃ。アンディの顔がそう語っている。

アンディが球審ラス・ディアスに投手交替を告げる仕草をして、デレクと二人で歩きながら、マウンドまでやってきた。▼4

▼4　アンディ・ペティットは2011年の開幕前に引退を発表したが、翌年に復帰、リベラの引退試合の時点では現役選手だった。結局、この2013年を最後に現役を退いている。通算成績は256勝153敗、防御率3.85。

アンディが差しだした左手に、私はボールをおいた。もう必要ない。

アンディに抱きしめられ、私も腕に力をこめたとたん、涙があふれた。感極まって、胸がつまり、いよいよ最後なのだという重い実感が、錨《いかり》のように下りてきた。私はアンディの胸で子どものように泣いた。アンディに頭を抱かれながら、涙が止まらず、喜びや悲しみ、いろいろな感情がどっと胸に押しよせてきた。

「そうだ、思いきり泣けよ」デレクがいった。

長いあいだアンディと抱き合ってから、デレクとも抱擁を交わした。そのままずっと抱き合っていたかった。スタジアムには拍手が鳴り響き、両チームの選手たちも私に拍手を送ってくれていた。

マウンドを下り、帽子を脱いで、観客やチームメイト、レイズの選手たちの拍手に応えた。やがて試合が終わり、私は一人ダグアウトのベンチに座っていた。そうして、神が与えてくれた栄光に、感慨深いこの瞬間に浸っていたかった。観客がスタンドをあとにするなか、チームメイトは私をそっとしておいてくれた。しばらくこのままでいたかった。

ここから離れたくなかった。それでも、私は踏ん切りをつけ、マウンドに向かった。メジャーデビューして十九年間、私の職場だったマウンドに、もう一度だけ立ちたかった。

爪先で何度かピッチャーズプレートに触れてから、私はしゃがみこみ、右手でマウンドの土をつかんだ。私にとっては、大きな意味があるものだ。この土とともに私の野球人生は始まったのだ。この土とともに野球人生を終えたかった。シンプルな男には、もってこいの記念品だ。

エピローグ——希望の隠れ家

メジャーデビューを果たして十九年、神は、私にニューヨーク・ヤンキースでプレーするチャンスを与えてくださった。私の仕事は救援投手で、そのすべてに夢中になった。そして今、新たな仕事が見つかった——使命といったほうがいいかもしれない。神の栄光を讃え、神の御名《みな》を崇めることだ。神を探し求め、神の恩恵と安らぎと慈悲を感じたいと願う人々に、奇跡が待っていることを教えてあげたいと思っている。

魂の救援に鞍替えしたのか？　そういうわけじゃないが、こう答えておこう。

神に不可能はない。

二〇〇九年、私はクララと二人で「希望の隠れ家」という福音派の教会を設立した。礼拝を行なっていた場所は、今の自宅からそれほど離れていない、以前住んでいた家だ。

始めたばかりの頃は参加者の数も少なかったが、すぐに増えていき、年齢も人種も宗派もちがう人々が集まるようになった。スペイン語を話す人もいれば、英語を話す人もいる。金持ちもいるし、貧しい人もいる。熱心な信者も、懐疑論者も。みんなで喜び、賛美歌を歌うのが楽しみで、集まってくるのだ。やがて、もっと広い場所が必要になった。それから二年、約四百万ドルの改修費用をかけて、ニューロシェルにある立派な教会に活動拠点を移した。もとは、ノース・アヴエニュー長老派教会として使われていた建物だ。

その教会が、今や「希望の隠れ家」として有名になった。

もともとの長老派教会は、一九〇七年に建てられたもので、スレート屋根と窓が美しい、風格のある石造りの建物だった。二年前、友人から話をきいて、初めてその建物を目にした。

「外見はあまりよくない。はっきりいって、ぼろぼろだ」その友人がいった。「だけど、改修すれば、きっといい教会になる」

その古い教会に初めて足を踏み入れたときは、廃屋どころではなかった。今すぐ取りこわされてもおかしくないほどぼろぼろで、要するに、とにかくひどかった。何もかもが荒れ果てていた。屋根には穴があいているし、窓は割れているし、動物の死骸の悪臭もする。埃《ほこり》だらけで、想像以上に長いこと放置されていたようだった。だが、その日、神が私のそばにいらっしゃった。この教会の生まれ変わった姿が私の目に映ったのは、神のおかげだ。目も当てられないほどひどい状態だったが、私の目には、とても美しい教会が映っていた。礼拝堂を囲う荘厳な木材、高い天井、崇高な神の姿が見えるようだった。足首が隠れそうなほどの瓦礫やガラスの破片、こわれて座れなくなった信者席に囲まれながら、私はクララに電話した――「希望の隠れ家」の牧師だ。

「クララ、今、教会にきてる。完璧だよ。すぐにでも見にきてほしい」私は伝えた。

しばらくしてやってきたクララにも、生まれ変わった教会の姿が見えた。神を崇める人々が大勢集う光景も見えていた。聖霊の光があふれる場所、善意に満ちた場所だ。

「時間も労力も、それにお金もずいぶんかかるでしょうけど、この建物には、それだけの価値があるわ」クララがいった。

クララは、この教会の主任牧師だ。私たちの宗教活動の原動力は、彼女の深い信仰心とその謙虚さにある。三人の息子の母親であり、家族にとって正真正銘のスーパースターであるクララは、聖書とともに育ったが、二十五歳のときに神と遭遇し、人生が変わった。

「神を信じているの。私の願いは、どんなときも神が喜ぶ行動をすることよ」クララはいった。

私たちの計画――神の計画でもある――は、この教会を希望の隠れ家にするだけではなく、地域コミュニティーの拠点にすることだ。食事を配給したり、教育プログラムを組んだり、個人指導を行なったり、子どもや家族、いろいろな人々のために、信仰に基づいた奉仕活動をしていきたい。さまざまな立場の人々が集まる場所にして、あまり恵まれた人生を送ってこなかった人々のために奉仕したい。

神に導かれ、思いやりと愛情にあふれる場所にしたい。

世のなかには、たくさんの試練や悲しい出来事があり、そうした問題に直面したとき、現状を変えたくてもどこから手をつけていいのかわからないということがよくある。そんなときに、前向きに生きろといわれても、なかなかむずかしい。もちろん、「希望の隠れ家」であらゆる問題を解決するのは無理だが、一人一人の心を動かし、負担を軽くしてあげたり、苦労を少なくしてあげたりして、安らぎと支援を提供できるはずだ。

気が遠くなるようなむずかしい課題だが、希望を広めることは、すばらしいことだとつくづく思う。かつての家でしてきたこと、新たな家でこれから始めること、「希望の隠れ家」で奉仕活動に従事することはまちがいなく、私の人生で最も充実した時間だ。九月、ヤンキー・スタジアムでの私の引退セレモニーが始まる十八時間前、本当にすばらしい礼拝を行なったのをおぼえている。礼拝の最中、感謝の気持ちがわきおこり、とたんに気持ちが軽くなって、私は思わず涙した。歓喜の涙を抑えられなかった。神がいらしたのだ。その神の光のなかで生き、集まった人々とともに神の善意に触れて、感動したのだ。神が、喜びと善意を感じてほしいと私たちに望まれたのだ。まちがいない。

私はニューヨーク・ヤンキースのクローザーとして、マウンドに上がるのが何よりも好きで、野球をしながらさまざまなことを経験できて、毎日のように感謝していた。自宅には、新スタジアムのマウンドの土があるし、旧スタジアムで使っていたブルペンのベンチもあるし、生涯忘れない思い出と、生涯付き合いが続くであろう友人もできた。毎日のようにユニフォームに袖を通しながら感じていたあの思いも、一生消えないだろう。長年、ヤンキースのクローザーを務めながら、神を讃えてきた。神のおかげで、純粋に生き、またプレーすることができたし、毎日のようにチームのため、ファンのために、持っている力をすべて捧げることができた。

これからは、私の新たな使命を通じて、同じことをしたい。

可能性は無限だし、私の人生もまだまだこれからだ。「フィリピの信徒への手紙」四章十三節にこうある。

私を強くしてくださる神のおかげで、私にはすべてが可能です。

謝辞

長年プレーしてきたスポーツ選手が引退するとき――私の場合は二〇一三年だったわけだが――それを機にいろんなことを考える。引退する年に自伝を書くとなると、考えることも、自己を見つめなおすことも、より深いものになる。本書『クローザー』を書くことは、いろんな意味で、セーブを挙げるのに似ていた。セーブを挙げるとその記録が私のものになるように、この本も私の自伝ということになっている（表紙には、私の名前があるし）が、チーム全員の活躍があってこそセーブが可能となるように、この本もたくさんのスタッフの多大な助力があったからこそ実現した。別に章を設けて、お世話になったスタッフ全員の名前を紹介できればいいのだが、どうしても省略せざるを得ない人たちがいる。紙幅にかぎりがあり、また私の記憶が曖昧なためであって、他意はないことをご理解いただきたい。

フェルナンド・クザは長年、私の代理人であり、友人であり、よき右腕だった。リラティビティ・スポーツの上席副社長アーロン・スピーワクは、本書の執筆当初から指南役として、よく面倒を見てくれた。本書を世に出すため、リトル・ブラウン社を探しだしてくれたのは、アーロンだ。すばらしい出版社で、この話が持ちあがった当初から、社長レーガン・アーサーをはじめ、有能なスタッフの方々にお世話になった。制作進行部長カレン・ランドリーら、同部署のスタッフの方々が見事な仕事をしてくれたおかげで、すばらしい本ができあがった。同様に、エリザベス・ガリーガとニコール・デューイが、独創的な発想で熱心に本書の広報係を務めてくれた。私の担当編集者ジョン・パースリーは、ほかの仕事をこなしながらも、終始、私のよき協力者だった。ジョンの有能なアシスタントであるマリン・フォン・オイラーホーガンにも、感謝したい。ヤンキースの広報部長ジェイソン・ジーロにも長年、支援してもらい、相談にも乗ってもらった。とりわけ、二〇一三年の引退ツアーでは、大変お世話になった。

私の最初の女房役で、二十五年来の友人であるクラウジーニョ・エルナンデス、それと、パナマ・オエステのチームメイトであるエミリオ・ガース、この二人が、私の気づかなかった可能性を見出してくれた。二人には、心をこめて礼をいいたい。クラウジーニョは、本書の共著者ウェイン・コフィーがパナマに取材にきた際、運転手とプエルト・カイミトの案内役も務めてくれた。ウェインと二人で執筆を始めたとき、私たちは神に祈った。人並み以上に欠点の多い男の話ではありますが、神のお力添えとお導きにより、どうかこの本が神を讃えるものとなりますように。私たちの祈りは通じたのだと思う。気の遠くなるような時間、二人で推敲を重ねながら、ウェインがいてくれたからこそ、私は記憶を掘りおこし、事実に基づいた話を本書に盛りこむことができた。ここに至るまでに、本の執筆がいかに大変な作業か痛感したが、とてもやり甲斐があった。

ウェインの妻デニス・ウィリ、その子どもたちアレクサンドラ、ショーン、サマンサにも謝意を述べておかないと、また失礼なことになってしまう。寛大だった四人に感謝したい。ウェインから本書の話をきいておきながら、私たちの仕事が終わりに近づくまで、原稿を見たり、くわしい話をきいたりすることはなかったのだから。フランク・コフィーとショーン・コフィーには、早い段階で原稿に目を通してもらったが、二人の指摘は大変貴重だった。ウェインの著作権代理人であるＩＣＭ（インターナショナル・クリエイティブ・マネージメント）のエスター・ニューバーグと彼女の同僚コリン・グレアムは、ウェインと私がこだわったリラティビティ・スポーツとの共同制作をうまく取りまとめてくれた。また、ウェインの同僚であるニューヨーク・デイリー・ニューズの優秀なスポーツ担当班の方々――テリー・トンプソン、ビル・プライス、エリック・バロウ、マイク・マトヴェイ、イアン・パワーズ――にも熱心に支援してもらった。あわせて、感謝の意を述べておきたい。

両親と姉弟、そしていとこたち――彼らのほとんどは今でもプエルト・カイミトに住んでいる――は、私が有名になるはるか以前から、私の人生を支えてくれ、いろいろな意味で私を育ててくれた。メジャーリーグのファンや選手たち、球団関係者は私を育ててくれたとはいえないが、私の人生がこれほど特別なものになったのは、彼らのおかげだ。二〇一三年に私が会ったすべての人々、そして私のために引退セレモニーを開いてくれた各球団――デトロイト・タイガース、クリーヴランド・インディアンス、タンパベイ・レイズ、コロラド・ロッキーズ、カンザスシティ・ロイヤルズ、ボルチモア・オリオールズ、ニューヨーク・メッツ、シアトル・マリナーズ、オークランド・アスレチックス、ロサンゼルス・エンゼルス、ミネソタ・ツインズ、テキサス・レンジャーズ、ロサンゼルス・ドジャーズ、サンディエゴ・パドレス、シカゴ・ホワイトソックス、ボストン・レッドソックス、ヒューストン・アストロズのファンに、心から伝えておきたい。みんなのやさしさと賛辞には、本当に感動した。ニューヨーク・ヤンキースのファンへ。私がメジャーデビューを果たし、最後のマウンドを下りるまで、ずっとそばにいてくれてありがとう。

長年、私を愛し、支えてくれたみんなのことは決して忘れない。ヤンキース以外の球団でクローザーを務めようと思ったことは一度もない。ファンのみなさんに心から感謝したい。今まで本当にありがとう。

マリオ・ガンジアとナオミ・ガンジアの二人には、私たち家族がどれほどお世話になったか、いくら書いても書きたりない——親戚として仲よく付き合ってくれるうえに、私たちの信仰心に大きな影響を与え、またさまざまなことを教えてくれた。私の知人のなかでも誰にも負けないくらい、マリオとナオミは、神の光のなかで生き、神の愛を分かち合い、世界をよりよいものにしようと努めている。二人はいつも裏方にまわって目立とうとしないが、ここでだけは、表に出てもらおう。

私の母語であるスペイン語でも、まして英語ではとても心許ないが、妻クララへ敬愛の意と賛辞を伝えたい。クララは私たち家族をしっかりと支え、楽しいときも、そうでないときも、どんなときでもすぐに救いの手を差しのべてくれた。息子たちへ。マリアノ・ジュニア、ハフェ、ハジエル、おまえたちは、父親である私が授かった最もすばらしい贈り物だ。若いおまえたちのことを誇りに思うと同時に、おまえたちの愛情に心から感謝している。今までは、おまえたちの人生に長いあいだ不在だったが、この引退で一ついいことがある。これからは、しょっちゅう「いってきます」といって、家を出ていくことはない。

最後に、神へ。その寛大さと慈悲で私を祝福し、その叡智と愛で私を進むべき道に導いてくださった神には、感謝してもしきれない。私はできるかぎり、あなたの栄光を讃え、あなたへ敬意を払っていきます。本書『クローザー』が、その端緒になることを祈りつつ。

訳者あとがき

一九六九年、マリアノ・リベラはパナマの小さな漁村で生まれた。高校を中退し、漁師の父の漁船で漁を手伝うかたわら、地元の野球チームに所属していた。ポジションは特に決まっていない。ライト、ショート、キャッチャー……いわれるままにどこでもやった。ある日の試合、味方の投手がこてんぱんに打たれ、交代選手がいなかったため、監督の指示でマウンドにあがった。切れのある変化球が投げられるわけでもなく、ストレートの球速も百三十キロ台後半と平凡なもの。それでも、コースを突いて投げるコントロールだけはあり、なんとか相手打者を抑えて、ピッチャーとして立派に役目をはたす。これがきっかけとなって、リベラはメジャーリーグへの切符をつかむ。

一九九〇年二月十七日にドラフト外でヤンキースに入団し、メジャーデビュー戦は一九九五年五月二十三日。このとき、リベラは先発投手だった。五年がかりでメジャーに昇格したリベラだが、数週間後には再びマイナーに降格。要するに、メジャーリーガーとはいえ、当時のリベラは並の投手でしかなかった。

だが一九九七年、転機がおとずれる。

先発投手からリリーフ投手に転向し、クローザーをまかされていたある日、チームメイトとキャッチボールをしていたとき、何気なく投げた球が相手の手元で曲がった。リベラ自身の言葉を借りれば――「気づいたときには、投げていた」。

カットボールとの出会いだ。

リベラの快進撃が始まった。

今まで感じたことがないような力がみなぎり、勝てる気がした。（中略）最高の球を投げることだけ考えた……最後のイニング、私はホルへと彼のミットしか見えないトンネルのなかに身をおいた。

通算セーブ数六百五十二はメジャー最多記録。三十セーブ以上を記録したシーズンが十五回、このうち九年連続で達成したのもメジャー最高記録だ。通算防御率二・二一、最優秀救援投手賞を六回受賞、MLBオールスターゲーム選出が十三回、一九九九年ワールドシリーズMVP、二〇一三年MLBオールスターゲームMVP。ポストシーズンにおける記録は、もはや伝説の域に達している。防御率は〇・七〇、登板数九十六（投球回数は百四十一）とセーブ数四十二は、二位以下を大きく引きはなしてメジャー歴代一位。リベラの偉大な記録は数えあげるときりがない。

どんな状況でも、落ちついた顔でブルペンからマウンドに走ってきて、相手打者を打ちとっていく。投球の八～九割がカットボールで、あとはツーシーム。球種はこの二つだけ。引退した二〇一三年シーズンの成績（六十四試合に登板して四十四セーブ、防御率二・一一）を見てもわかるように、メジャー屈指の打者たちは結局、二十年近くリベラの魔球カットボールを攻略できなかったのだ。

どうしてリベラは、長年メジャーリーグの第一線で活躍できたのか？　リベラはクローザーの資質について、こう語っている。


すんだことを引きずらず、先のことをあれこれ考えずに、目の前のことに集中することこそ、クローザーに必要な資質だ。（中略）失敗しても、迷ったり、くよくよしたりしないでいられることが、すべての鍵だ。


あまりにまっとうな言葉で、反論もできないかわりに、それだけでいいのかと納得することもできない。しかしリベラには、これを実践するための精神的・肉体的なたくましさがあった。

二〇〇一年ワールドシリーズ第七戦の九回、一点のリードを守れずにサヨナラヒットを許したときも、二〇一二年に膝の靭帯を断裂する重傷を負ったときも、失敗や逆境にめげず、前向きに物事を考えられたからこそ、長年、圧倒的なピッチングを続けることができたのだろう。リベラは人生のあらゆる場面で、シンプルに考えることを心がけてきた。そういったエピソードが随所に綴《つづ》られているのが、本書の魅力のひとつだ。リベラ自身が語る言葉が私たちの心にそっと響いてくるのは、その人となりにあるのかもしれない。

リベラは偉大な記録を打ちたてた名投手というだけでなく、人間的な魅力もそなえていた。本書を読むと、リベラがファンやチームメイトから尊敬されるのも納得できる。年齢的な衰えや不調に苦しむチームメイトへの気遣いや、メジャーで活躍する機会を与えてくれた恩師や監督への感謝を決して忘れない。引退の年には、遠征先でファンや球場のスタッフといった、ふだんほとんど接することのない人々と交流を深め、野球に関わるあらゆる人々に感謝の気持ちを伝えた。謙虚で思いやりのある人柄は、試合中も変わらなかった。大ピンチの場面で相手打線を抑えても派手なガッツポーズを決めたりはしないし、打たれてもグラブを地面に投げつけたりして、感情を露わにすることがほとんどない。勝っても負けても、抑えても打たれても、穏やかで堂々としている。あれだけの大投手になって、謙虚さや他人への気遣いや感謝の気持ちを忘れず、落ちついた振る舞いができる選手はあまりいない。

本書では、こうしたエピソードも語られていて、敬虔なキリスト教徒として知られるリベラの心の内が綴られているのも大きな特徴といえるだろう。過去の華々しい経歴だけを連ねる自伝とは、ひと味ちがっている。また、少年時代や、ベーブ・ルースの名前も知らず、英語もわからず、タンパという地名さえきいたことのなかったマイナー時代、そのとき知り合ったデレク・ジーターやホルヘ・ポサダとのやりとり、ヤンキー・スタジアムのクラブハウスやブルペンでの秘話など、リベラのファンには興味深いエピソードもちりばめられている。

ニューヨーク・ヤンキースは、一九〇一年にアメリカン・リーグの創設と同時に誕生したチームのひとつで、史上最多のワールドシリーズ優勝を誇る名門球団だ。ベーブ・ルースら主力選手を擁した一九二三年に初のワールドシリーズ制覇を成し遂げて以来、ルー・ゲーリッグ、ジョー・ディマジオ、ミッキー・マントルといった野球殿堂入りをはたした選手たちの活躍で一九六〇年代前半までにリーグ優勝二十九回、ワールドシリーズ制覇二十回と、その黄金期を築く。その後の約十五年間は低迷するが、ジョー・トーリが監督として就任した一九九六年以降、二度目の黄金期を迎えた。

　そのニューヨーク・ヤンキースで守護神として君臨したのが、リベラだ。チームの正式なキャプテンは、二〇一四年に引退したデレク・ジーターだったが、リベラは実質上のもう一人のキャプテンとしてチームを牽引してきた。そのリベラが、ともに黄金期を築いたチームメイトや対戦相手について語っているのもおもしろい。長年の戦友ジーターやホルヘ・ポサダ、アンディ・ペティットについてはもちろん、若手として期待されていたロビンソン・カノ、お騒がせ男アレックス・ロドリゲス、新ヤンキー・スタジアムができた二〇〇九年のワールドシリーズで大活躍し、ワールドシリーズMVPに輝いた松井秀喜、対戦相手としては元シアトル・マリナーズのイチローや佐々木主浩、同じアジア人プレーヤーとしては当時チームメイトだった王建民《ワンチエンミン》、元アリゾナ・ダイヤモンドバックスの金炳賢《キムビヨンヒヨン》について、リベラが彼らのことをどう評価していたかが、本書を読むとよくわかる。そして、そのまなざしにも、敵味方を問わず偉大な名プレーヤーに敬意を払うリベラの誠実さがうかがえる。

　また、二〇〇一年のアメリカ同時多発テロ事件後のポストシーズン、ヤンキースは四年連続のワールドシリーズ制覇を目指すのだが、それは同時に、悲しみに沈むニューヨークの街全体の悲願でもあった。当時のことをリベラはこう綴っている。


街の雰囲気が九・一一以前とまったくちがうように思えた。言葉でいいあらわすのはむずかしいが、目に映るものすべてに熱がこもっているように見えた。異様に鮮やかで、なぜか、急きたてられるような——私たちに語りかける声が、街のいたるところからきこえてくるような気がした。

この年、ヤンキースはワールドシリーズ制覇を逃したが、彼らは球団のためだけでなく、ホームであるニューヨークのために必死に戦った。そういったポストシーズンの戦いぶりをたどりながら、リベラが何を思い、どのように試合に望んでいたかが語られるのも、本書の魅力だろう。

二〇一三年九月、マリアノ・リベラは惜しまれつつ引退した。本書は、その翌年の春にアメリカで発売されてベストセラーになり、テレビや新聞でも大々的に報道されて大きな話題となった。雑誌のレビューやインターネット上の読者の感想を見ると、リベラの功績だけでなく、その人柄や人間性を称えているものが多い。

リベラが球界に残した置き土産は、偉大な記録だけではない。スポーツ選手には人間性も大切なのだということが、本書を手にとった読者にもわかってもらえるのではないだろうか。

最後になりましたが、編集者として最初から最後までていねいに訳文をみてくださった青木誠也さん、訳文に目を通して貴重な助言や指摘をいただいた青木耕平さん、訳文と原文をつきあわせてくださった石田文子さんに心からの感謝を！

二〇一五年十月

金原瑞人
樋渡正人

【著訳者略歴】

マリアノ・リベラ (Mariano Rivera)

1969年、パナマ生まれ。1995～2013年、ニューヨーク・ヤンキースの投手として活躍。通算セーブ数652はギネスブック公認の世界記録。ポストシーズンでの42セーブもMLB歴代最多記録。オールスターゲーム出場13回、ワールドチャンピオン獲得5回。妻クララとの間に3人の息子がおり、ニューヨークに暮らしている。

ウェイン・コフィー (Wayne Coffey)

アメリカでもっとも著名なスポーツジャーナリストのひとり。1980年冬季オリンピックのアイスホッケーアメリカ代表を描いた*The Boys of Winter*、メジャーリーグの投手R・A・ディッキーとの共著*Wherever I Wind Up*はベストセラーとなった。妻と子供たちと、ハドソンヴァレーに暮らしている。

金原瑞人 (かねはら・みずひと)

1954年、岡山県生まれ。翻訳家、法政大学社会学部教授。児童文学、YA向けの作品を中心に海外文学の紹介を行ない、訳書は400冊を超える。

樋渡正人 (ひわたし・まさひと)

1975年、鹿児島県生まれ。翻訳家。訳書に『メッシ』、『クリスティアーノ・ロナウド』、『ネイマール』、『バロテッリ』(以上ポプラ社)など。

【カヴァー写真】
撮影：Sporting News/Sporting News/Getty Images

クローザー
マリアノ・リベラ自伝

2015年11月25日初版第1刷印刷
2015年11月29日初版第1刷発行

著　者　マリアノ・リベラ／ウェイン・コフィー
訳　者　金原瑞人／樋渡正人
発行者　和田肇
発行所　株式会社作品社
〒102-0072 東京都千代田区飯田橋2-7-4
TEL.03-3262-9753　FAX.03-3262-9757
http://www.sakuhinsha.com
振替口座00160-3-27183

装　幀　小川惟久
本文組版　前田奈々
印刷・製本　中央精版印刷株式会社

ISBN978-4-86182-558-3 C0075

【作品社の本】

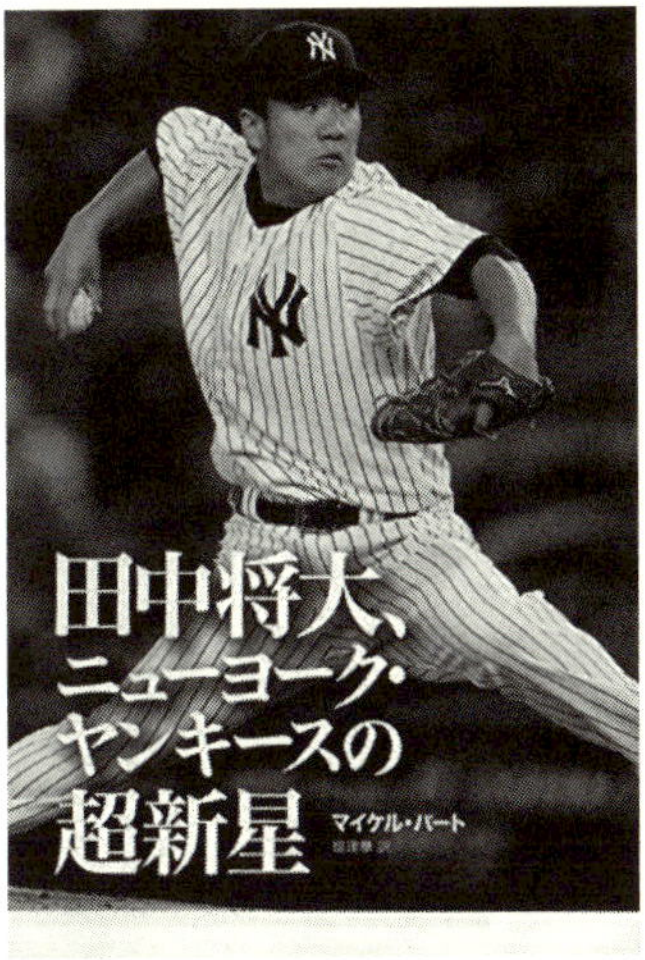

田中将大、
ニューヨーク・ヤンキースの超新星

マイケル・パート、堤理華訳

24勝無敗の圧倒的な投球で楽天イーグルスを日本一に導き、
7年総額1億5500万ドルの破格契約を結んでニューヨーク・ヤンキースに入団。
メジャーリーグでのルーキーイヤーは開幕6連勝、
MLB記録に並ぶデビューからの16試合連続クオリティースタートを達成。
ひじの故障による2か月半の離脱も、13勝5敗、防御率2.77の好成績。
名門チームの超大型新人・田中将大の活躍を、アメリカはどう見ていたのか。
激動の一年間のドラマ！

ISBN978-4-86182-508-8

【作品社の本】

金原瑞人選オールタイム・ベストYAシリーズ

とむらう女

ロレッタ・エルスワース、代田亜香子訳

ママを亡くしたあたしたち家族の世話をしにやってきたフローおばさんは、死んだ人を清めて埋葬の準備をする「おとむらい師」だった……。19世紀半ばの大草原地方を舞台に、母の死の悲しみを乗りこえ、死者をおくる仕事の大切な意味を見いだしていく少女の姿をこまやかに描く感動の物語。厚生労働省社会保障審議会推薦児童福祉文化財。

ISBN978-4-86182-267-4

ウィッシュ・ガール (仮題)

ニッキー・ロフティン、代田亜香子訳

Nikki Loftin
Wish Girl

金原瑞人選オールタイム・ベストYAシリーズ最新刊！

2016年春刊行予定

コア・フォー (仮題)

ニューヨーク・ヤンキース黄金時代、伝説の四人

フィル・ペペ、ないとうふみこ訳

Phil Pepe
Core Four: The Heart and Soul of the Yankees Dynasty

1990～2000年代にニューヨーク・ヤンキースの黄金期を築き、チームを5度のワールド・チャンピオンに導いたデレク・ジーター、マリアノ・リベラ、ホルヘ・ポサダ、アンディ・ペティットの伝説！

2015年12月刊行予定

【作品社の本】

金原瑞人選オールタイム・ベストYAシリーズ

ユミとソールの10か月

クリスティーナ・ガルシア、小田原智美訳

ときどき、なにもかも永遠に変わらなければいいのにって思うことない？　学校のオーケストラとパンクロックとサーフィンをこよなく愛する日系少女ユミ。大好きな祖父のソールが不治の病に侵されていると知ったとき、ユミは彼の口からその歩んできた人生の話を聞くことにした……。つらいときに前に進む勇気を与えてくれる物語。

ISBN978-4-86182-336-7

シーグと拳銃と黄金の謎

マーカス・セジウィック、小田原智美訳

すべてはゴールドラッシュに沸くアラスカで始まった！　酷寒の北極圏に暮らす一家を襲う恐怖と、それに立ち向かう少年の勇気を迫真の文体で描くYAサスペンス。カーネギー賞最終候補作・プリンツ賞オナーブック。

ISBN978-4-86182-371-8

【作品社の本】

金原瑞人選オールタイム・ベストYAシリーズ

浮いちゃってるよ、バーナビー!

ジョン・ボイン、オリヴァー・ジェファーズ画、代田亜香子訳

生まれつきふわふわと“浮いてしまう”少年の奇妙な大冒険! 世界各国をめぐり、ついに宇宙まで!?

ISBN978-4-86182-445-6

サマーと幸運の小麦畑

シンシア・カドハタ、代田亜香子訳

小麦の刈り入れに雇われた祖父母とともに広大な麦畑で働く思春期の日系少女。その揺れ動く心の内をニューベリー賞作家が鮮やかに描ききる。全米図書賞受賞作!

ISBN978-4-86182-492-0